悦 读 丛 书
媒介与大众文化系列

浙江省社科联社科普及及课题成果
21KPWT03ZD-6YB

影像即人生

Vlog与Vlogger

张凯旋　王军伟　　著

ZHEJIANG UNIVERSITY PRESS
浙江大学出版社
·杭州·

图书在版编目（CIP）数据

影像即人生：Vlog与Vlogger / 张凯旋，王军伟著
. —杭州 ：浙江大学出版社，2024.1（2024.11重印）
ISBN 978-7-308-24266-0

Ⅰ．①影… Ⅱ．①张… ②王… Ⅲ．①网络文化一研
究 Ⅳ．①G112

中国国家版本馆CIP数据核字(2023)第188002号

影像即人生：Vlog与Vlogger

张凯旋　王军伟　著

丛书策划	徐　婵
责任编辑	黄兆宁
责任校对	朱卓娜
封面设计	VIOLET
出版发行	浙江大学出版社
	（杭州市天目山路148号　　邮政编码　310007）
	（网址：http://www.zjupress.com）
排　　版	杭州林智广告有限公司
印　　刷	浙江新华数码印务有限公司
开　　本	710mm×1000mm　1/16
印　　张	12.5
字　　数	182千
版 印 次	2024年1月第1版　2024年11月第2次印刷
书　　号	ISBN 978-7-308-24266-0
定　　价	68.00元

媒介与大众文化系列科普丛书

总　序

一直以来，我们对大众文化的感知总是宏大而模糊的，它是音乐、电视、电影，也是某段时间的社会流行，还是群体共享的价值观，它似乎包罗万象，却又不可触及。在关于大众文化的诸多表达中，媒介文化是大众文化发展到一定阶段后出现的新型文化形式，涉及的领域十分庞杂，又依托新型网络技术，衍化出无限丰富的内涵。这些新技术不仅融合了多种传播媒介，更创造出一个泛在的、多元化的媒介环境，在潜移默化中改变了大众文化的表现形态，调整了媒介与人类社会的关系。自此，大众文化不再是一个模糊空洞的术语，而是一种与新兴媒介共生的特殊生活方式。

清晨唤醒我们的可能不是晨曦鸟鸣，或是石英闹钟的嘀嘀嗒嗒，而是手机传出的自定义音乐。起身后，查看微信留言成了几乎所有人的习惯。从广播电视的早间新闻节目中获知的天下大事已经太过滞后，人们开始习惯登录新浪微博、抖音或其他手机App，看看身边发生了什么趣事、世界起了怎样的变化。而这样的"查看"会在一天剩下的碎片时间内上演很多次，成为下意识的肌肉行为。天各一方的朋友不必焦急期盼着见字如晤，一个视频电话就能让大家"促膝长谈"。而借着网络一线牵，内向的人不必再害怕社交，陌生人也能迅速热络起来。于是信箱里的报纸和信件消失了，快递柜里的网购包裹成就了每日的惊喜。操场上玩泥巴的小朋友不见了，虚拟世界里"开黑"联排的"战友们"增多了。纸和笔虽然未被弃用，但电脑等生产力工具成了人们的不二选择。唱片、磁带和录像带上都落了灰尘。剧场的时间难合心意，倒不如打开平板电脑，戴上耳机，隔绝外界干扰，沉浸在一场场视听盛宴中……如果有个从100年前意外来到2022年的穿越者，他一定会惊讶于所看到的一切，但对于我们大多数人来说，这些与新媒介共生的情景稀松平常得如同吃饭饮水，白叟黄童皆享乐其间。

毋庸置疑，媒介文化已然渗透至日常生活的方方面面，以至于很多时候我们很难跳出现有的视角审视和理解它所带来的巨大影响，甚至会忘记自身正处在一个由媒介环绕的世界中。也正是这种潜移默化的、沉浸式的生活体验，让媒介几乎主宰了我们每一天的心得体悟。

既然我们已经发现了媒介文化深刻融入现代人的生活方式，就需要继续讨论这种参与的价值及后续影响。社会化理论认为，人的一生都需要不断提高自身的社会化程度，学习生活技能和工作技能，培养沟通能力和思辨能力，内化社会主流价值观，以便更好地适应现在及未来的社会生活。个人的社会化不是刻意而为的教学，也没有限定场景，在个人与他人、个人与环境的交互中，社会化进程会自然而然地向前推进。美国传播学者查尔斯·赖特认为，现代人社会化的场景除了家庭、学校等人际交往圈层，还有特定的大众传播环境。除了社会化功能，环境监视、解释与规定，以及提供娱乐也是大众传播的重要功能，即媒介"四功能说"。换言之，媒介对个人生活的参与程度远比想象中的深远：它不仅提供了现代化生活方式的范例，还是我们愉悦自身、获得身份认同、内化社会价值观、感知所处环境并做出恰当回应的关键场景。

这样的关键场景正随着大数据、5G、AI等新网络技术的更迭发展而扩大，赋予了媒介文化更强劲的生命力。人们的生活方式和社会认知模式不断更新，迫使各行各业自我变革以适应时代发展，新产业、新业态层出不穷，提升了我们的生活创新力。无论是年轻人还是银发族，都越来越离不开媒介带来的全新体验，甚至主动参与媒介文化传播，以满足在工作、生活、精神娱乐等方面的独特需求，媒介文化也由此重塑了我们思考、沟通和交往的方式。也就是在这样的紧密相连中，媒介与我们的关系出现了一定程度的扭曲。

看不见的网络通过一个个数字信号拉近了人与人之间的距离，却悄无声息地异化了正常的社交距离和尺度。海量的网络信息使人们足不出户便可领略广袤世界，却也在潜移默化间禁锢了人们的视野。一些严肃讨论日渐娱乐化，思想碰撞退化为非理性诡辩，以热爱限制自由，以立场判定是非功过。庸俗的暗语和难懂的缩写如病毒般蔓延，暴戾逐渐充斥网络空间。大概这就是为何有人以"娱乐至死"来总结当下，并将祸水源头归于网络文化兴盛吧。尤其当青少年成为网络文化的主要受众时，人们的担忧更增加了几分。青少年正处在生理和心理急速发展、人际交往和外部环境交替变化的"风暴"期，时常徘徊于矛盾与挑战间。由于媒介对日常生活的全方位浸染，他们不可避免地开始独立接触互联网和大众文化，甚至有时更把网络当作他们逃避现实世界的空间，只是他们的初级社会化进程尚未完成，未能形成独立思考、理性判断的能力，容易被各类网络事件误导。唯因如此，对青少年群体媒介参与的正确引导就显得格外重要。

那么，在媒介文化传播与人类社会联系愈加紧密的今天，媒介文化应被视为人类进步的推力还是阻碍？不同年龄层的人们如何参与媒介文化？网络文化给他们带来了怎样的影响？我们又该如何面对网络中复杂的传播现象和事件？当越来越多的人开始思考这些问题时，本套媒介与大众文化系列图书的出现恰逢其时。本套丛书力图通过揭示媒介文化的形成机制来引导读者认识复杂的文化现象，培养理论洞察力和批判能力，拓宽视野。本套丛书选择了 10 个人们日常关注并参与的话题，希望通过对具体个案的描述和分析，对传播学的基本理论做深入浅出的解读，帮助读者学会以传播学的视角辩证地思考周遭发生的事件，进而萌生对传播行业的兴趣。

浙江大学求是特聘教授

吴飞

目录

序章　新文化、新人类：Vlog 与 Vlogger　/ 1

第一部分　何为 Vlog？

第一章　"这个词怎么念？"——Vlog 与 Vlogger　/ 9

　　一、Vlog：一个网络名词的前世今生　/ 10

　　二、Vlog 的定义与特征　/ 15

　　三、Vlogger：多样化的主体　/ 18

第二章　无尽的清单：Vlog 的类型学　/ 25

　　一、消费文化类 Vlog　/ 26

　　二、生活方式类 Vlog　/ 34

　　三、知识分享类 Vlog　/ 41

第二部分　Vlog 的生产与运营

第三章　一部 Vlog 的诞生　/ 51

　　一、硬件设备　/ 51

　　二、脚本写作　/ 60

　　三、后期剪辑　/ 63

　　四、创意与复制　/ 68

第四章　Vlog 的"涨粉"之道　/ 76

　　一、创立"人设"：Vlogger 的形象塑造　/ 77

　　二、追逐潮流：Vlogger 的运营技巧　/ 83

　　三、玩转算法：平台化时代的 Vlog 推广　/ 89

　　四、小结　/ 93

第五章　成名的渴望：Vlogger 的走红之路 / 94

　　一、"俊晖 Jan"：成名的两难 / 94

　　二、"小丫很困"：小透明的坚持 / 102

　　三、UGC、PGC 与数字劳动 / 107

第六章　"恰饭"的诱惑：Vlog 的商业化 / 112

　　一、MCN：Vlog 商业化的推手 / 113

　　二、商业变现：带货、种草、探店及其他 / 116

　　三、谨防"翻车"："恰饭"与粉丝关系维护 / 121

第三部分　Vlog 与社会文化

第七章　异域同天：Vlog 中的跨文化交流 / 129

　　一、八方来客：记录中国的外国 Vlogger / 130

　　二、行走他乡：海外中国人的影像生活 / 136

　　三、新新人类：Vlog 中的跨国家庭 / 142

　　四、融冰化雪：国际关系中的 Vlog / 145

第八章　Vlog 的两性之别 / 151

　　一、打破边界：Vlogger 的性别与内容生产 / 152

　　二、男色当道与女性新形象 / 157

　　三、饮食男女：性别视角下的婚恋生活 / 161

第九章　Vlog 中的社会争议 / 169

　　一、挑战公序良俗 / 169

　　二、侵犯知识产权 / 174

　　三、加剧社会撕裂 / 176

　　四、制造网络暴力 / 180

　　五、结语：共创有益社会的影像空间 / 182

后记 / 187

参考文献 / 189

序章　新文化、新人类：Vlog与Vlogger

近几年来，"Vlog"已经悄然成为中外炙手可热的流行词。明星们的日常Vlog动辄登上热搜排行榜，成为粉丝们满足其对偶像家居、穿搭与厨艺的好奇心的窗口；带货达人们拍摄一部产品体验Vlog，能轻松带动成百上千的商品销售；普通网民也没有缺席，随时准备好用Vlog记录美好的一餐或一段旅程……这些视频大多内容简单、时长较短，却可以吸引到不亚于电影、电视剧的观众数量。甚至有研究推算，中国的Vlog观众群体人数将达4.88亿之多（2021年）。[1]显而易见，Vlog的受众规模已经使它堪称一个新的网络文化现象。与此同时，一个新兴的人群也应运而生：Vlogger。这个人群中既有专事生产Vlog的技术高手，也有偶尔为之的业余小白。和当年的博客、播客创作者一样，Vlogger无疑是网络文化前沿的弄潮儿，也是我们时代的新新人类。

在这样的众声喧哗之际，如果我们冷静地问自己：究竟什么是Vlog？什么样的人可以算作Vlogger？这些新文化与新人类又给我们的网络社会带来怎样的新启示和新思考？恐怕绝大多数人一时之间很难给出周圆的答案。尽管国际学界与业界已经产生了一些关于Vlog的讨论，但它们大多是讨论个别问题的单篇文章，或是指导Vlog拍摄的教学手册；能够从学术化的角度综合审视Vlog与Vlogger，并以

1　艾媒网. 短视频行业数据分析：2021年中国Vlog用户规模预测达4.88亿人[EB/OL]. (2021-02-28) [2021-08-01]. https://www.iimedia.cn/c1061/77161.html.

1

通俗的语言与社会公众交流的科普著作尚付阙如。究其原因，既与Vlog是新近兴起的现象有关，恐怕也与它跨越中西、门类驳杂的特点分不开。在这样的背景下，本书的诞生可谓一次知识的探险。基于对微博、Bilibili、抖音、快手、YouTube等国内外主流平台逾千部Vlog作品及其创作者的观察研究，我们试图初步勾勒出国内外Vlog发展的总体面貌及其理论框架。抱持着这样的初衷，我们在书中采取了"面面观"式的写法，希望用三大部分、九个章节的篇幅多角度呈现Vlog文化与Vlogger群体中值得探讨的典型现象。

要探讨一个新事物，我们首先面对的就是本体论的问题（简单来说，也就是关于"是什么"的问题）。在第一部分的两个章节中，我们将聚焦于"Vlog"与"Vlogger"这一对相伴而生的概念。第一章从词源的角度讨论了这两个概念的内涵。作为典型的外来词汇，"Vlog"已经深深地融入了我们的汉语表达，除了少数情况下译作"视频日志""视频博客"外，绝大多数中文使用者也习惯于使用其英文写法；然而，与此同时，网络上对这个外来词的读法也是五花八门。结合辞书与网络资料，第一章给出了Vlog的权威读法，并且简要梳理了它的构词渊源。从航海时代的日志（log）出发，到今天互联网上的Blog、Vlog和Plog，我们仿佛面对着一个"log家族"。相比以往一些相对简单的定义，我们在第一章中提出了对Vlog更复杂化的解释，即"Vlog是以在线视频为首要表现形式、在互联网平台发布的新媒体内容，一般采用个人化、生活化的记叙方式，并具有较强的现实性"。与此相应，我们也提出了对Vlogger的狭义与广义理解。如果说狭义的Vlogger仅限于那些拥有专业技能、以制作运营Vlog为生的人，那么广义上的Vlogger就是参与Vlog生产与运营的所有相关方。其中广义的Vlogger概念无疑更能够容纳现今这个全民Vlog的时代里多样化的参与主体：娱乐明星、政府部门、新闻媒体……他们共同构筑了异彩纷呈的影像世界。

在就Vlog的读法与Vlog的定义达成共识后，我们在第二章中需要面对的核心问题是Vlog有哪些类型。面对如恒河沙数一般难以穷尽的Vlog作品，分类是我们把握Vlog文化总体面貌的必要手段。在学界与业界已有的几种根据细分内容建立起的分类方法基础上，我们将Vlog划分为三大类型：消费文化类、生活方式类、知识分享类。这种大类别式的划分方法将有共性的细分领域整合在了一起，如美食、美妆等领域就被纳入了消费文化的麾下，使我们能够更好地把握它们与消费市场之间的紧密联系。对每个大类，我们都给出了众多典型代表，使读者既可以感受到类别内、跨类别的Vlog内容的复杂多样，也能够发现众多有关注价值的Vlogger。

了解了什么是Vlog，那么它又是怎样生产和传播出来的？我们在第二部分将走进Vlog的台前幕后回答这个问题。第三章从具体的软硬件与内容创意着手，描绘了Vlog拍摄制作中的几个关键层面。第一，在摄录硬件层面上，手机作为移动互联网时代的标志正在挑战摄像机的行业地位，而无人机、手持云台等新型设备也层出不穷，为影像带来了丰富的镜头语言。第二，脚本写作是Vlog生产过程中的"无名英雄"，不论采用何种格式，好的脚本都能使相应的摄制过程更便利。第三，剪辑是Vlog艺术表现力的保证，剪辑软件也正走向移动化、轻量化。第四，创意是一部Vlog的点睛之笔。特别值得关注的是，在快速生产的数字环境下，创意与复制之间有着动态的联系。

一位Vlogger制作出自己的Vlog作品后，理所当然地会希望获得更多的关注。来自网友们的热情点赞、转发、评论既是创作者持续创作的精神动力，也意味着可能给创作者带来获取打赏、广告等收入的无限商机。那么，Vlogger如何最大可能地让自己和作品获得关注？第四章从三个层面回应了这个问题。第一，Vlog自身的特性决定了它比其他一些新媒体内容更需要打造主人公形象。这里的主人公既可以是人，也可以是动物，但都需要具备可以在观众头脑中形成记忆点的特质、特长。第二，对于网络热点的研究是Vlogger保持长盛不衰的必修课。将创作内容与传统节假日或新近的热门话题相结合，更容易引起网民的观看和互动兴趣，实现更好的传播效果。第三，从更宏观的层面来看，今天的Vlog传播几乎无不被互联网平台的算法所左右。了解算法是什么、摸索其大致的运行规律，也逐渐成为相关领域从业者媒介素养的一部分。

作为Vlog的生产者，Vlogger是怎样的一群人？他们面临着怎样的处境？第五章用两位Vlogger的故事刻画了两种典型的影像人生。百万粉丝博主"俊晖Jan"是一个有着高超拍摄与剪辑技术的大男孩。他矢志不渝地在职业Vlogger的道路上实践自己对影像的热爱。在逐渐收获名与利的过程中，他也坦率地展露出经历的烦恼：摄制所需的高强度劳动、与商业力量的部分矛盾、个人生活的公众化……与此形成鲜明对照的则是"小丫很困"，一个和绝大多数人别无二致的业余爱好者。尽管作品观者寥寥，她却始终保持着高度的热情，坚持拍摄内容并学习剪辑，对Vlog也有自己的理解。如我们在讨论中指出的，两人分别代表了PGC（Professionally Generated Content，专业生产内容）与UGC（User Generated Content，用户生产内容）模式下Vlogger面临的一些典型情境，其中Vlog等互联网内容生产所需要的数字劳动是尤为值得注意的当代理论问题。

诞生于"流量经济"的时代背景之下，Vlog在生产、运营与传播中无处不受到商业化的渗透。尤其是对具有一定影响力的Vlogger而言，商业变现几乎也是必然的考量。在第六章中，我们首先介绍了Vlog商业化中一个制度性的推手——MCN机构[1]，它是将以Vlogger为代表的互联网内容生产者组织起来的新兴力量。其次，我们辨析了商业变现中的几种流行方式，包括带货、种草与探店等，这些方式都

1　全称为Multi-Channel Network，直译为"多频道联播网"，也常被称为"网红经纪公司"。

有各自适用的内容类型与商业需求。最后，商业化对Vlogger绝不仅意味着商机，也可能引起粉丝的反感，需要有足够的智慧进行处理。

作为新媒体文化的一个分支，Vlog同样深植于总体的社会文化之中。在第三部分中，我们提供了三个思考Vlog的社会文化意义的视角。其中，第七章主要从跨文化的视角出发，审视了穿越地域疆界的Vlog生产与传播。一方面，越来越多的国际友人正"走进来"，在向中国观众介绍异域文化的同时，也找到了自己的商业蓝海；另一方面，能够"走出去"的国人也为数众多，用Vlog的镜头探索世界的每个角落。在保守、封闭思想有所回潮的国际大变局中，Vlog在不同文化间扮演着融冰化雪者的角色，持续增进着文化间的交流与理解。

第八章则从性别的视角探讨了Vlog的内容生产与传播。与其他许多新媒体内容一样，Vlog中也存在一些显著的性别差异，不同性别的网民会倾向于关注不同的题材、风格乃至Vlogger个体。但是，也有一些新新人类勇于打破边界，进入传统意义上被视为另一性别的领域。与此同时，男性和女性的形象也正随着时间的推移发生嬗变，"男色"的兴起与新女性形象的丰富都令人瞩目。男女之间婚姻、恋爱、家庭等话题也在Vlog中得到了建设性的讨论。

最后，第九章从矛盾冲突及其化解的角度批判性反思了Vlog中出现的一些乱象。一些Vlogger为了博人眼球，公然挑衅道德伦理，激化了社会群体之间的矛盾；部分创作者抄袭成风，擅自盗用他人的影像、音乐等劳动成果；还有一些人煽动观众情绪，挑动对无辜者的网络暴力……如结语中所指出的，这些客观存在的乱象既需要更有力的治理，更需要每一位Vlog世界成员的自觉与自律。与此同时，我们也要看到Vlog在化解社会矛盾方面总体上是利远远大于弊的，要着重发挥它在建设公序良俗方面的有益价值。

虽然我们在上述章节中力求多方面地呈现Vlog与Vlogger的世界，但限于篇幅和所能获得的材料，我们的工作仍然是初步的，欢迎读者批评指正。我们也希望这项工作能够起到抛砖引玉的效果，吸引更多的读者参与Vlog的讨论、研究与生产。

第一部分

何为Vlog？

第一章 "这个词怎么念?" ——Vlog 与 Vlogger

互联网时代常常出现这样一种词语:大家每天都乐此不疲地在互联网上使用,忽然有一刻停下来细细咂摸它的读音或含义时,却又发现它如此陌生。"Vlog"这个外来词就是一个典型的例子。2019 年 6 月,"Vlog的正确读法"登上了微博热搜,多达数十万网友参与了相关讨论。而在搜索引擎与问答网站上,与Vlog读法相关的话题也屡见不鲜。其实,不只是我们这些中国"老外"有此困惑,即便在普通的英语使用者之间,这个词的念法也存在分歧:有人认为应该是"/vlɒg/",接近汉语中"舞烙格"的发音;也有人认为应该是"/vi:lɒg/",汉语中更接近"威烙格"的发音……那么Vlog正确的读法究竟是什么呢?剑桥、麦克米兰等英语世界的权威词典[1]早已给出了一致的答案,就是"/vlɒg/"。词典编者们不约而同的决定显然不是任性之举,而是充分考虑了它的词源、结构等依据。然而,在暂时解开读音的困惑后,接下来的问题更加难以论定:Vlog是什么,或者什么是Vlog?是否随便一个视频都可以算作Vlog?为什么我们不习惯把电影院里播放的仙侠电影称为Vlog?要解开这种种谜题,我们需要更细致地梳理Vlog的概念史,了解它的前世今生。

---

1 "Vlog", Cambridge Dictionary (Online Version). https://dictionary.cambridge.org/dictionary/english-chinese-simplified/vlog, 2021-06-30.

一、Vlog：一个网络名词的前世今生

Vlog在读音上造成的困惑和它的造词结构是分不开的。Vlog在英语中是一个缩写而来的合成词，其中"V"毫无争议地是"video（视频）"的缩写，而"log"所指为何则存在不同解释。如维基百科显示，Vlog既可以写成video log也可以写成video blog，也就是说"Vlog"的"log"既可以认为是"log"本身，也可以认为是"blog"（博客）的缩写。而究其根源，这种分歧又与"log"和"blog"之间的关系息息相关，因为后者就是从前者发展而来的。因此，在讨论Vlog之前，不妨先从这两个更早的词汇说起。

（一）Log：航海时代的遗存

"log"一词最初是指航海日志，又称"ship's log"或"logbook"。从logbook的字面意思也不难看出，它是像图书一样装订的册子，内容则是记录船只行驶过程中的天气、水文、活动、故障等信息。在技术相对欠发达的时期，航海日志起着近乎飞机黑匣子的作用，是关乎船只航行安全的记录，甚至在法律与贸易争端中也有佐证之用。[1] 按照惯例，航海日志每天应至少记录一次并按照时间排序，这构成了它与今天的log/logbook最紧密相关的内涵。今天一些人仍热衷记录的"手账"笔记本就是一种个人生活版的logbook；勤奋的手账爱好者也会用文字或图文并茂的形式在手账中记录每天的各种日程事项，如同航海员精心地记录和保存自己的航海日志。手账业界的国际网红品牌Moleskine的一些产品上也印有"logbook"的字样。而进入数字化时代，"log"的含义也在延续和丰富。计算机系统中的日志文件（system log，有时也简称为sys log）也沿用了"log"一词，很多以"log"为后缀的系统文件记录着计算机系统运行的重要信息，从每天开关机时间到软件冲突都巨细靡遗，也是计算机系统维护和故障排除的关键依据。[2]

1　"Log", Online Etymology Dictionary. https://www.etymonline.com/word/log#etymonline_v_43590, 2021-07-01.

2　Beal V. What is System Log? [EB/OL]. (2021-05-24)[2021-07-02]. https://www.webopedia.com/definitions/system-log/.

（二）blog、博客、部落格

blog是log在20世纪末的网络文化中衍生出的一个颇具里程碑意义的词汇，它也标志着一个至今仍有独到价值的网络话语形态。中国大陆通常将它音译为"博客"，而在中国台湾、中国香港等地区以及海外华人中也曾流行过"部落格""网志"等译法。美国学者劳拉·古拉克（Laura Gurak）与特伦特·凯斯（Trent Kays）认为，blog描述的文化形态产生于20世纪90年代中期，而这一词汇本身是对"web log"的缩略。[1]《在线词源词典》（*Online Etymology Dictionary*）也认为blog是对"weblog"的缩略，并且声称blog一词产生的具体时间是1998年；更有意思的是，《在线词源词典》指出，"weblog"有据可查的最初含义并不等同于我们今天认知中的博客，而是"详细记录网络服务器接收到的所有请求的文件"，可以理解为上文提到的系统日志文件在网络服务器中的分支；但在其后不久，weblog/blog迅速发展出了我们今天更习以为常的"博客"的意义，即"网络日志"（online journal）。[2]与处于计算机后台的系统日志相比，这样的网络日志恰恰处于人与计算机交互的"台前"：一篇篇日志文章像在网页上按照时间倒序排列的日记或手账，记录分享着创作者的日常生活，尽管它不必然每天更新。而遵照英语中常见的造词规则，博客的创作者也迅速拥有了自己的名字——"Blogger"。在中文世界，"部落格"译法的使用者将blogger翻译为"部落客"，可谓颇有巧思。而其他译法的使用者也发明了"博主""网志作者"等对应的名称。

在网络带宽与表达形式都相对受限的互联网早期，博客作为一种新鲜的创作形式迅速受到了网民的欢迎。而一些便利网民搭建个人博客的网络平台也应运而生，Blogger、Blogbus、Wordpress、网易博客、搜狐博客、新浪博客等国内外平台如雨后春笋般兴起。这些平台大大降低了博客的搭建和维护成本，网民可以用简

---

1 Gurak L J, Kays T M. Blog and Wiki Discourse [A]. //Tracy K, Ilie C, Sandel T, et al. The International Encyclopedia of Language and Social Interaction(Online Version), London: John Wiley & Sons, 2015−04−27.

2 "Blog", Online Etymology Dictionary. https://www.etymonline.com/word/blog#etymonline_v_24332, 2021−06−29.

单的图文编辑框建立一个如个人网站般的个人博客，而几乎不用操心后台的服务器维护等工作，博客在21世纪初的几年成为一时风头无两的创作形式。而博客简单明了的页面、低廉的金钱时间成本也使得它远远超出了记录个人生活与心得的用途，新闻资讯、政治经济评论、学习学术等各领域都开始搭上博客的便车。一些记者通过开设博客提供更具个人色彩的新闻报道，塑造和提升自己作为报道者的行业地位，甚至创造收益。[1] 不少学术组织和研究者的"官方网站"实际上也采用了博客的架构，以实现低廉的成本和简洁高效的信息分享。而一些博客所获得的关注度也不断刷新纪录，2007年，演员徐静蕾的新浪博客点击量突破1亿，刷新当时的全球纪录，被一些媒体尊称为"博客女王"。[2] 因此，到博客发展的中后期，它已经成为一个包罗万有、受众广泛的门类，以至于研究者根据其早期状态所作的"受众较小""个人化记录"等经典描述和定义都已经显得不尽准确。

（三）Vlog的兴起

而随着互联网技术与文化的齐头并进，普通网民已经不再满足于博客那种以一篇文章为单位的内容发布方式。百兆以上宽带，3G～5G移动网络和高性能的手机、计算机等终端设备使得高速的信息流动变得无比简单，任何人都可以轻松拍摄高清图片、视频并经由互联网分享，社交网站和视频平台也因此逐步蚕食了许多原本属于博客的用户群体，尽管博客仍在很多偏重文字的领域发挥着独特的价值。正是在这样的背景下，Vlog应运而生。如前所述，Vlog沿袭了Blog的命名规则：以一个描述其属性的词的缩写为首字母，与"log"组成一个新的词汇。如果说来自"web"的"b"精准地点出了Blog区分线下与线上日志的划时代意义，那么"Vlog"中的"v"（video）则概括了视频在Vlog中所占据的核心地位。不论何种平台、何种题材的Vlog，在技术的角度总要包含一个视频文件，迄今为止还没有例外。同样

1　英国新闻记者的专业网站汇总收录了一系列用博客进行新闻报道的记者和相关行业研究者的名单。参见 Sarah Marshall, Fern McErlane. 36 Blogs by Journalists, for Journalists [EB/OL]. (2022−01−26) [2022−06−30]. https://www.journalism.co.uk/news/50-blogs-by-journalists-for-journalists/s2/a551846/.

2　北京周报. 徐静蕾被冠以"博客女王"称号 [EB/OL]. (2007−02−09)[2022−06−30]. http://www.beijingreview.com.cn/2009news/wangluo/2007−02/09/content_200991.htm.

地,Vlog的创作者也遵循Blogger的惯例被命名为"Vlogger"。有意思的是:Vlog一词在中文世界很少被翻译成中文,而是普遍直接用英文表达;Vlogger在中文沟通中也常用英文表达,有时则颇为中西结合地翻译为"Vlog博主"。"视频博主"有时也用来形容Vlogger,但它同时也可以形容其他类型的视频创作者。

从二者的历史关系来看,Vlog并非博客的全面替代者,但二者在历史上的交集令很多英语世界的讨论者将Vlog视为博客的一种特殊类型。例如,一些讨论中将Vlog定义为"包含视频文件的博客""主要以视频形式表达的博客",等等。[1]这些描述在Vlog的一些早期形态中是站得住脚的,因为当时的博客文章已经可以嵌入视频文件,而一些Vlog也以博客文章为载体。一些中文世界的研究者也因此将Vlog翻译为"视频博客"。[2]但是,随着社交网站与视频平台的兴起,这样的描述已经显得有些格格不入,人们很难把YouTube平台上的一部Vlog视为博客之一种,因为它已经完全脱离了博客的基本载体与形式。因此,更宜将Vlog与博客视为两种有所交集的网络表达形式,而非将它们混为一谈。

如果说Vlog从Blog中还继承了什么,最典型的要数来自"log"一词的时间性。这种时间性不仅在于它们像日志一样强调创作或发布的日期,而且在于它们常常以时间倒序排列。打开一个博客的首页,博文列表一般都是按照时间倒序排列的,最新的博文呈现在最上方,较旧的博文在下方;很多博客网站的版式还会在标题前突出显示博客文章的发布时间。与此类似,微博、抖音、YouTube等平台的Vlog总体上也是以时间倒序排列的,即便个别置顶与热门推荐之类的功能会偶尔打破次序。另外,在部分较为高产的Vlogger中流行的一个习惯是对自己的众多Vlog编号排序。例如,有些Vlogger会在自己的Vlog标题中注明"Vlog.01""Vlog.02"……"Vlog. 19"之类的编号,使观众明确自己在观看的是第几期内容。这样的编号形式也产生了一种近似日志或博客的效果,给观众带来接近以往内容订阅的体验:

---

[1] "Vlog", Cambridge Dictionary (Online Version). https://dictionary.cambridge.org/dictionary/english/vlog, 2021-12-01.

"Vlog", Merriam-Webster Dictionary. https://www.merriam-webster.com/dictionary/vlog, 2021-12-01.

[2] 隋岩, 刘梦琪. 视频博客 (Vlog) 的内容特点及其治理[J]. 学习与实践, 2018(11): 61.

随着时间推移，用户可以不断看到更新的内容。一些Vlogger也喜欢在Vlog视频内容或配备的文字说明中标注Vlog的拍摄日期。由此可见，"log"一词的原初内涵在这些新的网络名词中仍然延续着。一些业内人士也因此将"Vlog"翻译为"视频日志"，这个译法更有利于Vlog与博客的平等，因为博客也可以被视为一种以图文为主的网络日志。但是，在中文网络与相关文献中，"视频博客"与"视频日志"两种译法的使用频率都相对有限，人们都更习惯于直接使用"Vlog"这个英文写法，因此我们在后续讨论中也将沿用英文名称。

在与Vlog发展历程相关的众多网络平台与软件之中，"VUE"是一个尤为值得纪念的、堪称为Vlog而生的名字。VUE的最初形态是一种手机应用软件，于2016年推出，可以在当时主流的苹果iOS与安卓智能手机系统中使用。通过提供简单易用的滤镜、贴纸等功能，它可以帮助手机用户快速地完成Vlog的拍摄与剪辑。2018年12月，VUE更名为VUE Vlog，其原有的拍摄与剪辑功能开始变得次要，而主要功能变成了Vlog爱好者的线上社区。这个线上社区使得用户可以将自己创作的Vlog与世界各地的爱好者分享交流，既促进了Vlog在全球的传播与发展，也进一步将VUE这个名字与Vlog深度绑定在一起。[1]伴随着Vlog的走红，VUE Vlog也成为业界与资本市场的新宠，一度被业内人士寄予厚望。有媒体数据显示，截至2019年，VUE Vlog软件的下载量已经过亿，线上社区的注册用户也超过了1000万，其迅速成长引来了腾讯等大财团的注资。

然而登高也容易跌重，VUE Vlog并没有如愿成为新的主流视频平台，反而在2022年6月30日草草宣布停止运营，留给市场无尽的讶异与猜测。综观各种媒体讨论可以看出，除了在资本运作层面的问题，VUE Vlog自身的局限性也为其失败埋下了伏笔。简而言之，VUE Vlog面临着抖音、YouTube等视频平台的竞争，其在Vlog领域的市场不断被蚕食。作为一种线上视频内容，Vlog本身就适合于在各大视频平台分享，因而在VUE Vlog与其他平台之间并不存在多大的技术壁垒。

---

1 郑洁瑶. VUE等风来：2019年会是Vlog爆发的元年吗？ [EB/OL]. (2019-02-28)[2023-06-17]. https://www.jiemian.com/article/2904369.html.

相较于VUE Vlog对Vlog领域的专注,竞争者们既能持续提供影视剧、新闻等各类原有的视频内容,也有充分的资源在Vlog这类新内容方面发力,这使得VUE Vlog处于"被动挨打"的守势。举例来说,抖音平台推出的"剪映"应用软件就是VUE的竞品,而且用户基础更大、适用范围更广,因此迅速做到了后来居上。[1]在宣布停止服务之后,VUE恐怕会被多数网民逐渐淡忘,但其曾有过的辉煌在Vlog发展史上已经留下浓重的一笔。在今天,它的行业角色正在被抖音、YouTube、BiliBili等主流平台继承和延续。

(四)网络时代的其他"log"

值得注意的是,除了Blog与Vlog,其他一些"log"也在近几年的网络文化中悄然兴起。"Plog"得名自"photo"(图片),是一种以图片为核心的网络表达形式。[2]与"Vlog"的两种全名"video log""video blog"类似,"Plog"的全名也存在"photo log"与"photo blog"两种写法。这从侧面反映出不同讨论者对其与Blog的关系也存在不同界定。笔者认为,博客在很长一段时间中都包含大量的图片,但Plog的概念反而兴起于近年来的Instagram、绿洲、小红书等带有典型社交媒体性质的图片分享平台,这恰恰说明Plog与Vlog一样,是值得与Blog单独区分对待的表达形式。举例而言,一位Plog创作者的Instagram首页往往全部以照片形式显示,早已与博客的总体面貌不同。另外,还有得名自"comic"(漫画)的"Clog":创作者用漫画的形式表现自己的日常生活与心情状态。它们也在各自的用户圈子中延续着"log"的意涵。

二、Vlog的定义与特征

从上一节中我们已经可以初步看出,不论Blog还是Vlog都存在定义上的困难。在瞬息万变的网络文化发展过程中,它们从技术形式到文化内容都可能发生极大

---

1 薛延松.腾讯收购,是VUE没落的开始? [EB/OL].(2022-08-08)[2023-06-02].https://m.huxiu.com/article/629832.html.

2 "Plog",PCMag. https://www.pcmag.com/encyclopedia/term/plog, 2022-01-30.

的改变，而它们和很多其他相关的网络文化概念之间也存在着"争议领土"，因此很难对它们做出精准的定义。但是，通过多个角度的辨析，我们仍然能够大致勾勒出Vlog的一些基本特征。

首先，Vlog以视频文件为整体表现形式，并通过网络发布。尽管Vlog在制作过程中可能用到视频、音频、图片等各种格式的文件，但它们最终汇总并表现为一个完整的视频文件。而且，这个视频文件必须通过网络发布。在今天，Vlog一般是以微博、YouTube、Bilibili、抖音、快手等平台的在线视频形式上传，并可以直接在线观看。一个视频剪辑爱好者或许会径自把他/她线下剪辑保存的视频称为Vlog，但如同我们在博客的部分所讨论的，"log"在当前的语境下有在线日志的含义，因此视频文件只有在线发布后才符合Vlog的标准。

其次，Vlog的时长相对较短，但并不绝对。一方面，Vlog兴起于以碎片化阅读与观看为主流的网络时代，它通常不会像电影一样动辄长达一个小时以上，我们在网络上常见到的Vlog往往在几分钟到几十分钟之间，过长的作品往往被分割为多期或以上下集等形式发布。然而，一些例外也是存在的：在Bilibili等视频平台检索"超长Vlog"，我们会发现长达3～4小时的Vlog作品，如有些人会一刀不剪地记录整个上午在自习室学习的全过程。但就像这些Vlog的标题所暗示的，连创作者自身也意识到自己的作品超过一般意义上Vlog的时长。另一方面，Vlog也不会过分地短，因为它总需要一定的时长来叙述事件。但在这个方面同样存在着变化，如抖音和快手平台对视频时长有着较严格的限制，这也促使创作者将Vlog压缩到两分钟以内，甚至十几秒。因此，Vlog在时长上的变化范围很大，只是主流作品常常在30分钟以内。

就视听语言来说，Vlog大多采用个人化、生活化的记叙方式，这种特性可以通过与其他视频类内容的比较来更清楚地判别。比如，央视《新闻联播》的视频片段尽管也有主持人的解说，但其解说内容基本不代表主持人个人的观察和感受，镜头语言也追求客观、全面地呈现重大事件；而近年来官方媒体记者在全国两会等重大活动现场拍摄的Vlog中，则会从记者的个人视角出发，镜头不一定对准正襟危坐的会场，反而会呈现以往新闻报道中处于镜头后的媒体席位的场景，甚至连记者入住的酒店、吃的会务茶点等都有可能出现，这给宏大严肃的会议主题增添了更活泼、更年轻化的气息。[1]

就内容而言，Vlog具有现实性。这里所讨论的现实性不等同于真实性，毕竟Vlog也不完全是对现实生活的真实反映。比如，一些Vlogger会出于隐私等考虑虚构视频中人物的身份与关系，而预先邀请的嘉宾佯装"巧遇"等情节也早已是屡试不爽的技巧。尽管Vlog中存在虚构，我们仍然能够感觉到它与那些玄而又玄的虚构剧情类短视频有所不同，这种不同就在于Vlog在整体上仍然以现实题材为依归、向现实生活靠拢，而非建立起全然虚构的故事世界。

到这里，我们可以初步得出一个关于Vlog的定义：Vlog是以在线视频为首要表现形式、在互联网平台发布的新媒体内容，一般采用个人化、生活化的记叙方式，具有较强的现实性。

那么，Vlog和当下火热的"短视频"之间又是怎样的关系呢？这在许多讨论中仍然是富有争议性的话题。一些从业者将Vlog视为短视频的一种，也就是包含与被包含的关系。也有一些声音认为这两者是互不统属的两个范畴。之所以存在这些不同声音，和短视频本身千差万别的定义有很大关系。首先，业界对于短视频的时间长度界定，有着较大分歧。研究者李庆豪与杜浩曾总结过对短视频时长的几种代表性界定：有学者认为短视频应在20分钟以内，也有学者认为应在1~30分钟，业界也有将其限定在1~10分钟的声音。[2]而在2020年，字节跳动旗下的西瓜视频平台又提出了"中视频"概念，将1分钟以下的视频定义为短视频，1~30分钟为中视频，30分钟以上为长视频。[3]如果根据这一区分，Vlog反而更多地集中于中视频而非短视频的范畴。其次，也有研究者将Vlog与短视频视为两种不同的

1 小羊在鲜花社.【张扬两会vlog】跟我去人民大会堂报道人大开幕会 [EB/OL]. (2021-03-06)[2022-01-30]. https://www.bilibili.com/video/BV1A64y1D79R.
2 李庆豪,杜浩. 乡村振兴战略下"三农"短视频的传播价值[J]. 青年记者, 2020 (17):4-5.
3 营销观察. 2021中视频营销趋势白皮书[R/OL]. (2021-07-21)[2022-02-01]. https://trendinsight.oceanengine.com/arithmetic-report/detail/421.

内容类型。张琴在《短视频用户对Vlog的接受研究》中将Vlog与短视频进行了区分，该文定义下的短视频主要指表演性质的小视频，而Vlog被视为更贴近现实生活的视频内容。[1]这些讨论并无绝对的对错之分，但不难看出，分歧主要是由对短视频本身的理解差异造成的。在本书中，我们提倡将短视频作为一个开放性的概念，以尽可能地容纳Vlog等层出不穷的新媒体视频类型。就时间而言，30分钟可以作为短视频的大致上限（不设下限），同时允许技术上出现少数超长作品的可能性；就内容而言，短视频也很难在虚构与非虚构、表演与非表演之间划定明确的界线，不如对各种内容采取兼收并蓄的态度。在这个开放性的前提下，我们可以说，Vlog是短视频的一个类型，而且风头正劲。

此外，Vlog和数字文化发展过程中出现过的一些关于视频的概念也有沟通对话的可能。比如，"DV"（digital video，即数字视频）也曾被用于描述用数字摄像机拍摄的视频，时至今日还有各种类型的DV大赛，其中也有不少类似Vlog的个人生活短片，只是未必采用在线发布的形式。"纪录片"或"迷你纪录片"（mini documentary）与Vlog的关系也值得玩味。由于二者都强调现实性，有研究者甚至干脆将Vlog视为纪录片的一个类型。[2]然而，我们在下一章中将会看到，Vlog的内容之多样、表达形式之丰富远远超过传统意义上的纪录片所能涵盖的范畴。纪录片与Vlog的交集也体现在纪录片式Vlog（documentary Vlog）这个细分类型上，这一类型的Vlog往往采用贴近纪录片的拍摄和叙述方式，并较为深入地挖掘一个特定的选题。这些相近的概念提醒着我们，Vlog并非凭空出现，它与此前已有的表达形式之间有诸多传承关系，而且它们之间的边界并不截然分明。

三、Vlogger：多样化的主体

如我们在前文中已经提到的，Vlog的生产者叫作Vlogger。有时候，我们会习

1　张琴. 短视频用户对Vlog的接受研究[J]. 新闻论坛, 2019(5): 10−14.

2　Wang X, Chang B. The Impact of the Audience's Continuance Intention Towards the Vlog: Focusing on Intimacy, Media Synchronicity and Authenticity[J]. International Journal of Contents, 2020, 16(2): 65−77.

惯性地只把职业从事 Vlog 拍摄并获得一定知名度的人士称为 Vlogger，但回到这个词的本义，任何拍摄、制作、发布 Vlog 的人都可以被称为 Vlogger，哪怕他/她只有一部作品。在现实生活中，Vlogger 们从事的行业各不相同，拍摄的内容千姿百态，而这些不同身份的 Vlogger 与 Vlog 这一表达形式之间的关系也不尽相同，他们共同构成了丰富多彩的影像世界。

首先，一些以拍摄 Vlog 为生，或者主要依靠 Vlog 获得较大影响力的人士可以被称为职业 Vlogger，这些人在很大程度上也代表了公众认知中 Vlogger 的典型。这些 Vlogger 在摄影、剪辑、选题、运营等方面往往有所专长，甚至样样精通。出生于美国的 YouTube 视频博主凯西·内斯塔特（Casey Neistat）经常被网络媒体尊称为"Vlog 之父"，也是不少职业 Vlogger 的精神榜样。凯西原本就是影视与广告制作相关领域的从业者，曾因揭露美国苹果公司 iPad 音乐播放器电池更换服务问题的短片《Ipod 的肮脏秘密》（Ipod's Dirty Secret, 2003）名噪一时。2015 年 3 月 27 日，凯西开始在自己的 YouTube 频道以每日更新的超高频率发布 Vlog，除去一些短期的中断，到 2018 年中期已经发布了超过 900 部作品；截至 2022 年初，他的 YouTube 订阅人数高达 1200 万以上。[1] 在他的众多 Vlog 作品中，凯西分享自己的家庭生活、旅行见闻、工作心得，也不断探索新的镜头语言、剪辑技巧与拍摄方式，产生的影响无远弗届。"大概是井越"是中国最早成名的职业 Vlogger 之一，在微博上拥有近 500 万粉丝，他在接受采访时就曾坦承自己是受到凯西的作品启发才走上 Vlog 之路的。[2] 值得注意的是，理想状态下我们常认为镜头前的 Vlogger 本人会承担全部的拍摄与后期剪辑等工作，但在内容生产专业化的背景下，很多职业 Vlogger 已经归属于某个公司或团队。换句话说，我们在观看一个职业 Vlogger 的作品时，能看到的只是这个被呈现出的人物形象，而很难看到他/她的背后还有一群隐形的"Vloggers"——专职负责摄像、脚本、剪辑等的团队工作人员。

1　Casey Neistat. Youtubers, Facts and Personal Life [EB/OL]. (2022-01-01)[2022-06-01]. https://famousbio. net/casey-neistat-3165.html.

2　Yulin Chen. Vlogger 井越：举起相机真诚记录生活 它就是 Vlog | 生于 2.5 次元系列之二 [EB/OL]. (2019-09-24)[2022-01-02]. https://www.sohu.com/a/343127765_526386.

　　娱乐明星及网络名人也是Vlog生产中的常客。与职业Vlogger主要靠制作Vlog走红和维持热度不同，娱乐明星与名人在涉足Vlog领域之前已经拥有较高的粉丝基础，这使得他们的Vlog作品在问世之初就有很高的关注度，而Vlog只能算是其与粉丝互动的各类手段之一。当下热门的明星吴磊、关晓彤等都很热衷于拍摄Vlog，他们的Vlog有时是展示厨艺，有时是展示求学、旅行、演艺活动等。相比于他们在时尚杂志和影视作品中严肃、精致的形象，明星在Vlog中可以更轻松、个人化地进行自我表达。吴磊的一期关于居家烹饪的Vlog就是以手机的自拍镜头视角摄制，粉丝不仅可以在吴磊讲解时看到他的面部近景，还可以在烹饪环节从略微倾斜的角度观看他本人的烹饪过程。纵然其烹饪技术难称纯熟，甚至还出现了一些意外失误，但依然不影响粉丝们的热情追捧，这期Vlog轻松收获10万余评论和40多万转发，登上当日视频热榜首位，可谓羡煞很多职业Vlogger。[1]这样的视频相较于传统的美食节目颇有"大巧不工"之效，在看似随意的镜头语言中，展示了明星平易近人的一面，也带给粉丝亲临偶像居家生活现场般的感受。一些明星经营Vlog的勤奋和专业程度也足堪与职业Vlogger比肩。来自宝岛台湾的歌手、演员欧阳娜娜就是其中的佼佼者。自2018年开始着力发布Vlog以来，她已经推出了超过百部作品，从海外留学见闻到美妆、旅行等主题不一而足。[2]这些作品不仅让公众对欧阳娜娜的了解和好感度进一步提升，也让她成为Vlog领域家喻户晓的"顶流"。在微博、小红书等平台随处可见"欧阳娜娜推荐"字样的美妆与时尚产品，其中很多就来自她的Vlog，这无疑开拓了她个人事业的发展空间。

　　也有借助其他类型内容成名的"网红"热衷涉足Vlog拍摄。易梦玲（抖音ID"易梦玲"，微博ID"易梦玲－"）是以颜值著称的时尚博主，她在抖音平台的关注者超过千万，微博粉丝数也高达数百万。她的"出圈"最初是依靠摄影与颜值短视频。这些短视频与Vlog不同，并不强调叙述性，而是更像动起来的摄影，模特只需要在镜头前做一两个简单的动作来展现自己的美，声音方面也主要依靠背

1　微博账号"吴磊LEO"：https://m.weibo.cn/2142058927/4475433100148880，2020-02-24.

2　Bilibili账号"欧阳娜娜Nana"：https://space.bilibili.com/388699948/video，2022-01-01.

景音乐，鲜有台词。凭借出众的外形和质感精良的拍摄风格，她成为网络"纯欲风"美少女的代表。拥有不亚于传统影视明星人气的她也不时发布Vlog作品，这些Vlog或是聚焦于她去世界各地旅行拍摄的过程，或是展示她的日常穿搭、化妆，用更为生动的细节向粉丝们展示了她的工作和生活。通过这些Vlog，粉丝们仿佛看到摄影中唯美恬静的主人公"动"了起来，她的美也似乎不再那样遥远得让人难以接近。[1]

国家各级机关部门的公职人员构成了中国一个颇具特色的Vlog拍摄制作主体。由于宣传工作和社会服务需要，一些机关部门也开始积极地参与Vlog的摄制。举例来说，由湖北省孝感市公安局政治部宣传科陈特运营的自媒体账号"孝警阿特"，在微博、抖音、快手等平台发布了大量关于公安干警工作生活的Vlog内容。在2020年10月28日记录孝感市公安系统破获电信网络诈骗行动的视频中，陈特以主持人的角色出镜讲述，记录了抓捕行动的背景、过程和成果。这些看起来和普通守法公民不直接相关的内容却引起了观众的极大兴趣，在陈特和同事们的精心运营下，"孝警阿特"的抖音粉丝数于2021年突破了1000万人。[2]对执法过程中一些必要的操作细节及其原因，如确认嫌疑人有无武器等，视频字幕也做了详细的解释说明。这类官方账号中的成功案例有效地利用了Vlog的表达形式，展示了各部门工作人员久不为人熟知的工作内容，不仅有利于业务知识的普及，也能拉近其与群众之间的距离，提升其在群众中的公信力。与此相应，国家各级相关部门也设立了对包括Vlog在内的新媒体宣传工作的激励机制，像陈特就是中央政法委、中国警察网设立的各类政务新媒体账号排行榜上的常客，还曾经获得公安部"劝止酒驾"短视频大赛的最佳创意奖、国家互联网信息办公室第五届"百名"网络正能量榜样等荣誉。[3]

1　微博账号"易梦玲_"：https://weibo.com/u/3182486392, 2023-06-09.

2　李震军，高德明. 湖北网红警官"孝警阿特"晋身千万大号 [EB/OL]. (2021-03-10) [2023-06-20]. https://www.toutiao.com/article/6937992957131784716/?wid=1695864669739.

3　国家互联网信息办公室. 第五届"百名"网络正能量榜样评选结果 [EB/OL]. (2020-10-21) [2023-06-20]. http://yunying.people.cn/GB/432310/434034/index.html.

新闻媒体从业者在Vlog领域的耕耘也可圈可点。如我们前面已经讨论的，博客曾为新闻注入活力，成为媒体人报道新闻、撰写评论的新选择。最近几年，Vlog的热潮也在席卷新闻业。2015年，Vlog尚在萌芽之时，美国媒体人内什·皮莱（Nesh Pillay）就已经注意到其对新闻生态带来的改变。她在文章中举例说，几位YouTube上的Vlogger得到与时任美国总统奥巴马对话的机会并上传了采访视频，轻松收获了超过300万的点阅数，这对很多未获采访机会的传统新闻人来说无异于"被打了一个耳光"。[1]在博客时代，每个记者或机构的博客更像一个相对独立的空间，博文的阅读者主要是订阅者或通过搜索引擎检索到文章的读者。而在新的媒介生态下，Vlog视频则通常上传到YouTube、Bilibili、抖音等主流视频平台，配合平台智能化的推广机制很容易到达成千上万的观众，使得部分市场嗅觉敏锐的媒体机构与个人纷纷试水Vlog拍摄，连中央广播电视总台这样的主流媒体也很难"抵御诱惑"。王冰冰原本是央视电视新闻节目的记者，却意外因为甜美的长相受到民众关注，在互联网上迅速走红。2020年末，走红后的王冰冰开设了自己的Bilibili账号"吃花椒的喵酱"并发布了一部Vlog，点阅量突破2000万，登上全站实时榜单第一名。这部Vlog关注的就是央视每年冬天热衷报道的题材——吉林查干湖的冰上捕鱼，但却转换了故事的主角：王冰冰从报道者变成主人公，镜头跟随她在夜色中早起准备报道，大快朵颐地享用烹饪好的查干湖鱼。这在报道方式和传播效果上都让这个老题材重焕生机。[2]在王冰冰此后的作品中，她作为媒体人与报道内容、供职机构之间的深刻关联也在视频里清晰可见。北京冬奥会临近之际，她就到滑冰场和世界冠军一起体验花样滑冰，而页面中视频的作者信息除了她本人，也添加上了"央视新闻"账号；她还曾经专门拍摄一期视频鼓励粉丝们关

1　Pillay N. Youtube: A Threat to Journalism or An Evolutionary Step? [EB/OL]. (2015-04-05)[2021-02-05]. https://www.thedrum.com/news/2015/04/05/youtube-threat-journalism-or-evolutionary-step.

2　吃花椒的喵酱.【冰冰vlog.001】带大家看看每个冬天我必去的地方 [EB/OL]. (2020-12-31)[2022-02-05]. https://www.bilibili.com/video/BV1vy4y1i7bS.

注央视新闻的账号。[1] 因此，王冰冰带给我们的不仅是美貌、美景，更是媒体人与所在机构通过Vlog建立起的新报道与经营模式。

最后，构成Vlog最广泛群众基础的，还是各行各业、各种年龄段的普通网民。有研究显示，16～24岁的年轻人在Vlog中花费的时间最多，但34～44岁的中青年所占比重同样较高。[2] 青年学生接受新事物的能力强，制作与观看Vlog的时间也较为充裕灵活，是Vlog乃至更广泛的短视频文化的一大主力军。各种领域就业的职场人士则通过Vlog记录工作状态、分享职场经验。看重家庭与生活的网民也会将一餐一饭、旅行见闻、宠物养育、儿童教育等日常点滴记录到Vlog中。对绝大多数普通网民来说，他们并不寄望于借Vlog暴得大名（尽管一些偶然的传播事件也可以让他们被大量关注），而是记录自己的经历与心声；不论是来自线下好友或线上网友的几个点赞支持，或是干脆无人问津，都不必然影响他们对Vlog的爱好。庞大而多样化的Vlogger群体，也正是Vlog持续发展下去的生命力所在。

至此，我们可以简单总结出狭义与广义的Vlogger概念。狭义的Vlogger是指专业从事Vlog内容生产，或主要借助Vlog作品为人熟知的人士。而且，在一些集体生产的Vlog中，狭义的Vlogger通常只是Vlog作品中以创作者身份出现的生产者，如账号的拥有者、出镜的解说者等，幕后的摄影师、剪辑师通常被排除其外。而广义的Vlogger则是指所有Vlog的生产者。不论普通网民、技术达人、机关部门，还是化妆师、摄影师、剪辑师，都可以在这个概念中找到容身之所。在开放平等的网络空间中，人人都可以是Vlogger。

回顾我们在本章中所讨论的内容可以发现，Vlog既是一个新现象，也是一个旧现象。它的"新"在于搭上了新近的短视频行业风口，在抖音、YouTube、Facebook等时下最热门的网络平台以丰富的视听元素向用户提供了新形式的文化

1　吃花椒的喵酱.【不愧是我】人菜瘾大！王冰冰终于"学会"花样滑冰了！[EB/OL].（2022-01-09）[2022-02-05]. https://www.bilibili.com/video/BV1hY41187Vs.
　　吃花椒的喵酱."一键三连"！王冰冰喊你来关注央视新闻~[EB/OL].（2022-01-09）[2022-02-05]. https://www.bilibili.com/video/BV1YA411H7LM.

2　Liu H L. Vlog: A New Communication Practice in Post Pandemic .[J]. Journal Audiens. 2021(2): 205.

食粮。而它的"旧"则体现在与航海日志、博客等已有的文化现象在词源与表现形式上的一脉相承，这使得我们仍然能够把握住它们之间共通的文化特征。我们也可以看到，Vlog的形态千差万别，Vlogger群体也身份各异。尽管我们尝试对它们进行定义，但它们在具体实践中的丰富性与多样性仍然在不断地刷新我们的认识。

第二章 无尽的清单：Vlog 的类型学

　　Vlog 有多少种类型？借用意大利美学家翁贝托·艾柯（Umberto Eco）讲述西方美学时的著名形容，Vlog 的类型是"无限的清单"。如艾柯所说，"我们讨论的美学的无限是一种实际上的无限性，构成它的物件也许有其数量，但我们无法穷尽统计其数量——而且我们恐怕其统计（与罗列）会永无止休"[1]。对于任何试图对 Vlog 进行归类统计的人来说，面临的挑战也是如此：各大平台上每天产生的新作品是天文数字，每个人不论借助何种手段，所能看到的都只能算作 Vlog 世界的一隅。正因这种有数量却无法统计的无限性，任何分类都无法穷尽 Vlog 表达的可能性，业内人士的分类法也各不相同。Vlogger "Vivi 的理想生活"总结过五种常见的 Vlog 内容类型：美食、搞笑、美妆美容、生活技巧、知识分享。[2] 研究者王添帅则根据内容主题将其分为四类：日常生活、旅行记录、试用评测、知识学习。[3] 在本书中，我们将 Vlog 分为三个大类：消费文化类、生活方式类、知识分享类。这种分类法既考虑了内容上的区分，也兼顾了它们与社会生产生活之间的不同关系。在每个大类中，细分的类型和主题也极其丰富，我们可以通过有代表性的 Vlogger 及其作品管窥一二。

1　Eco U. The Infinity of Lists [M]. London: Maclehose Press, 2009: 15.
2　Vivi 的理想生活. Vlog 视频拍摄、剪辑与运营：从小白到高手 [M]. 北京：化学工业出版社, 2020: 11-13.
3　王添帅. 探究短视频发展下一个风口——vlog 发展现状及趋势 [J]. 东南传播, 2019(4):19-21.

一、消费文化类Vlog

消费文化类Vlog是以实体商品、文化商品及消费方式等为主题的Vlog类型。它最紧密地与商品的生产、销售和消费相关联，也是商业变现最直接和最活跃的一个类别。在消费文化类Vlog的领域中，职业Vlogger往往只专注于某一个或少数几个消费类别，如手机数码、传统家电、虚拟商品等，只有少数职业Vlogger、跨界明星名人和普通消费者会无所不包地拍摄各类商品消费。因此，从不同的商品类别出发是认识消费文化Vlog的绝佳途径。

在网络时代，手机与其他数码产品成为人们日常消费的一个重点领域。这些产品款式丰富、附加值高、升级换代迅速，而且涉及许多专门知识，于是就成了众多Vlogger创业的蓝海，催生出一批网络名人。名列微博"十大影响力数码大V"的Vlogger钟文泽，在微博拥有超过200万粉丝，可谓同行之中的"顶流"。钟文泽的标志性风格就是轻松幽默，能够在视频讲解产品的过程中用淡淡的东北口音讲出搞笑的段子。他在网络上表现出的开朗性格也很容易建立起与粉丝的好感。如他的早期网名"钟悟饭"一样，钟文泽对美食也有很高的热情，以至于能吃也成为粉丝调侃他的重点，而他也时常在发布手机数码类内容之余分享自己每天的饮食，甚至还与主业结合，为粉丝拍摄探访华为、Vivo等手机企业食堂的Vlog。而在自己专注的领域，钟文泽也颇有独到之处。首先，被戏称为"快男"的他与一些大牌企业关系良好，常常可以在第一时间拿到最新的手机、耳机等产品，成为想一睹为快的网民们依赖的信息渠道。特别是在他成名之后，一些大牌厂商甚至在发布会之前就将产品提供给他拍摄开箱Vlog，以待发布会召开后马上进行网络推广。其次，钟文泽的英语也颇为流利，这使得他可以与国外厂商直接对话，分享新鲜的海外手机数码资讯。2019年9月，他就飞到美国苹果（Apple）公司总部，为观众现场拍摄iPhone新品的发布，也让观众趁机一睹苹果总部的建筑与环境。[1]

与钟文泽侧重讲解推介单个产品的风格相比，小白（微博/Bilibili ID：小白测

---

[1] 钟文泽的微博：https://www.weibo.com/vinczhon, 2022-01-01.

评）则是手机数码类Vlogger中"技术流"的代表之一。尽管小白的视频也不乏幽默调侃，但更引人注意的是各种详细的实测数据与图表。在谈到一款产品的重量、电池续航时长等参数时，小白往往并不轻易使用官方数据，而是会使用设备进行实际测试，这些测试过程也成为视频中的一项重头戏，吸引了不少关心手机使用体验的用户。例如，厂商官方标示的手机续航时间往往是一个理想状态下的数据，而在安装了诸多耗费内存的应用程序或观看视频后，一些手机的续航会大幅下降。而在实测视频中，小白会根据一些用户使用的典型状态进行测试，有助于用户了解产品的实际表现。很多技术流的Vlogger也侧重不同机型之间的参数比较，小白也不例外。他曾在一期"横评"（即横向评测）Vlog中让8款手机同台竞技，测试它们在响应速度、热量控制等方面的表现。[1]他还建立了一个手机测试的数据库，将手机按照不同的参数表现进行分类排行，以便将新产品与以往产品进行排名比较。

　　汽车作为一种价格高昂的大宗消费品，也在消费类Vlog中占据着一席之地。在Vlog大行其道之前，关于汽车的评测文章与视频就已经是互联网内容生产的热门领域，甚至还出现了"汽车之家"这类专门的汽车资讯网站，而Vlog又为这个热门领域增添了更具个性化的表达方式。相较于以往按部就班的汽车解说视频，汽车类Vlog吸引了更多类型的Vlogger的参与与创意。资深车评人韩路创办的"老司机出品"是微博、Bilibili、YouTube等平台人气颇高的一个视频频道，曾先后拥有胡正阳、徐超、郭弋搏、刘道静等车评人，每位车评人都有自己独特的视频风格，也吸引着不同兴趣的观众。其中郭弋搏的"小郭同学Vlog"系列就旗帜鲜明地专注于Vlog作品，这些作品会根据不同的产品设定差异化的场景。如在推介一款风格硬朗的越野SUV产品时，他就将拍摄的场景放在了一座废弃的厂房，然后亲自驾驶着该款车辆探索荒凉的厂区。[2]视频中没有对车辆本身的细节多加说明，但当水

1　小白测评.「小白测评」2019年度旗舰机性能大横评 谁是最强性能机？ [EB/OL].(2019-12-23)[2022-02-06]. https://www.bilibili.com/video/BV1TJ411x7rm.

2　老司机出品. 小郭同学VLOG：开着坦克300探秘北京废弃焦化厂 [EB/OL].(2021-03-08)[2022-02-06].https://www.dongchedi.com/video/6937110737282138661.

泥灰色的车身与后工业风的环境一起出现在镜头中时，视觉语言已经生动地表达出他对该车风格的诠释与肯定。而在评测一款红色家用轿车的Vlog中，他又选择和女友一同出镜，记录驾驶该车辆度过的一天情侣生活。二人在视频中不仅看似无意地讨论着车的各项配置特征，还在放置行李之类的情节中巧妙凸显车辆的电动后备厢。[1]胡正阳的《探寻不一样的川藏线》则更为"大制作"，这部Vlog用上、中、下三集的篇幅，展示了他和友人驾驶某款SUV车型游历高原公路川藏线的漫长旅程。在沿线的草地、骏马、湖泊逐渐映入眼帘的同时，车辆的特写画面也穿插其间。伴随着驾驶者对操控功能的评价，观众在欣赏高原风光的同时留下对车型的深刻印象。[2]

除了以"老司机"为代表的专注国内新车市场的汽车类Vlog，也有Vlogger将镜头瞄向了海外、二手等非常规领域。网名"雷鲜生"的车评人雷宇就是一名身在日本的汽车类Vlogger。由于汽车产业的特殊性，即使同一品牌的汽车产品在不同区域也常常有不同的设计与配置，而日本作为众多日系汽车厂商的大本营，常有着领先于海外市场发布的车型设计，因而吸引了很多日本以外汽车爱好者的好奇心。与身在中国的同行一样，雷宇也会在新款车型发布的时候拍摄Vlog进行介绍与试驾。[3]而他更具个人特色的Vlog系列则是"日本租车记"：通过去日本的租车公司租借的方式，向华语观众介绍日本市面上常见的各类车型。此外，他还有不少关于日本二手车、交通知识与修车养车知识的Vlog作品——可谓日本汽车消费文化面面观。还有Vlogger选择以路人的视角与某车型的持有者聊车，了解车主购买和使用的实际体验，这样的形式也很贴近有计划购买该车型的观众的需求。[4]参与

1　老司机出品.小郭同学VLOG：开逸动PLUS打卡，带你去三个最适合情侣的地方 [EB/OL].(2021-07-07)[2022-02-06]. https://www.dongchedi.com/video/6982118788573430280.

2　老司机出品.胡正阳游记：探寻不一样的川藏线，遍地惊喜的318（中集）[EB/OL].(2020-10-29)[2022-02-06]. https://www.bilibili.com/video/BV1Li4y177h7/.

3　雷鲜声.实力小将 体验本田全新缤智混动版 [EB/OL].(2021-06-15)[2022-02-06]. https://www.dongchedi.com/video/6973537440686408230.

4　阿橙推车.领克02车主口碑，到底如何，车主最有发言权 [EB/OL].(2020-07-20)[2022-02-06]. https://www.dongchedi.com/video/6851456304402137603.

汽车类Vlog生产的也不只是车评人，买车这样的大额开支对大多数普通人来说意义颇重大，许多普通消费者也会用Vlog记录买车的喜悦瞬间，分享自己的购车经验。一位从事鞋类视频的Vlogger"Mr.WU无才先生"就拍摄过一期提车Vlog，并从年轻人的视角讨论了人生第一辆车的购买问题。

　　美妆护肤品也是与Vlog天然契合的一类消费品。这类产品适宜线上销售与邮寄，单价总体不是特别高，而且高度依赖品牌力与口碑，容易通过视频内容营销提高销量，商家也乐于投资网络视频营销。谈到美妆类新媒体，不少人的第一反应也许是李佳琦等顶流美妆网红带货主播，但如果仔细观察行业生态，美妆类Vlog的市场价值同样不可小觑。直播带货是一种对时间高度敏感的形式：主播与观众需要在特定的时段保持在线，一场内容丰富的直播往往长达1小时甚至更长，而直播中抢购下单也需要分秒必争的"手速"（即手指的反应速度）。而Vlog对时间的敏感度相对低很多：一部美妆类Vlog可以在发布后很多天仍被观看转发，时长大多相对较短，带货的方式也是"种草"多于即刻下单。在直播之余，李佳琦本人也堪称一位Vlog达人（微博ID：李佳琦Austin），他的Vlog作品动辄可以收获上万条转发评论。他的作品不少是开箱主题，向观众展示由美妆品牌厂家寄来的礼盒。由于许多礼盒并非标准配置，有些还包含特别的纪念品，常常能带给观众惊喜。而更能体现李佳琦的行业影响力与团队创意的，则是他与众多明星联名的"搬空李佳琦的仓库"系列Vlog。视频中金靖、王霏霏等明星来到他的直播电商公司的仓库，尽自己所能地拿走货架上存放的各种化妆品与其他商品，其中不少化妆品是价格不菲的大牌产品。[1]同为资深美妆Vlogger的王霏霏在扫货之后还兴奋地发布了"售后"Vlog，展示了几件从李佳琦那里斩获的最满意的产品，一度冲上Vlog实时榜单第一名。[2]这样的联名形式既富有趣味性，也实现了双方影响力的叠加效应。

1　微博账号"李佳琦Austin"：https://weibo.com/u/1968758563, 2021-09-02.

2　王霏霏Fei.【霏常玩美Channel】李佳琦仓库扫货售后来了！[EB/OL].(2021-08-04)[2022-02-07]. https://video.weibo.com/show?fid=1034:4666465119567892.

  当然，不是所有的Vlogger都有能力和意愿复制李佳琦的华丽风格，他们也有各自的制胜法宝。"草莓没烦恼"是一位就职于某航空公司的空姐。凭借丰富的工作经验，她已经晋升到了乘务长的位置。这个职业身份意味着她需要经常昼夜兼程地往返于各个城市之间，并且在工作中保持良好的个人形象，护肤与化妆更是每日必备的"功课"。与很多同行有别的是，她敏锐地捕捉到了职业身份带来的商机，从自己的日常护肤过程中就地取材，拍摄成了一系列以"90后空姐"或"乘务长"为题材的Vlog。[1] 坚持创作一年多来，她在抖音平台已经收获了十余万粉丝，也发布了不少具有商业推广性质的作品。可想而知，Vlog这份"副业"让她在主业之外开辟了另一个获得收入的渠道。职业Vlogger"陈大皮儿"则以高产与妆容类型的丰富取胜。她的Vlog可以做到每周一更，甚至有时频率更高。在保持这样高的更新频率的同时，她还能不断地推陈出新，创造不同的妆容命名与画法。打开她的Vlog页面，"酒醉蝴蝶妆""孔雀妆""厌世妆"等新名词层出不穷，而她在自己的脸上演示出的作品也总能诠释出这些妆容名称的文字含义。此外，她的妆容名称也常结合时令与时事热点。在酷暑难耐的6月，她就不失时机地推出了以流行冷饮莫吉托酒（mojito）命名的粉绿色调妆容；而在国庆长假到来时，她又会为粉丝推荐适合出门旅游拍照的妆容。勤奋的付出也有回报，她的Vlog时常出现在微博美妆类Vlog排行榜的前列。值得注意的是，美妆类Vlog在近些年大有全民参与之势，不论是"小透明"的普通网民还是尝试打捞人生第一桶金的Vlogger新手，都将其视为一个值得探索的领域，这和上文中提到的行业特性是分不开的。

  除了美妆护肤，服装穿搭是另一个与变美高度相关的Vlog领域。随着电子商务的发展，已经有许多人不再去逛服装店，而是主要通过网络来购买服饰，这个趋势在中国尤为明显。作为"世界工厂"，中国不仅拥有完整而强大的服装产业链，在服装的线上销售方面也极为活跃。部分电商平台已经能够通过数据分析向顾客推荐合适的鞋服尺码，还可以借助"买家秀"等功能方便顾客分享试穿效果，极大地克服了鞋服线上销售的原有障碍，各种服装类品牌、网店也如雨后春笋般

---

1 抖音账号"草莓没烦恼"：https://v.douyin.com/idoHydHE/ 1@3.com，2023-10-30.

兴起。在这个背景下，一些 Vlogger 将服装穿搭 Vlog 与电子商务进行了充分结合。"小啾啾"是小红书平台的一名女性 Vlogger，她的视频作品高产，且风格极具辨识度：尽管镜头采用自拍视角，她却并不露脸，只拍摄颈部及以下的自己。与之相应，每期视频内容的重点也不是她的颜值，而是各种风格的服装搭配。同一期视频中的上装下装、内搭外套往往出自不同的商家，她却能巧妙地将它们整合出和谐的搭配风格。这些上身效果极具说服力的搭配也让她的评论区变成了"带货"场地，不断有粉丝询问某件衣服的品牌，而她也会提供品牌名方便粉丝查找。[1] 相比于一些简单的"买家秀"，这样的 Vlog 作品在商家与顾客之间搭建了新的桥梁：顾客不但能看到产品实际上身的轮廓、质感，还能得到如何更好地搭配产品的灵感。不言而喻，在服务顾客、便利商家的过程中，这类 Vlogger 也找到了赚取广告收入的空间。

当然，也有一些与电子商务关系相对疏远的服装穿搭类 Vlog。演员宋妍霏（微博 ID：Cecilia 宋妍霏）是成功把这类 Vlog 做成了"事业"的明星之一，她的系列 Vlog "CC 的一周穿搭"几乎成为她最为人熟知的一块招牌，单个作品的微博转发量、评论数动辄过万。不同于"小啾啾"在衣服选择上的"亲民路线"，身为奢侈品牌代言人的宋妍霏在 Vlog 中偏重高端。她在视频中穿搭的大多是高档时装，有些款式甚至很难通过网络买到。与此同时，她作品中的镜头语言也更接近时尚媒体，努力营造"时尚大片"的视觉冲击感。得益于互联网的影响力，她也收获了一些主流鞋服品牌的广告代言。[2] 此外，传统悠久的服装定制也在积极搭上 Vlog 的快车。赵远方是一家京沪等地颇具规模的西装定制公司的量体师，数年来，他一直活跃于各类新媒体平台，普及与西装相关的知识，回答爱好者的问题。在短视频流行后，他也不失时机地开始在抖音、小红书等平台发布 Vlog 作品。这些作品或是讲解西装定制背后的知识（如面料品牌、风格塑造等），或是分享所在门店的定

1　小红书账号"小啾啾"：https://www.xiaohongshu.com/user/profile/611e36cc00000000200287c1, 2023-06-13.

2　宋妍霏的微博：https://weibo.com/u/1915843283, 2023-06-18.

制案例。尽管定制西装很难像量产的成衣一样线上销售，但Vlog依然为赵远方的工作拓宽了渠道，时常有外地粉丝留言询问到店定制的相关信息。[1]此外，历史更为悠久的民族服饰在Vlog世界也不乏拥趸，其中尤以汉服爱好者为众。从介绍汉服的设计剪裁到记录穿着汉服出行，Vlogger们用影像展现着传统文化元素在年轻一代中的复兴。

　　民以食为天，背靠餐饮服务业的美食类Vlog也是大受Vlogger和观众欢迎的领域。美食类Vlog的一个主要分支是美食探店Vlog。Vlogger通常会到一些饭店餐馆中品尝其招牌美食，并做出评价。其中，一部分美食探店Vlogger专注于其所在城市或地区的餐饮。"京城奇珍异物志"就是一名连ID都清楚标明其专注地域的Vlogger。除了极少数外出拍摄的内容，他的Vlog几乎都在搜罗北京市范围内的各色餐饮，既有炒肝这样的北京本土小吃，也有已经在北京落地生根的香港、上海乃至国外美食。在遥远的南方，"品城记"则寻访着粤港澳大湾区的各色美食，从"世界美食之都"顺德的传统菜肴到澳门特区的雪糕甜点，应有尽有。这些Vlogger不仅在地理上专注特定区域，也在内容上深耕本土饮食生活与文化。"京城奇珍异物志"言谈之间流露着京腔京韵，而"品城记"的大部分解说与对话则以粤语进行。在介绍本地特色美食时，他们都习惯于如数家珍地讲述美食与本地历史的关联，如港商投资给东莞带来的茶餐厅文化、北京点心的传统吃法等，以建立与本地文化认同间的联系。[2]而另一部分Vlogger的足迹则遍布大江南北，乃至跨越国界。"食贫道"的Vlog就是那种为了一餐美食可以打"飞的"千里奔赴外地的老饕的餐饮指南。他可以在浙江舟山开渔的时节赶到当地的小馆吃一碗海鲜面，旋即又能驱车到北京的郊野山区进行户外烧烤，从东三省到两广地区无不留下他探寻美食的足迹。在新冠疫情造成全球旅行不畅之前，他也曾到俄罗斯、印尼巴厘岛等地

1　抖音账号"优山赵远方"：https://v.douyin.com/iR1wyQ4/，2023-06-02.
2　品城记本地版.【品城记】有一个踏实做事的老板坐镇，出品稳定，价格也不算太贵，难怪这家茶餐厅火了这么多年！[EB/OL].(2020-12-29)[2022-02-08].https://www.bilibili.com/video/BV1qV411b7md.
京城奇珍异物志.北京夏天必吃的宫廷小吃，一口甜到心里去！[EB/OL].(2018-07-10)[2022-02-08].https://www.bilibili.com/video/BV1ss411n7Sn.

体验当地美食，带来异域风情的餐饮文化。[1]

　　而美食类Vlog的另一分支则是在室内或者其他设定的场景内拍摄的。随着物流配送与外卖行业在互联网时代的高度便利化，美食不再局限于店铺的空间之内，而是可以便利地在各种工作、旅行和居家场合中享用。"大祥哥来了"就是一名专门"宅"在家中或摄影棚拍摄美食体验的Vlogger，他极少出门拍摄探店。尽管环境布景不如探店视频来得多变，他对食物的选择却毫不含糊，专门评测全世界各种珍稀昂贵的顶级食材，其中不少是各国空运而来的生猛海鲜。大祥哥的动手能力也颇强，曾在镜头前将一头澳大利亚大鲍鱼清洗活宰，切片食用，还会为不同食材配上不同的餐酒。[2]他戴着眼镜的宅男形象与食材本身的华贵取向也形成了有趣的反差，他完全没有一些走精致高贵路线的Vlogger的好整以暇，反而时不时在视频中出现切错刀工，或是将食物餐酒洒落地上的出糗时刻。这样"接地气"的形象也拉近了他与粉丝的距离，粉丝会在弹幕中刷屏嘲笑他出糗，也会在弹幕中发挥创意地玩梗。如在一期测评法国生蚝的视频中，粉丝就联想到中学语文课文而评论道："你就是我的叔叔于勒？"令人忍俊不禁。[3]而另一名美食Vlogger"密子君"则拍摄过多部在酒店和家中体验外卖的视频。她点过的外卖不只有美味的西北泡馍、云南傣味等富有地方特色的正面典型，也有很大胆的"暗黑外卖"挑战。她曾在重庆入住酒店时搜索到附近评分低达一颗星的外卖，并勇敢地下单体验，以至于吃到自己都神态痛苦，她的粉丝也忍不住在弹幕中劝她为了身体不要再吃。[4]或许与美食品类的丰富有关，又或者得益于"让手机先吃"的美食拍摄分享文化，美食类Vlog在中国乃至整个东亚地区都异常兴盛，不论Vlogger还是观众都乐此不疲，仿佛观看本身已经足以带来味觉上的满足感。

1　Bilibili账号"食贫道"：https://space.bilibili.com/39627524, 2021-10-02.

2　大祥哥来了. 试吃鲜活超级大鲍鱼，感觉有点儿血亏 [EB/OL].(2019-08-02)[2022-02-09]. https://www.bilibili.com/video/BV16t411F71k.

3　大祥哥来了. 这就是舌吻的感觉！法国顶级吉娜朵gillardeau生蚝开箱！ [EB/OL].(2019-02-06)[2022-02-09]. https://www.bilibili.com/video/BV14b411z7oA.

4　密子君. 偶遇1分外卖 | 重庆酒店vlog [EB/OL].(2020-10-16)[2022-02-09]. https://www.bilibili.com/video/BV14f4y1B7fV.

二、生活方式类Vlog

生活方式（lifestyle）则是一个更庞杂的类别，它包括了人在社会生活中工作、居家、出行、情感、社交等各类场景。与消费文化类不同的是，生活方式类的细分类别并不那么截然分明，反而常常交织在一起。比如，擅长旅行类的Vlogger也时常在他们的视频中讨论工作与情感的内容，而一些聚焦在职场的Vlogger也偶尔会记录出差旅游的经历，正如生活本身就是这些内容的复杂融合。所以，在对生活方式类Vlog进行分类时，我们常需要以作品中最重点呈现的场景为依据，或是以创作者经常投稿的频道、使用的标签了解其主要兴趣。

旅行尽管常常被归属于文化消费，但又与现代人的精神文化生活密不可分。"十三要和拳头"是一对情侣运营的Vlog账号，他们的视频堪称大成本制作。2021年1月发布的第一期Vlog就以定制旅行用的房车为主题，整部车标价40万元，而比金钱更高的成本是人生路径的转换。在第二期Vlog中，他们就双双宣布辞去了在北京年薪数十万元的工作，全职转型自媒体经营者；而在谈到个中缘由时，他们也坦言是厌倦了大城市日复一日的压抑生活，决定追求自己喜欢的生活状态。[1]二人的决定也并非全然感性，早在2018年，他们就已经尝到了短视频商业化的甜头，积累了不错的粉丝人数和物质基础。就如很多观众在评论中所说的，二人的决定代表着更多人想做却不敢做或无力做到的生活选择。随着他们的房车完成定制交付，观众正式跟随他们的旅程饱览了内蒙古、宁夏等地的风光，也见证了他们旅途中经历的波折。"i皮诺曹儿"则是一位更具国际范儿的女性Vlogger。特别是在新冠疫情发生之前，她或是在澳大利亚乘房车旅行，或是闪现意大利观看时装秀，令观众大饱眼福。[2]而不论拍摄何地的内容，她都能配上符合气氛的音乐和滤镜，并精心地对视频片段进行剪辑，堪称制作精良的Vlogger之一。对收入与消费水平已经显著提高的当代年轻人而言，通过旅行丰富自身的精神文化生活已经

1　十三要和拳头. 我们辞去年薪40多万的工作，北漂5年收获了什么？[EB/OL].(2021-03-15)[2022-02-10]. https://www.bilibili.com/video/BV1Hb4y1Q7Lq.

2　Bililibili账号"i皮诺曹儿"：https://space.bilibili.com/159630300/, 2021-10-10.

成为一个刚性需求，但有钱没时间也成为很多人的痛点，而旅行类Vlog恰好为纾解这个痛点提供了一个出路，成为年轻人探索不同世界的另一双眼睛。

也不是所有的旅行类Vlog都走美景如画的小清新路线，"史里芬Schlieffen"就是一个猎奇搞怪类的旅行博主。如他的微博超级话题"史里芬的Schlieffen的魔幻之旅"所明示的，他的Vlog专门搜罗景点中各种"亮瞎眼"的土味审美。在他的100多期Vlog中，游乐场、商场、私人场馆无所不有，足迹遍布大江南北，而这些千奇百怪的内容又高度统一在他招牌式的风格中：快如机关枪的语速、四平八稳以至于不带感情的语调和总有神来一笔的形容。如在解说山东"蔬菜之乡"寿光的菜博会Vlog中，他用一贯的语调快速念着旁白："本来打算了解行业前沿动态，掌握育种栽培最新技术，但很快发现菜博会的重头戏其实是寿光装置艺术。"[1] "育种栽培"这样的农业种植用语与当代艺术的宠儿"装置艺术"之间形成戏剧性的反差，也激起观者对现场情景的好奇心。此时画面一转，切入菜博会的实况，观众才明白"装置艺术"究竟所指为何：大量的历史人物塑像、用蔬菜堆砌出的各色造型以及宣传标语，这样的图景无疑也让"装置艺术"一词从原本的西洋精英范儿变成了颇具喜感的土气息、泥滋味。而在吐槽华西村不伦不类的仿西式建筑时，他又形容道："整个华西戴高乐广场一派切尔诺贝利气象，干枯的花环、原本能举办婚礼的菲律宾别墅，还有死在菲律宾别墅面前的棕榈树，没法不让人浮想联翩、倒吸凉气。"以核灾过后的"切尔诺贝利"来形容这些被荒废的"洋泾浜"建筑，夸张之余又颇有契合之感；而仿菲律宾别墅周边的几个意象的罗列，已经勾勒出现场的阴森气氛。不难看出，史里芬的Vlog在旁白方面自成一格，而背后则需要相当的文字功底与创作劳动。《三联生活周刊》的一篇专访多少为我们透露了这位土洋结合的Vlogger是如何炼成的。原来，史里芬先后毕业于南开大学与伦敦国王学院，可谓是标准的高才生。他因为厌倦朝九晚五的体制内工作而决心做自媒体，转而在奇怪建筑的兴趣中找到了机遇。于是，一位融大俗大雅于一身的自媒体内

---

1 史里芬Schlieffen. Vlog.43 | 火云邪神唱响山东蔬菜音乐节 [EB/OL].(2019-06-13)[2022-02-10]. https://video.weibo.com/show?fid=1034:4382779165896838.

容生产者诞生了。[1]

　　工作日常是职场人群热衷分享的主题，在其中可以看到各种常见或稀奇的工作类型，也让人了解不同人工作时的心路历程。"Enson_Chen"是一名工作在美国纽约的中国青年Vlogger。与国内的精英白领一样，他的一天也是从公司附近的公寓中醒来，穿上衬衫或西装开始的，然后赶往公司的办公桌前开始各种工作：电话会议、统计数据、制作简报……他也会像国内的职场青年一样通过吐槽来表达对日复一日的办公室日常的不满。从被迫经营人际关系的压力到新人如何难带，他的Vlog系列也颇有自嘲意味地被命名为"纽约社畜"。如果说有显著的不同，大概就是他坚持用英语作为视频中的主要语言，还贴心地为观众配上字幕；尽管口音难免带着第二语言使用者的痕迹，却也已有了八九分的美式英语腔调。坚持优质内容高产的结果是观众群体的不断扩大，他的视频点阅量渐渐达到数万，影响力大到被同公司的中国同事认出来，"社死"（社会性死亡）的场景也成为他一期Vlog中的经典画面。[2]而在距离纽约万里之遥的上海，白领女孩"蕾妮蕾妮_"也在坚持记录着自己上班的日常。她的视频偏重自己在工作中的服装穿搭、零食下午茶、出差见闻等方面，也记录了换工作这样重要的职场生涯时刻。[3]一些行业的Vlogger则干脆把Vlog变成了自己工作内容的一部分，以此扩大自己的行业影响。位于浙江宁波的婚庆主持人"婚礼人：小贱先生"就在抖音平台拍摄Vlog，分享自己在主持各种婚礼过程中遇到的各种状况，也向网友分享适合在婚礼中使用的音乐与台词。正如他的个人简介中所明示的，抖音页面是他向全国各地新人们推销自己的婚庆主持业务和获得其他商业合作机会的一个窗口。[4]

　　由于手机等设备的普及与短视频平台对下沉市场的深耕，拍摄工作日常Vlog

1　三联生活周刊. 持续输出"中华土味"的史里芬，是什么来头？ [EB/OL].(2020-11-09)[2022-02-10]. https://weibo.com/ttarticle/p/show?id=2309404569358457241817.

2　Enson_C. 纽约社畜Vlog | 社死现场 我的同事居然看过我的视频？ [EB/OL].(2021-10-01)[2022-02-10]. https://www.bilibili.com/video/BV1Af4y1A7N6.

3　Bilibili账号"蕾妮蕾妮_": https://space.bilibili.com/522370811, 2021-11-30.

4　抖音账号"小贱先生": https://v.douyin.com/dVUjyNw/, 2021-11-30.

的人群也不局限于受教育程度较高的白领阶层。在一些正在施工的楼盘，各工种的人员都开始流行通过抖音、快手等平台发布工程的建设进度与工地的日常，甚至在工友之间形成点赞评论的互动效应。制衣、汽修等行业的工人也是如此。一些媒介素养优异的打工者借此脱颖而出，成为粉丝数可观的网络红人。外卖小哥"吴君_"于2017年底在Bilibili发布了第一部记录配送美团外卖的视频，到2021年已经收获了十几万粉丝的关注。相比于许多同行，吴君的自身条件要滋润一些，他的送餐坐骑不是普通的电动自行车，而是一部造型帅气的燃油摩托车，而他本人也常参与摩托车玩家组织的活动。童真卖萌风格的《骑上我心爱的小摩托》也是他的Vlog背景音乐中的常备曲目。在拍摄Vlog的这些年中，他也给他心爱的摩托车配置了各种装备：运动相机、手机支架、头戴螺旋桨的可爱小黄鸭装饰……[1] 从吴君分享的其他内容中也不难看出，他还是一个对二次元动漫文化有着浓厚兴趣的年轻人，因此很容易与Bilibili的用户主体产生共鸣。这些特质都使他在众多拍摄过外卖视频的Vlogger中脱颖而出，成为作品精致、影响力较大的代表。

校园生活与学习日常则是在校中学生与大学生热衷的主题。年轻学生对新鲜事物充满好奇心，而且相对有一些闲暇可以进行拍摄与剪辑，是一个活跃的创作群体。在清华大学新闻系修读完本科和硕士研究生的"在下小苏"是一位在Bilibili平台粉丝超百万的Vlogger。在校期间，她的视频展现了在清华大学新闻系学习和生活的方方面面，如凌晨自习室中的清华学子如何刻苦学习，她在新闻系硕士班毕业答辩中的实况记录，清华大学的外国留学生群体，等等。作为一名高考中的学霸，她还会在每年高考季跟考生和家长分享应考及志愿填报等方面的经验。2019年5月，她还幸运地赶上了清华大学的大事件——在校园内发现了古墓群，于是也不失时机地赶到现场拍摄并介绍了相关情况，甚至比一些新闻报道发布得还要早。[2] 而留学生的Vlog则把观众的眼光带到不同地区的教育文化中。就读于比

1　吴君_. 一个平平淡淡过于日常的外卖跑腿 vlog [EB/OL]. (2020-05-30)[2022-02-11]. https://www.bilibili.com/video/BV1eA411q7Jx.

2　在下小苏. 探墓 vlog【清华大学内发现古墓】我在古墓旁自习了五年 [EB/OL]. (2019-05-31)[2022-02-11]. https://www.bilibili.com/video/BV1V4411p7Lc.

利时名校鲁汶大学的Vlogger"Joseph的异想世界"为国内观众带来了相对小众地区的留学体验。由于比利时具有独特的多语言环境，除了一般留学生必会的英语，他还学习了荷兰语与法语，并向有留学打算的学生分享自己语言学习的经验。而欧洲留学的另一优势是便捷的跨国旅行与丰富多样的国际组织，他也把握机会游览了欧盟内的多个国家和地区，并在奥地利维也纳的联合国机构中进行了实习，令很多粉丝大呼"高大上"。[1] 相比于已经比较为大众所熟知的英美留学内容，这样的小众地区留学Vlog为观众带来了更新鲜的异域风情，也为有留学打算的在校学生提供了更多样的参考。

另一路线的学习日常Vlog则聚焦在学习的环境与细节过程。比如，近年来不少Vlog都以自习室为拍摄环境，有些是利用Vlogger所在学校或社区的公共图书馆，而更新鲜的则是方兴未艾的商业化自习室。Vlogger"Study_好好"就拍摄过在付费自习室学习的内容，对自习室的价格、设施和灯光氛围都做了细节展示，也记录了自己从到达自习室到收拾东西回家全程的一些片段。[2] 还有一些Vlogger更乐于展示自己在学习过程中使用的器具和学习方法。初中女生"半块悠子"的一期Vlog就再现了她暑假中学习的一天。从固定在书桌上方俯拍的镜头可以看到，她的书桌上有制订学习计划的日程本，有运行着时间管理App的iPad，具有极简风格的小时钟、文具满满的笔袋……在这装备精良的环境中，她完成着各学科的作业任务，还用娟秀的字体工整地摘抄明星的歌词语录。[3] 这部Vlog也代表了很多同类型作品的典型特征：学习用具上大搞"军备竞赛"、笔记精致工整、环境营造精致。但有趣的是，这类学习日常Vlog与Plog在2021年以意外的方式成为一个舆论漩涡的中心。事件缘起是一位小红书博主，平时发布大量的学习类内容，却在中考时只考上了中专，心灰意冷之余关闭了自己的页面。无独有偶，其他一些学习

1 Bilibili账号"Joseph的异想世界"：https://space.bilibili.com/82559413, 2021−11−30.
2 Study_好好. study vlog | 付费自习室的一天 | 全静音环境学习体验 [EB/OL]. (2019−09−21)[2021−11−30]. https://www.bilibili.com/video/BV1EJ41137FL.
3 半块悠子. 准初三女生的暑假VLOG | 燃向 | 学习日常 | 打疫苗 | 早起的一天能做多少事 | 课表模式自习 [EB/OL]. (2021−08−10)[2022−02−11]. https://www.bilibili.com/video/BV1Lf4y1V7Kc.

博主也陆续被发现成绩并不理想。如一些网友在讨论中所指出的，真实学习情境中勤奋努力的好学生很少会有闲情把自己的笔记整理得光彩夺目，也不见得需要精心营造的学习环境，更不要说视频背后的剪辑与账号运营会花掉大量的时间和精力。[1] 这也提醒我们，Vlog所呈现出的影像与现实之间可能存在的差异。

　　居家生活当然也是生活方式类Vlog的题中应有之义。对一些经历了一周工作的疲惫上班族而言，观看Vlogger在屏幕中打扫卫生、整理物品，或许是比清洁整理自己的房间更重要的事情。家居博主"蒜蒜蒜了八"的一期租房生活Vlog就收获了十余万的播放量。视频中，她对买来的家具零件逐步组装，纸箱中的板材与五金件就缓缓成形为一人高的储物柜；组装完成后，她开始刷洗自己的餐具和碗架，并把它们在组装好的储物柜中整齐摆放好；其后，她还进行了灶台的清洁、食材的采购和烹饪。[2] 这样稀松平常的事项本就是大多数观众的日常，为何能收获这样高的点阅量呢？从观众的评论中就能一窥端倪。首先，不少观众折服于她强大的清洁能力。和很多家居博主一样，她画面中的家庭环境可谓纤尘不染，连灶具和灶台都洁净如新，这令很多观众自愧不如，并请教她使用的清洁用品和技巧心得。其次，不少评论中都出现的一个关键词是"治愈"，这种温馨舒缓的感觉或许恰恰来自波澜不惊的日常生活题材。尤其对漂泊在大城市的年轻人而言，这样的租房选题既贴近他们的生活又略高于生活，整洁明亮的环境与轻松愉悦的音乐仿佛都是自己生活的美化版。就风格而言，国内不少居家生活题材的Vlog受到了日韩等东亚地区国家的影响，不仅滤镜、配乐和环境布置仿效日、韩的清新风格，"断舍离""日系""韩系"等词汇也带有明显的异域风格。很多日韩Vlogger的家居视频也纷纷被转载分享到中文的视频平台。[3]

1　虚声骜，等. 如何看待小红书学习博主考上中专？ [EB/OL]. (2021-08-18)[2022-02-11]. https://www.zhihu.com/question/479776858.

2　蒜蒜蒜了八. 租房生活Vlog 33｜家务清洁日常，令人舒适的厨房清洁技巧，新的柜子，逛超市，每日便当，椰子鸡 [EB/OL]. (2020-11-20)[2021-11-30]. https://www.bilibili.com/video/BV1AK4y1f7u3.

3　EatingMore_.【Choki/中字合集/vlog】治愈系｜日本独居女孩日常生活向vlog｜料理 烘焙 家务 手作 美妆｜youtube搬运 [EB/OL]. (2020-03-09)[2021-11-30]. https://www.bilibili.com/video/BV1EE411M7yW.

　　宠物也是经久不衰的生活方式类选题。"Golden孟加拉豹猫"是一位运营着猫舍（即在家庭等空间饲养繁育品种猫并进行销售的商业形式）的Vlogger，她饲养的品种是颇有个性的孟加拉豹猫。这种猫的体格比常见的本土猫高大修长，且有着类似花豹的体色花纹，其性格也颇有不同。围绕着这个相对少见的猫品种，她拍摄了一系列的Vlog，既有豹猫平日的可爱行为，也有猫舍经营的经验分享和豹猫饲养的科普。[1]但能成为网红的猫也不一定需要品种名贵，很多本土田园猫同样"戏路宽广"，还符合"领养代替购买"的潮流理念。微博宠物博主"沈小司司"就是一位捡猫达人，目前拥有4只先后收养的流浪猫，还曾经为其他不少流浪猫找到领养家庭。全职在家的她有充分的时间进行拍摄，几乎每天都能保证更新视频内容，充分地塑造了4只性格各异的网红猫形象：最年长的母猫"米西"声音甜美，喜欢黏着男主人；人称"卷卷"的"卷福"过度肥胖，但对女主人忠心不二；卷卷的同胞兄弟"花生"嗓门洪亮，反应较慢；最后收养的"皮卡"则是个到处惹事的闯祸大王，但也是对女主人形影不离的"妈宝男"。[2]虽然4只猫都是灰白相间的本土品种，却丝毫不影响它们拥有各自的粉丝，甚至还带动了一些粉丝收养流浪猫的兴趣，"沈小司司"本人也逐渐成为宠物用品展经常邀请的网络红人。宠物狗在Vlog中的受欢迎程度也不遑多让。身居英国的"着丝点"饲养的比格猎犬"Nana"因为声音空灵、形象纤瘦，被粉丝爱称为"森林之玲""Nana公主"。[3]此外，随着宠物文化的丰富多样化，以爬行动物、昆虫等为代表的"异宠"Vlog也开始有所流行，但限于国内的动物保护法规和城市空间等条件，国内的异宠Vlog较之美国、日本等地仍相对小众。

1　Bilibili账号"Golden孟加拉豹猫"：https://space.bilibili.com/2106512，2021-11-30.

2　微博账号"沈小司司"：https://weibo.com/377066604，2021-11-29.

3　微博账号"着丝点"：https://weibo.com/tracy14，2021-11-29.

三、知识分享类Vlog

　　"世事洞明皆学问"是经典文学名著《红楼梦》中的名句，它用平实的语言说明了知识的无处不在。我们所处的这个信息爆炸的时代更印证了这句话的经典价值，从求职面试的穿搭方法到宇宙中的奇珍怪异，各种知识都可以通过屏幕的滑动轻易获得。一些热衷于分享自己所擅知识的网民也盯上了Vlog这种贴近观众的表达方式，使观众在轻松愉快的过程中学到有益的知识。

　　自然科学知识的普及是知识分享类Vlog的题中应有之义。网络信息的极大丰富也带来了信息真假难辨的问题，而科学可靠的Vlog内容则是驱散信息污染的清流。例如，作为一个与全民生命健康息息相关的领域，医疗就是一个被虚假信息和不当的商业牟利困扰的空间，社会上就出现过一些被虚假信息误导造成生命财产损失的悲剧。曾有网络段子调侃某主流搜索引擎说，不要到该网站查自己得什么病，否则搜到的结果最轻也是癌症。在这样真假难辨的环境下，除了相关部门的监管介入，来自专业人士的可靠信息生产就显得极为宝贵。"口腔医学生镜子Mirrortic"是一位在校的口腔医学专业学生，他通过Vlog的形式向观众科普一些常见的牙科问题：洗牙是否必要、怎样预防蛀牙、怎样处理智齿。相比于一些身着白大褂在医院中拍摄的科普视频，他的Vlog更多采用生活化的场景，在居家和学校等环境中拍摄，这在无形中更能拉近和观众的心理距离。[1]而在生物学领域，《博物杂志》官方微博的管理者、编辑张玉亮（个人微博ID：无穷小亮微博）也是一位高产且极具新媒体素养的科普工作者。他最初以在微博上帮助网友辨识路遇的各种生物而走红，并且在与网友几次幽默搞笑的互动事件中捧红了戴胜、白额高脚蛛等物种，其后也渐渐开始涉足短视频领域。他的搞笑科普视频系列《网络热传生物鉴定》专门搜集网络上流传的谬认生物影像资料，并用幽默诙谐的方式给出科学的解释，其中最长盛不衰的就是短视频平台各种被误认、谣传的假冒"水猴子"。而他也在工作生活中拍摄了大量的Vlog内容，不论是整理家中的水草缸还是

1　口腔医学生镜子Mirrortic.三分钟！全面的预防蛀牙（龋病）方法大盘点！[EB/OL].(2019-08-13)[2021-11-29]. https://www.bilibili.com/video/BV1n4411S7oG.

行经山林海滩，又或是到访科研机构，他都能发现一些值得介绍的物种，并通过认真的查证讲清它们的特征。[1]这样的科普形式充分揭示了一草一木中的科学知识，也带动了网民发现和辨识生活中遇到的物种的热情。

在全球化将世界各地紧密联系为一个地球村的时代，语言学习也是知识分享类Vlog的一个重头戏。英语专业出身并从事相关教育行业的"Eli田瀚博"热衷于网络主播式的Vlog拍摄形式。由于他Vlog中的很多内容剪辑自他网络直播的片段，观众最常看到的画面就是他对着麦克风讲话的镜头，有如老师在进行网络教学，这和很多在户外边走边拍的Vlogger经典形象有着鲜明反差。但这并不意味着他的视频内容枯燥，相反，除了在每期视频中讲透一个英语学习相关的要点以外，海外求学经验丰富的他，还时常分享自己在学习英语及其文化过程中的有趣经历。其中令人捧腹的一段讲述就是他在拉斯维加斯的赌场被一位美女搭讪，自己在手足无措之余还抱着练习听力的心态持续沟通。[2]而另一位法语教学Vlogger"和Xinping学法语"的一些作品则是走出户外，以旅行博主的方式来进行语言文化教学。著名的环法自行车赛期间，她用一段近4分钟的全法语Vlog为观众讲解了赛事的主要规则内容。[3]而在游历科西嘉岛的一部全法语Vlog中，她又为观众普及了这座岛屿的历史背景。[4]在新鲜的视频内容中，观众可以领略到法国本土的历史与风土人情，也可以了解如何在具体的情境中使用词汇与语法。

人文社会科学也向来是网民喜闻乐见的知识领域。如今，全民的受教育程度和文化需求有了显著提高，也有越来越多背景不俗的人文社科界人士参与网络空间的知识普及事业。小红书Vlog博主"凯尔特柚"是一位就读于英国名校牛津大学的文学博士。除了分享一般意义上的学术生活和知识，她对性别研究的理论议

1　微博账号"无穷小亮微博"：https://weibo.com/u/1393017020，2021-11-29.

2　Eli田瀚博. 那些我为了练听力做过的离大谱的事！（一）[EB/OL].(2021-09-27)[2021-11-30]. https://www.bilibili.com/video/BV1cv411G7mp.

3　和Xinping学法语. 4分钟带你了解环法自行车赛 Le Tour de France – 法国文化 [EB/OL].(2021-07-19)[2021-11-30]. https://www.bilibili.com/video/BV1xv411E7PD.

4　和Xinping学法语. 全法语Vlog法国美丽岛 – 科西嘉 La Corse || 法国文化 法语学习 [EB/OL].(2021-09-28)[2021-11-30]. https://www.bilibili.com/video/BV11f4y1F733.

题尤其擅长。她的作品常常能够结合热门事件，并运用批判性思维揭示其中深层次的性别理论问题。例如，以2023年初北大女学生对谈著名日本学者上野千鹤子引发的讨论为引子，她向观众梳理了"自由派"与"激进派"女性主义理论的差异，使人们意识到女性主义理论并非铁板一块，而是由存在着深刻差异的不同源流共同构成的。[1]除了这类以社会议题为导向的内容，也有人文社科类的Vlogger采用图书或影视作品作为讨论的基础。同为小红书博主的"书影知了"就采用了这种思路。她的每期视频几乎都是以一本书或影视剧为主题，通过撷取作品中具有启发性的内容，进而引申出自己的观点。[2]

法律普及能够成为一个值得专门论述的Vlog主题，与中国法律界人士在Vlog领域的特殊努力密不可分。在微博上，由中央电视台《今日说法》栏目主持的#法律人vlog#话题已经拥有高达6亿多次的点阅量，讨论内容数量超过40万。[3]参与的主体也丰富多样，有司法机关、法治类媒体，也有律师个人和事务所。《今日说法》与浙江高速交警共同推出的一期Vlog中就记录了一桩令人啼笑皆非的交通违法案例：驾驶员不仅以140多公里的时速超速行驶，还在这样的超速驾驶过程中玩手机，并将自己的违法行为堂而皇之地发布在了朋友圈。这一幕刚好被当地交警部门捕获，并迅速依法对司机进行了调查处罚。更为荒唐的是，交警在Vlog中透露，该司机在调查过程中声称自己发朋友圈的动因是向交警的辛勤"致敬"。荒唐行为的背后是高昂的法律代价，违法者最终受到了应有的处罚。这样要素丰富、充满戏剧性的典型案例，可以有效提醒驾驶人注意自身行为，遵守交通安全法规。而在《中华人民共和国民法典》（简称《民法典》）于2020年正式通过后，法律人也积极地投身到运用Vlog普法的工作中，#民法典vlog#也已收获了2亿余人次的点阅量。作为一部与公民的日常生活息息相关的法律，《民法典》解决了以往社会秩序中存在的一些痛点，也符合社会大众的关切。例如，在上海闵行区法院推出

1　小红书账号"凯尔特柚"：http://xhslink.com/WRdqSp，2023-06-09.

2　抖音账号"书影知了"：https://v.douyin.com/iRJLxj2/，2023-06-11.

3　微博账号"#法律人vlog#"：http://s.weibo.com/weibo?q=%23%E6%B3%95%E5%BE%8B%E4%BA%BAvl
og%23，2021-11-29.

的一期 Vlog 中，就对几起新闻事件中令公众深恶痛绝的高铁霸座行为进行了专业解读，指出霸座者可能给自身造成的法律后果，并明确了被霸座者享有的权益和可行的措施。[1] 可以说，法律人与 Vlog 的奇妙相遇一方面促进了普法工作的开展，另一方面也深度挖掘了 Vlog 的社会功用和价值。

　　生活常识构成了一个横跨生活方式与知识分享的领域。面对体系庞杂的现代生活，每个人都会在日常生活中遭遇一些不熟悉的事务，尽管它们对另一些人来说可能再稀松平常不过。笔者自身就曾在异地就医时遭遇过不了解当地网络挂号方式的窘境。因此，所谓"常识"并非人尽皆知，而是需要普及与分享。英语出版界曾盛产所谓"'How-to' books"（直译为"入门书籍"），其功用就是让读者迅速掌握烹饪、求职、运动等生活各个方面的常识。在短视频时代，一些 Vlogger 也主动承担起了普及生活常识的社会责任。"打工仔小张"是抖音平台上一位拥有 300 余万粉丝的博主，她的 Vlog 大多以"小张手把手教你×××"为题，向人们介绍生活中的常用小知识。例如，我国持有护照的人口只有 2 亿余人，还有相当比例的人没有接触过护照申领业务，在初次申领时也难免缺乏头绪。通过全程拍摄自己申办护照的过程，小张详细地为观众介绍了申办护照所需的材料与流程。[2] 此外，如何坐飞机、如何使用汽车的小功能等形形色色的话题也都曾出现在她的作品中。从许多作品数以千计的评论中也可以看到，这些内容触及了众多网友的知识需求。许多人在评论中进一步提出了相关的细节问题，也总有其他的热心网友给予解答。这也从侧面反映出 Vlog 的意义并不仅限于视频自身，它在新媒体传播过程中还有可能调动起其他有意义的沟通形式。换言之，小张所拍摄的 Vlog 的价值已经不仅在于她在视频中传授的知识，更在于借此在评论区搭建起的对话空间，这个空间使人们可以就日常生活中的经验互通有无。

1　上海闵行法院. 在高铁上，遇到霸座怎么办？ [EB/OL].(2021-06-15)[2021-11-30]. https://weibo.com/3971903436/KkjaRjJOU.

2　抖音账号"打工仔小张"：https://v.douyin.com/iRJYRNk/，2023-06-09.

如前文所述，Vlog视频的分类需要具体分析，并非绝对。一部分美食Vlog就可以归入知识教学的范畴，特别是与烹饪技巧相关的Vlog。旅居北美的Vlogger"小高姐的Magic Ingredients"（微博ID"小高姐的魔法调料"）是一位如哆啦A梦般无所不能的居家料理博主。西式煎牛排、日本天妇罗、朝鲜族的凉面、新疆维吾尔自治区的拉条子她都锐意尝试，并总结出烹饪成功的经验，向观众介绍说明，使观众也能在居家的简单条件下如法操作。小高姐本人很少出现在镜头前，画面大多聚焦在处理食物和煎炒烹炸的过程。洁净的用具和明亮的光线，辅以她不疾不徐的解说，令观者如沐春风。[1]火遍中文网络的职业厨师"美食作家王刚"则走了大开大合的路线。曾为厨师长的他带着南方口音的解说语速极快，没有赘余，全部都是命令般的操作说明，其中他惯用的烹饪方法"大火宽油"更是成了一个网络流行语。专业出身的他工具也不同凡响，大口径的铁锅、宽大的不锈钢灶台与丰富的调料容器都彰显着一个厨师长的职业身份。为了满足粉丝们的好奇心，他还专门推出过一期视频讲解自己的烹饪设备，总体成本达10万元以上，而且是专为拍摄烹饪视频搭建的，粉丝在留言中纷纷表达对他投入心力和物力的肯定。在成名之后，王刚的Vlog内容也有所丰富，从简单的烹饪教学拓展到他的人生与家庭环境，堪称一个专业厨师转型网络名人的范例。此外，随着烤箱等设备飞入寻常百姓家，烘焙也成为不少人的业余爱好。特别是在2020年初的疫情居家隔离期间，全球一度掀起居家烘焙的热潮。观看烘焙Vlog、制作烘焙打发时间、拍摄分享烘焙Vlog成了不少网民的日常，以至于在居家隔离结束后很多网民家中还剩余不少的烘焙材料。Bilibili拥有20余万粉丝的Vlogger"Fennel的铲子"就是众多烘焙Vlogger的一员，她在家中用几百元的中低价位烤箱探索各种花式烘焙的制作，并向观众分享设备材料购买与烘焙技巧的心得。为了照顾不同观众的需求，她还为一些教学Vlog配备了"脱水版"，即省去一些与烘焙过程关系不大的闲话家

1　微博账号"小高姐的魔法调料"：https://weibo.com/u/1526819767，2021-11-29.

常等镜头，将内容精减到制作流程本身，让喜欢直奔主题的观众可以节省时间。[1]

形形色色的知识都可以成为Vlogger拍摄的内容。位于浙江宁波的"马尚瀛"就是一位家庭装修领域的Vlogger。与一些总是在推荐单个品牌或产品的博主不同，马尚瀛的主要内容集中在装修知识的分享。他会到一些刚刚完成装修的业主家中拍摄视频，对其总体的装修风格、材料选择和施工质量进行评估，有时也会到一些统一装修的楼盘中进行拍摄，让消费者能明白如何检验开发商的装修品质。此外，他还在一些视频中讲解装修中的单个知识点。举例而言，在从零开始的毛坯房装修中，很多新手住户只会关注墙面、家具等与美学设计相关的方面，却忽略了水管与供电线路等隐蔽工程的排布，直到入住后才会感受到忽略这些方面带来的不便，而"马尚瀛"的很多视频正是着力解决这些痛点。在一段4分钟的Vlog里，他能够条分缕析地讲清楚毛坯房的水循环管线如何排布，以做到最佳的性价比与使用体验。综观"马尚瀛"的Vlog生涯与作品，有几个特色可圈可点。首先，他的装修知识"干货"颇多，没有过多的滤镜或音乐装饰，却能最简洁地完成知识的普及。特别是在他的"一分钟说装修"系列中，可以在短短的1分钟时间内把一个装修知识讲透彻。其次，他在做出评价时颇为坦率，即使是在品牌开发商的样板房中，也能客观地指出其中的一些问题。最后值得一提的是，"马尚瀛"也是一位资深的网络内容生产者，他在论坛的时代即在宁波本地BBS"东部论坛"（简称"东论"）中担任版主，也颇为敏锐地抓住了从以图文内容为主的论坛向以短视频为代表的社交媒体内容生产转型的契机。

通过本章节的盘点我们可以看到，Vlog虽然只有数年的发展时间，却已经形成了洋洋大观的面貌。消费文化、生活方式与知识分享三个大类的划分方式也可以较为有效地涵盖我们日常所能见到的Vlog类型。然而如我们已经反复强调的，不论对于Vlogger还是Vlog，这些分类的边界并非绝对，兼具多个类别内容的作品也已经屡见不鲜。与此同时，我们也期待着新形态和新内容的Vlog的出现，它们

---

1 Fennel的铲子.【Fennel's Kitchen】无黄油，无泡打粉也能做出香到没朋友的发酵磅蛋糕！[EB/OL].(2020.04-02)[2021-11-30]. https://www.bilibili.com/video/BV1Wa4y1t7Ss.

或将在我们已有的分类之上增添新的类别。这种难以穷尽的无限性，也正是广袤的Vlog世界引人入胜的魅力所在。另外，不同新媒体平台在各个内容类别上发展的侧重也是有趣的话题。韩晓莹等研究者就曾通过对Bilibili和YouTube上高点击率Vlog的比较研究发现，Bilibili更偏重美食、宠物等消费文化与生活方式类的细分领域，而YouTube作为更全球化的平台，在各类别发展上更为均衡。[1]Vlog的类型学及其与文化、平台的关系值得更多、更深入的探究。

---

1 韩晓莹, 王悦, 张启明, 等. 类目构建视角下的中外Vlog内容研究——以B站与YouTube为例[J]. 新闻研究导刊, 2019, 10(13): 35-36.

第二部分

Vlog 的生产与运营

第三章　一部Vlog的诞生

在前面的章节中，我们已经初步了解了Vlog的含义和整体面貌。那么，一部Vlog是如何生产出来的？在本章中，我们主要从四个环节了解Vlog的制作过程。第一，Vlog的影像素材需要通过硬件设备这个"物质基础"来拍摄获取，而这些设备的形态在今天正经历着空前的创新与发展，甚至挑战我们在电影时代形成的对影像的理解。第二，脚本写作是对一部Vlog情节发展的总体规划，也是那些品质精良的作品的成功秘诀。第三，后期剪辑是对摄制的影像及其他素材的整合与编码，在作品形塑过程中占据的分量不亚于摄像，而且正与摄像设备一样经历着深刻的技术变革。第四，创意是点亮一部作品的"神来之笔"，不论落在何处都可能让作品脱颖而出。

一、硬件设备

在一档综艺节目中，脱口秀演员Rock曾经这样吐槽Vlog的内容："一个人拿着一个机器，一边走一边说，拍拍自己的脚，拍拍天上的云。"[1] 尽管这是为了喜剧效果的调侃之语，却也多少反映了人们心目中Vlog的典型样态。如果一个人深度探索Vlog的世界，会发现其拍摄模式的丰富程度远远超出人们的刻板印象。这种丰

---

1 腾讯综艺.【脱口秀大会 2 】Rock吐槽vlog简直要笑死，给VLOG起名：看看我这一天多无聊 [EB/OL].(2023-06-11)[2023-06-11]. https://www.bilibili.com/video/BV1ot41177WB/.

51

富性是借助各种不同的硬件设备来实现的。

在影视文化研究的初期，几乎所有的讨论都围绕着电影这一形式展开；其后，电视剧、电视节目等逐渐开始受到学界的关注。从硬件的角度而言，这些研究讨论几乎都围绕着摄像机展开。尽管摄像机本身的技术在过去 100 年中也经历了质的蜕变，但我们基于它所形成的一系列镜头语言概念仍然是相对稳定的：远景、特写、中景等等，都是建立在摄像机的基础上形成的对影像表现形式的认识。而进入 Vlog 的年代，硬件终端的多样化已经到达了一个前所未有的局面，创作者的镜头已经可以轻易地"飞天入海"，也形成了琳琅满目的表现形式。

在 Vlog 大行其道的过去几年中，最便利、最通用也最全能的拍摄设备就是智能手机。自 3G 通信技术在 21 世纪初日渐普及以来，以智能手机为核心的移动互联网逐步取代了以电脑为核心的传统互联网。在奔向 5G 移动互联网的过程中，手机的拍照、计算、存储等功能的进展可谓一日千里，手机也成为社会中几乎人人拥有的信息中心、娱乐中心与支付中心。对绝大多数需要拍摄 Vlog 的人来说，手机也就成为最触手可及的拍摄设备。特别是在近几年手机品牌激烈竞争的背景下，手机的镜头数量、传感器大小、防抖性能等拍照参数得到了极大的提升，手机摄影功能排行榜的纪录不断被刷新，手机的摄影录像质量已经可以比肩过去的一些便携数码相机，完全可以满足拍摄高清乃至 4K Vlog 的基本需求。而手机对于 Vlogger 们的意义并不止于拍照，还在于后期处理与分享的便利性。现今的智能手机大多内置了简单的视频剪切功能，还可以通过丰富的 App 实现更多的剪辑、滤镜与特效功能。而在剪辑完成后，人们还可以在各大社交网站与视频平台的 App 上轻松分享自己的 Vlog 作品。总而言之，手机堪称一个 Vlog 的一站式制作平台，也因此成为各类 Vlog 制作图书中重点讲解的拍摄设备。在各大平台上，使用手机拍摄的 Vlog 作品俯拾即是。Bilibili 平台上的 Vlogger "是小森啊"还以 Vlog 的形式推出了一期教程，专门教授网友如何使用手机制作出不俗的 Vlog 作品。[1]

1　是小森啊_. VLOG教程 | 低预算入门手机拍摄教程分享 | 记录你的生活 [EB/OL]. (2021-07-18)[2021-07-18]. https://www.bilibili.com/video/BV1aM4y1K7QZ.

但是，手机的崛起并不意味着专业拍摄设备的彻底衰落。作为数字时代摄影摄像的经典设备，照相机与摄像机在Vlog的时代仍然扮演着举足轻重的角色。专业摄像机有着高质量的影像传感器，而且可以选择搭配不同焦距、光圈等参数的镜头，实现各式各样的镜头效果，依然是对画面精益求精的Vlogger们的不二之选。一些"技术流""器材党"的Vlogger会选择适合自己的摄像机和一到多枚镜头，以满足自身特定的拍摄需求，还会在自己的作品标题或字幕中标注出自己使用的设备及参数。例如，Bilibili一名ID为"HeyDrones"的Up主就发布过一期使用200~600毫米超长焦距镜头拍摄的Vlog。顾名思义，超长焦距镜头可以聚焦于远距离的拍摄对象。在这期于福建平潭岛拍摄的视频中，镜头可以轻松地捕捉到远方白鹭的活动，而不会对动物产生惊扰，甚至还能在夜晚呈现出月亮表面的明暗纹理。[1] 当然，能够收藏足够丰富的摄像机与镜头也考验着Vlogger是否拥有雄厚的经济实力。微博Vlogger"永远那么远_SH"就擅长使用特定型号镜头拍摄Vlog，而且常常在个人微博中展示自己收藏的各种品牌与型号设备，引起粉丝的赞叹"有钱"。[2] 当然，在手机等设备的冲击下，相机行业总体市场规模的锐减仍然是清晰可见的。2022年1月，日本佳能公司关闭了其在广东珠海的相机工厂生产线，其原因即是"市场急剧萎缩"。[3] 总体而言，在手机成为几乎人手必备的拍摄设备的同时，相机/摄像机相对地退缩到了专业性或爱好程度较高的部分用户人群。

值得注意的是，不少相机与摄像机产品也在试图通过技术与营销转型适应新兴的市场需求，其中一些产品的形态与设计已经受到Vlog拍摄需求的深刻影响。以日本索尼（Sony）公司经典的"黑卡"RX100系列数码相机为例，该系列的第一款产品于2012年上市，将高规格的传感器与镜头整合到轻巧的小机身中，主打的

---

1 HeyDrones. 打鸟＋拍月亮！解锁摄影新视角：索尼600mm超长镜头焦实拍体验 [EB/OL].(2020-09-07)[2021-11-30]. https://www.bilibili.com/video/BV1EZ4y1N7cf?p=1.

2 微博账号"永远那么远_SH"：https://weibo.com/u/1700932833，2021-12-01.

3 朱琳. 日本佳能关闭经营32年的珠海公司，在中国大陆不再生产相机 [EB/OL].(2022-01-15)[2022-02-10]. https://www.guancha.cn/economy/2022_01_15_622300.shtml.

是便携的高画质拍照。[1]但自2015年上市的第四代产品开始，该系列开始将创新与宣传的重点聚焦在视频拍摄功能上，加入了多种高清视频摄录功能。而到2016—2018年间的第五代产品时，其在主流电商平台的官方网店上已经主动将该产品标识为"Vlog爆款"，更推出可以在拍摄Vlog时方便手持的手柄套装搭售，足可见市场上Vlog拍摄需求已经超越拍照需求，成为这个经典产品系列的新的销售增长点。由于该款相机自带翻转屏幕，在手柄套装的加持下可以轻松实现Vlogger自拍的画面，而其成像质量又高于常见的手机自拍，可谓在差异化的需求之间找到了一片细分市场。

充分适应了部分Vlog拍摄需求的另一个相机形态是运动相机。运动相机并不以极高的画质见长，而是凭借迷你外形、防水机身与抗摔性能等特性区别于传统的相机，以适应运动中更为复杂苛刻的拍摄需求。在Vlog时代之前，也曾一度有过防水相机的热潮，但其形态更接近带有防水外壳的卡片相机，缺乏足够的用武之地，因此日渐式微。与之相较，Vlog时代的运动相机其实更适合称作运动摄像机。GoPro就是一家凭借运动相机产品走红的公司，其拳头产品Hero Black系列可以被视为运动相机的典型代表。该系列产品的尺寸、重量均只有迷你卡片相机的一半左右，一体化的机身可以在数米深的水中保持工作，而其设计与宣传中着重的功能并非照片拍摄，而是录像功能。除了防水、防震、运动配件等硬件层面的支持，设计者也在软件层面努力迎合视频拍摄、储存与剪辑的需求。使用该系列运动相机拍摄的视频，可以在GoPro的手机App上进行剪辑，快速实现常用的剪辑特效。与其激烈竞争的中国企业Insta360（影石）等的运动相机产品也对视频的存储格式与剪辑App提供了诸多优化。另外，运动相机当前激烈竞逐的一个热门领域是全景拍摄，即通过单个或多个鱼眼镜头实现超广角的拍摄效果，甚至可以通过拼接等途径实现360°全景的内容拍摄。在运动、水下、旅行等Vlog场景中，运动相机都有着广泛的应用。微博Vlogger"HoAnthony"使用运动相机拍摄过多部

1 陈亮. 卡片机完美逆袭 索尼黑卡RX100编年史[EB/OL].(2019-02-06)[2021-12-01]. https://dcdv.zol.com.cn/707/7079491_all.html.

不同题材的作品，如在三亚练习潜水时观赏水底的沉船与动物、在水上乐园玩惊险刺激的游乐设施等的体验。其中部分画面即采用了鱼眼镜头的超广角效果：当拍摄者从水上滑梯冲下时，位于手持自拍角度的镜头以拍摄者为中心向周围球形扩散，将周围的设施环境包括其中。相比于普通镜头，这样的超广角可以呈现出更宽阔的周边环境，带给观众更强烈的临场感。

"云台相机"也是一种新近流行的拍摄工具，它有时也被归入运动相机的范畴，但有着自身独特的发展路径。"云台"原本指用于传统摄像机的一种固定、支撑与稳定设备，它的形状类似支架，可以将摄像机安放在指定的位置，或通过手动、电动等方式进行移动拍摄。后来，一些类似自拍杆、三脚架的手机配件也开始使用"云台"这一名称。云台相机的早期形态与这些设备还颇有相似之处。2015年，大疆创新（DJI）发布了第一款名为OSMO的手持云台相机，其外形由手柄、转轴与摄像头三段连接组成，很像一款顶端加载了球形镜头的自拍杆，而该设备的拍摄性能也颇为强悍，可以实现4K分辨率的高清录像；与传统云台一样，其结构设计可以减少摄像画面的抖动，实现更便利优质的拍摄效果。[1] 然而，这款初代产品颇有些"叫好不叫座"的味道，在便携性、使用便利性等关键问题上仍较多被诟病。2018年，大疆再度改进了云台相机的形态，发布了更为袖珍的"灵眸OSMO"口袋云台相机，该产品只有约12厘米长、116克重，比常见的智能手机还要轻。[2] 相比于初代产品，这款口袋云台相机已经取消了原本的三段式结构，将各种功能集成到酷似录音笔的机身中。新产品不仅保留了4K摄影、图像防抖等性能，还添加了一个关键组件：一块可以触控操作的显示屏。这块显示屏面积虽小，却使得云台相机真正摆脱了手机等外接显示设备，也使得用户可以像普通摄像机一样实时检视拍摄的画面。口袋云台一出就获得了业界的极大关注，不少媒体都在测评中将它与Vlog联系起来。

---

1 吕佳辉. 大疆Osmo手持云台相机评测：仍有进步空间 [EB/OL].(2015-11-02)[2021-12-01]. http://tech.ifeng.com/a/20151102/41500191_0.shtml.

2 德鲁伊. 精巧升级 大疆发布灵眸Osmo口袋云台相机 [EB/OL].(2018-11-29)[2021-12-01]. https://mobile.zol.com.cn/703/7039680_all.html.

无人机也是近几年迅速走红的Vlog拍摄工具。尤其值得一提的是，在Vlog拍摄和一些类似的民用场景中，无人机几乎与年轻的中国科技企业大疆创新科技是同义词。大疆草创于2006年，彼时其创始人汪滔还是香港科技大学一名年轻的硕士生。在香港科技大学等方面提供的资金与技术支持下，大疆只用了几年时间就走出了困顿的初创阶段，并在2012年发布了第一款集成了飞行与拍摄功能的一体式无人机"精灵Phatom"，这款无人机也塑造了人们今天对于民用消费级无人机的印象：分布在四角的旋翼、机身下方携带的凸出的摄像镜头……[1] 大疆的发展过程中并不缺乏竞争者，实力雄厚的老牌科技企业日本索尼、新兴网红GoPro等都曾发布无人机产品，试图挑战大疆的市场地位，但均因定价、技术等因素败下阵来，使得大疆在这一细分领域中逐步占据了统治地位。而随着产品性能与定价策略的优化，大疆的无人机产品也真正实现了走入寻常百姓家。除了"精灵Phantom"系列的更新迭代，大疆还推出了更小巧便携的"御Mavic Air"系列，该系列不仅将产品重量从精灵系列的1000克以上降低到500多克，也将无人机的价格门槛从万元级别拉低到数千元。可以说，伴随着大疆公司的成长，无人机也实现了其在国内外的普及。

在中外Vlogger发布的作品中，无人机的应用也随处可见。无人机的一个经典应用场景显然是航拍，或者换言之，将我们的镜头升高、拉远。在手持设备的时代，人们当然也有获得较高较远的镜头的方法，比如站到山顶、高层建筑，或者租赁直升机进行拍摄，但无人机无疑大大提高了其便利性与经济性。Vlogger只需要轻轻拨动遥控设备，就可以轻松地拍摄到波涛汹涌的海面、高楼林立的城市风貌、层叠起伏的山峦等手持设备难以得到的画面。微博ID为"Captaincpc"的一名用户就使用无人机记录了自己在西北地区的毕业旅行。[2] 位于高空中的无人机缓缓前进，将西北地区壮阔的自然风光展现无遗，也将下方行驶的车辆、行走的人群

1　金红."异类"汪滔 [EB/OL].(2021−10−02)[2021−12−02]. https://www.leiphone.com/category/industrynews/Gf0heeZfDkJqzdP5.html.

2　Captaincpc. 上周大西北毕业旅行的无人机vlog！！！ [EB/OL].(2021−07−20)[2021−12−02]. https://m.weibo.cn/3845263485/4661171364301389.

尽收眼底。拍摄者还借助无人机实现了与同行人员的超远距离"自拍"：从无人机高远的视角俯拍下来，人物置身于宏大的风景画面之中，如沧海一粟。而无人机的价值也不止于此，随着时间的推移，它在其他场景中的应用潜力也被逐渐发掘出来。"Gene Nagata"是YouTube上一位拥有数万关注者的Vlogger，他曾拍摄过一部题为《这部Vlog全部由无人机拍摄》（*This Entire Vlog was Filmed on a Drone*）的Vlog，其中对无人机进行了不少富有创意的使用。由于四旋翼无人机可以在空中悬停，也可以在超低空停留，并不需要像固定翼飞机一样保持前进，视频中的一段室内场景也使用了无人机录制，无人机悬停在半空，镜头纹丝不动，从人的头顶上方呈现着Vlogger在桌面上进行的活动。如果不是旋翼的噪声提醒，几乎会让人误以为是通过固定的支架拍摄的。Vlogger还通过自己精准的操控，让无人机在庭院中低空穿行，绕过狭窄的拐角、掠过紧闭的院门，营造出近乎第一人称视角翻越的效果。此外，还有运动、探险等领域的Vlogger使用无人机进行跟拍，捕捉自己在陆地或水上运动的精彩时刻。

　　需要注意的是，无人机的形态也仍然在变化之中，一些其他类型的无人机可以实现与经典的四旋翼无人机不同的Vlog拍摄效果。例如，大疆及其他品牌还有一些更专业级的六旋翼、八旋翼无人机，它们具有更强的飞行能力，并且携带功能更佳的摄像元件，可以实现更好的拍摄效果。[1]此外，一种名为"穿越机"的竞速无人机（FPV）的机型也在改变行业生态，涌现出一些试图再度挑战大疆行业地位的竞争者。尽管不少穿越机也采用四旋翼设计，但它与强调稳定性的传统航拍无人机不同，更追求飞行速度，时速可达200多公里，这意味着它可以跟拍快速移动的车辆、动物等对象。[2]YouTube平台一位名为Benjamin Ortega的Vlogger就使用大疆的竞速机跟拍了自己在户外骑越野摩托车、在水上玩水翼冲浪板的高速移动画面，并且画质依旧维持了4K的高清晰度，以至于冲浪板激起的浪花都纤毫毕

1　汪浩. 大疆推出新无人机：针对专业摄影 [EB/OL].（2014-08-05）[2021-12-02]. https://www.ifanr.com/news/439514.

2　玩物君. 火爆欧美、颠覆玩法的穿越机，有啥厉害？ [EB/OL].（2018-07-27）[2021-12-02]. https://www.ifanr.com/coolbuy/1072682.

现。有理由相信，无人机技术还有不小的进步空间，也会给Vlog的拍摄制作持续带来新的利器。

汽车的行车记录仪——一个不算太新鲜的发明——也在Vlog的时代发挥了它的妙用。作为一种原本用于保存行车影像、防止事故争议的实用型设备，行车记录仪与旅行类的Vlog产生了独特的化学反应。首先，行车记录仪可以随着汽车的前进，非常平稳和完整地拍摄下沿途所见的风景。这一特性使它拍摄的影像天然具有了电影镜头语言中"跟随镜头"（tracking shot）的属性，让观看者可以跟随镜头顺畅地感受到景物的推进。其次，行车记录仪一般安装在汽车前窗的位置，视野开阔、很少遮挡。相比于车顶或者车厢内设备拍摄的角度，行车记录仪最接近驾驶者的视野，也因此最能带给观看者第一人称视角的沉浸式体验。最后，更为关键的是行车记录仪自身固定，可以解放拍摄者的双手。Vlogger完全无须手持任何设备，只需要专心驾驶，事后从记录仪中将视频文件导出即可获得影像，对于道路上拍摄的安全性和便利性都具有堪称不可替代的意义。考虑到一台记录仪的价格通常只有几十到数百元，它的经济性和性价比也是毋庸置疑的。在各大视频平台上，用行车记录仪拍摄的旅行类Vlog多不胜数。以一位Bilibili用户"吃喝玩乐看冠成"拍摄的《【vlog】行车记录仪的一天——美丽的晚霞》为例，视频以手机在白天拍摄的户外风景为开端，转入日暮黄昏后返程的行车记录。以文艺青年流行曲《平凡之路》为背景音乐，记录仪的镜头徐徐呈现着路灯的光点、转动的电风扇叶、招展的太阳能电池板、来来往往擦肩而过的车辆……歌曲舒缓的基调中夹杂着迷茫与希望，与昏沉的夜色下曲折延伸的道路相得益彰。片尾的字幕"在这里，预祝所有考研的同学，旗开得胜、前程似锦"进一步升华和明确了主题，表达了对考研学习漫长备考征途的祝愿。[1]

除了摄像设备本身，一些可能不被观众注意的配件也常常在Vlog的摄制中发挥作用。首先，各类的支架、自拍杆、摇臂等配件可以将拍照设备架设在理想的

1　吃喝玩乐看冠成.【vlog】行车记录仪的一天——美丽的晚霞 [EB/OL].(2018-12-22)[2021-12-03]. https://www.bilibili.com/video/BV1Rt411Y7ni.

高度或角度，达到Vlogger预期的拍摄效果。Bilibili平台上的Vlogger "KINO_1790"在厦门蔡尖尾山拍摄的一期Vlog就充分利用了三脚架的稳定性。在登上山顶的平台后，拍摄者将一台数码相机固定在较高的三脚架上，通过延时摄影拍摄了厦门城市夜景的几组照片；由于三脚架固定不动，每组照片中变动的便只有夜间的灯光与车流，因此每组照片拼接起来便形成了一段夜间灯光加速变幻、车辆加速移动的奇妙夜景视频。补光设备也在众多Vlog中起着润物细无声的作用。Vlogger们之所以能在偏暗的室内或夜晚保持好气色，和隐身在镜头之后的补光灯是分不开的。今天的补光灯也不再局限于以往摄影棚中那样的大型补光灯，而是有着各种创意的形态。不少Vlog拍摄教程中力荐的一种补光灯就是一个小小的正方形LED灯组，可以通过接口牢固地连接在许多相机身上，既轻巧便携又符合自拍时最佳的补光角度。有些Vlogger还创造性地将手边的其他材料改造成"补光灯"。Bilibili平台拥有200余万粉丝、入选2020年度"百大Up主"的Vlogger "影视飓风"就曾在经验分享视频中讲授过如何利用柔光窗帘对阳光进行过滤或如何自制灯罩对灯光进行改变，以达到良好的补光效果，对不便购置专门的补光灯的Vlogger而言颇有参考价值。[1]

最后，Vlog也不仅仅是视觉的艺术，声音同样是Vlog中一个重要的媒介，录音设备也因此值得注意。虽然手机、摄像机等摄像设备往往内置麦克风，可以应对基本的Vlog录音需要，但有音质和其他特定需要的Vlogger还是会选择专门的收音设备。比如，和网络主播一样，许多使用手机录制Vlog的用户会使用有线或无线的"小蜜蜂"（即较小型的麦克风）夹在领口，以便更近、更清晰地捕捉自己的语音。而在前文中提到的使用无人机录制室内场景的Gene Nagata的视频中，主人公也使用了单独的收音设备，以尽量减少无人机距离远、噪声大造成的干扰。此外，可用于摄像机拓展的"顶麦"、内置声卡的电容麦克风等也都是对音质有所追求的Vlogger选择的对象。

1　影视飓风，等. Vlog拍摄技巧大揭秘：拍好你的第一个Vlog [EB/OL].(2019-04-25)[2021-12-03]. https://www.bilibili.com/video/BV1y441187TB/?spm_id_from=333.788.recommend_more_video.1.

二、脚本写作

脚本写作是部分品质精良的Vlog生产中的幕后工作。一些简单的业余Vlogger也许会随想随拍，在视频中说一些简单的言语；但对更为专业的Vlogger来说，他们之所以能在视频中如数家珍地讲述画面中的内容，并且还能与镜头的视觉语言高度契合，就是因为他们已经在脚本中打好了"草稿"。

脚本的写作也可以有不同的格式。一些研究者将其分为分镜头表格式、文字提纲式与文字剧本式三类，也有研究者将其分为分镜头表格式、文字剧本式两类，此外对具体类别的命名上也有一些细微差异。[1] 简单来说，分镜头表格式脚本就是以表格为基本框架，以分镜头的变化顺序为依据，罗列每个分镜头中使用的镜头语言、台词、动作等的脚本样式。在本书中我们认为，文字提纲式脚本可以被视为文字剧本式脚本的一种简略形态，它们都是仿照传统文学剧本的形式，采用非表格的文字叙述形式描述每一部分的场景与内容。我们可以通过下面两个简短的案例感受一下其区别。

1　喻彬.新媒体写作教程[M].北京：中国传媒大学出版社，2018：55-65，105-112.

分镜头表格式脚本

生日也要照常上班呦：打工人日常Vlog

场景	景别	镜头	时长	画面	旁白	背景音乐
1	远景	固定镜头	10秒	清晨，太阳在高楼林立的小区中冉冉升起	30岁的时候，你会如何看待过去10年中的自己？	朴树《New Boy》
2	中景	固定镜头	30秒	主人公小A穿着睡衣从卧室中起床，打开窗帘，晨光照进房间	今天是特别的一天，因为它是我28岁的生日。今天也是普通的一天，上班、打卡，和每个工作日没有什么分别	朴树《New Boy》
3	近景	固定镜头自拍角度	30秒	小A在浴室镜子前刷牙、洗脸、护肤	无	朴树《New Boy》
4	全景	跟随镜头	1分钟	小A穿好外套下楼，骑上共享单车，换乘地铁，出地铁口到达公司楼下	这条路线走了5年，已经熟练到可以闭着眼睛完成。明年生日，希望能摇到号买部漂亮的小车，但购房与落户的需要也近在眼前了，谁知道呢！	朴树《New Boy》
5	中景	固定镜头自拍角度	30秒	小A到达办公室的工位，整理好桌面，打开笔记本电脑，并以手遮住摄像头，结束整个视频	OK，奋斗的一天又要开始了，希望每天都是值得的一天。加油，打工人！	朴树《New Boy》

文字剧本式脚本

生日也要照常上班呦：打工人日常 Vlog

人物：小A

时间：早上

地点：小A家

1.小区院内

清晨的小区户外空旷无人，太阳从高层建筑的间隙中缓缓升起。

【旁白：30岁的时候，你会如何看待过去10年中的自己？】

2.卧室中

小A睡眼惺忪地穿着睡衣从床上爬起，走到窗前拉开窗帘，阳光洒进房间。

【旁白：今天是特别的一天，因为它是我28岁的生日。今天也是普通的一天，上班、打卡，和每个工作日没有什么分别。】

3.浴室、镜子前

小A按部就班地进行刷牙、洗脸、护肤等流程。

4.上班路上

小A穿好外套，关好家门下楼，骑上共享单车，到地铁站换乘地铁，然后出地铁到达公司楼下。

【旁白：这条路线走了5年，已经熟练到可以闭着眼睛完成。明年生日，希望能摇到号买部漂亮的小车，但购房与落户的需要也近在眼前了，谁知道呢！】

5.办公室 工位上

小A到达办公室的工位，整理好桌面，打开笔记本电脑，并以手遮住摄像头，结束整个视频。

【旁白：OK，奋斗的一天又要开始了，希望每天都是值得的一天。加油，打工人！】

　　以上的故事虽然略显粗糙，但已经可以直观地看到两种脚本在形式上的区别。不同的形式之间并无优劣之分，只是各有所长。分镜头表格式脚本的可操作性强、一目了然，让专业性较强的团队分工协作更加便捷，负责摄像、表演、配音的人员可以轻松找到自己负责的部分并予以执行。而文字提纲或剧本式脚本的格式简单，叙述性强，便于脚本创作者顺着自己的思路随想随写，并细致地描绘自己对呈现方式的设想。分镜头式脚本也更能够适应一些技术化的Vlog生产，如抖音的Vlog模板就主要沿袭了分镜头表格式脚本的特征。究其原因，分镜头表格式脚本把作品内容划分成了若干可以拆分、替代的模块，也就更便于用户在统一模板的基础上添加属于个人创意的元素。

　　对于想要职业从事Vlog及其他视频内容脚本创作的人士而言，脚本创作的技术化趋势也值得关注。以我们后文即将探讨的"剪映"App为例，其正在发展的一个主要功能模块就是"创作脚本"。该功能并非简单地允许Vlogger进行脚本写作，而是如在线商店般提供丰富的现成脚本模板，如"居家学习Vlog怎么拍""亲子露营玩耍怎么拍"等，部分模板还需要付费购买。这些脚本模板普遍使用了分镜头表格式的形式，用户只需要依据脚本中指引的镜头、内容主题进行拍摄，并将自己拍摄的视频素材"填入"模板中，就能产出质量不错的Vlog作品。与此同时，成功的脚本创作者也能够从这种模式中获得收益分成。随着ChatGPT（由OpenAI公司开发）、文心一言等生成式人工智能的发展，部分脚本创作者的职能甚至可能从写作者变为内容生成的操作者、管理者。[1]这些新兴模式提醒着我们，脚本的写作已经不再是纯粹的文字工作，从业者必须紧跟技术与商业发展的潮流，才能适应瞬息万变的行业生态。

三、后期剪辑

　　剪辑在一部Vlog中也起着至关重要的作用。很多时候，我们在观看Vlog的过

1　已经有网友的测试体验显示，通过向生成式人工智能提供带货文案的范文和产品信息，可以产出新的产品带货文案。

程中不会察觉到剪辑的存在，但其实我们能看到哪些画面、不能看到哪些画面、画面之间如何切换等等都是被剪辑所左右的。在数字时代之前，音视频内容的制作需要依赖"线性编辑"。顾名思义，线性编辑有赖于剪辑者在长长的磁带上按照时间顺序寻找内容所在的位置，并进行剪切编辑。而在Vlog所处的数字时代采用"非线性编辑"，剪辑师再也不用沿着磁带苦苦搜寻，仅需使用软件对视频、音频、图片、文字等数据资料进行整合即可，在便利性与时效性上都有了极大提升。

近年来一个令人瞩目的现象是，原本与软件业保持距离的视频平台开始亲自操刀提供剪辑应用软件。最典型的代表当属新兴互联网巨头字节跳动推出的"剪映"软件。该软件于2019年5月作为手机应用软件推出，主要针对同为字节跳动旗下的抖音平台。相比于传统的专业剪辑软件，这款手机应用软件具有免费、简洁、易用等特征，也更针对移动互联网时代手机观看视频的剪辑需求。例如，该应用软件特别强调"模板"功能：一旦设计者推出一款新的模板，其他用户只需要按模板说明插入视频、图片、声音、文字，即可获得同样模板效果的视频成品。这一功能不仅大大降低了Vlog视频剪辑的门槛，也催生了模板创作者这一新兴职业。一份由剪映工作人员于2021年下半年提供的文件声称，该软件的模板创作人数量已达到10万以上。而针对抖音的海外版本TikTok，字节跳动也于2020年4月推出了剪映的海外版CapCut，成为该公司又一款"出海"成功的软件产品。随着剪映产品的迅速推广，其自身定位也正悄然发生变化。一方面，该软件开始跨越不同硬件平台，和传统剪辑软件争夺用户。2021年初，剪映的电脑版悄然上线，在实现覆盖主流硬件与操作系统平台的同时，也开始蚕食据守电脑端的传统剪辑软件最后的市场。另一方面，剪映的目标用户群体也越来越扩大到抖音用户以外。快手、微博等平台的用户也逐渐开始使用该软件剪辑视频，产出的内容时长也不再局限于短视频范畴。

另外值得一提的是，抖音公司推出剪映的目的也许并不只是提供剪辑工具，而是剑指人工智能（AI）进行Vlog等视频内容生产的未来前景。业界早已注意到，相比于视频内容本身，人工智能技术才是抖音保持活跃用户持续增长的杀手锏。

目前，剪映内置的一些功能已经展现出智能化制作Vlog的技术雏形。例如，"图文成片"功能可以将用户录入的文字内容转换成视频形式，它不仅能够自动搜索符合文字内容的配图等视觉素材并连成视频，还能将文字转换成视频的语音旁白。对一些简单的科普类Vlog内容而言，已经完全可以借助这个功能生产部分视频片段。2023年初走红的"ChatGPT"聊天机器人让人看到了智能化内容生产的更大可能性，用户只需要在对话框中提出需求，就可以对一些文本、数据、文件进行自动处理，甚至进行图像创作，而且准确度较高。[1]也许在不远的将来，我们仅需要简单描述自己想要的Vlog效果，就可以通过剪映等应用自动绘制素材、适配滤镜、剪辑时长、配音配乐，从而在真正意义上实现剪映宣传的"轻而易剪"。

剪映的出现与走红并非孤例。Bilibili视频平台也推出了自家的剪辑软件"必剪"。和剪映的路线相仿，必剪最初也只适用于手机、平板电脑等移动设备，但在2021年底也发布了电脑版，大有和剪映正面交锋的意味。其幕后的原因也不难想见：以Vlog为例，以往较长的Vlog会发布在Bilibili，较短的Vlog则发布在抖音；随着两家新兴视频平台在内容时长上的多样化，它们在日渐增加的重叠业务领域必有一决。此外，各大平台内置的简单剪辑功能也丰富多样。例如：微信朋友圈悄然提高了视频时长的上限，并且可以便捷地将视频剪短到允许的时长范围；小红书平台在发布视频时可以选择添加五颜六色的艺术字，并设置艺术字出现的时段，滤镜与色调的调整也是常见的内置功能。这些软件与功能的推出都反映出Vlog剪辑的轻量化趋势。除了一些侧重专业技术的Vlogger，更多的Vlog拍摄者已经厌倦了复杂且昂贵的传统专业剪辑软件，他们更希望能够在自己的设备（特别是移动设备）上快速做出美观的效果，即便这些效果可能像模板一样略显重复。这也给传统的剪辑软件厂商敲响了警钟：如果它们不能适应Vlog等新兴内容带来的轻量化需求，那么很可能会陷入曲高和寡的境地。一些传统软件厂商也并非没有危机感，它们也推出过一些适用于平板电脑等设备的版本，但与剪映、必剪等相比，

1　张田勘.爆红的ChatGPT，会对人类造成威胁吗？ [EB/OL].(2023-02-08)[2023-06-12]. https://www.thepaper.cn/newsDetail_forward_21845121.

仍然不够贴近草根用户的需求。可以说，以Vlog为代表的内容生产需求，有可能撬动剪辑软件行业生态的深刻变革。

滤镜（filter）是Vlog剪辑的一个重要元素，而且在技术发展过程中经历了从硬件到软件的有趣转型。在较早的电影拍摄中，滤镜主要是一种加装在摄像机镜头之上的镜片。不同的滤镜可以实现各种用途的视觉效果，比如"裂焦滤镜"（split focus diopter）可以改变一半画面的焦距，从而在一个画面中呈现出两个截然分明的焦距效果。[1] 再如UV滤镜可以过滤掉特定波长的光线，从而改变摄像机原镜头呈现的色彩。而在Vlog大行其道的年代，大多数这些效果的实现已经不再依赖硬件的滤镜，而是可以通过电脑甚至手机的软件功能来轻松完成。在特定时间或群体中，往往会流行特定风格的Vlog，而这种风格很大程度上就是通过相似的滤镜设置来塑造的。经久不衰的"日系风"就是通过调高亮度等参数，实现通透清新的视觉体验。而近年来方兴未艾的"港风"Vlog则是以软件手段致敬20世纪后期的香港电影风格：偏暗的色调、添加的颗粒感，都在模拟当时的胶片摄影机拍摄出的观感，使观众宛如置身于王家卫镜头下的香港市井生活。

转场也是Vlog剪辑中最基本也最难察觉的要素之一。在观看一部也许只有5分钟长度的Vlog时，观众仿佛自然而然地跟随Vlogger走出一个房间、行经一个广场、进入一家夜宵店，却未必会提醒自己这段视频其实是把几小时的日程压缩在了几分钟里。其原因不仅仅在于Vlogger对原本更长的视频进行了切割与拼接，还在于一些恰到好处的转场令拍摄于不同时间、空间的视频片段实现了自然的过渡。一些转场效果更依赖剪辑自身。例如，今日头条、Bilibili平台上高产的视频剪辑教学博主"仕林的视频日记"发布过一期关于在两个建筑视频片段之间实现"遮罩转场"效果的内容。这种效果的实现主要通过Adobe Premiere软件对第二个片段中的标志性建筑进行抠图，并将其提前插入第一个片段末尾的画面，达成了颇有漫

---

1 POCO摄影.上世纪70年代的大景深神器：裂焦滤镜全方位解析[EB/OL].(2016-04-21)[2021-12-04]. https://read01.com/oznQ4P.html#.Yd66t9FBxaQ.

画风格的场景转换。[1] 而一些转场则更深度地与拍摄的内容、方式相结合。在拍摄的过程中，有些 Vlogger 就已经构思好转场的设计，因此会在需要转场的时间点添加有创意的声音（如倒计时、提问）、动作（如手势、旋转镜头）等元素，再配合视频画面之间的转场，就能达到"闯入"下一个场景的动态效果。因此，善用转场可以提升视频整体的创意水平，也能够提升观看者的观看体验。在各大视频平台，关于转场制作的教学视频俯拾即是，一些 Vlogger 也很热衷于将自己制作的精彩转场汇总成年度视频来展示。

字幕、标题等文字元素的添加也是后期剪辑中的重要内容。在这个人们越来越热衷静态或动态影像的"读图时代"，文字仍然有着不可替代的作用，甚至获得了新的应用场景。举例而言，喜欢在 Bilibili 平台发布视频的 Vlogger 大多会制作带有醒目的硕大文字标题的视频封面，因为该平台的页面会突出显示视频画面，而以文字标题为主的视频封面可以向观众说明视频的内容，或者设置悬念引起观众的兴趣，从而吸引用户点开观看。对一些跨国、跨语言传播自己视频的 Vlogger，或是翻译外国 Vlogger 作品的字幕组来说，使用软件添加字幕也是家常便饭的工作。文字还可以用来打造 Vlogger 的"个人招牌"：在视频中添加带有 Vlogger 本人名称的文字水印，不仅可以在一定程度上防止视频被盗用，还可以加深观众对 Vlogger 个人的印象。最后，除去林林总总的实用功能，文字也是形式美感与创意的重要因素：一句小清新的语录文字可以让日常生活 Vlog 更显岁月静好，一个调色恰到好处的发光字体可以让 Vlog 的色彩更具质感，一个形态古怪的生僻字可以让观众更为好奇地去视频中寻找其含义……

除了视觉上的拍摄与处理，声音同样是 Vlogger 们发挥创意与技术能力的重要场域。举例而言，较为精良的 Vlog 作品很少只简单使用同期声（即现场的原声），而是往往会添加背景音乐。在网络平台上，很多网友习惯于用"BGM"指代背景音

1　仕林的视频日记.【PR教程】遮罩转场之画面静帧定格转场效果，常用于vlog/旅拍视频等无缝转场![EB/OL].(2020-09-17)[2021-12-04].https://www.toutiao.com/video/6873390992574120459/?source=seo_tt_juhe.

乐，即其英文翻译"background music"的缩写。背景音乐能够在很大程度上缓解普通人声音的单薄与尴尬，还能增强作品的叙述性与节奏感，进而提升作品在情绪上的感染力。在Final Cut Pro及剪映等剪辑软件上，背景音乐往往可以作为音轨进行处理，以达到与作品中画面、人声等要素之间的配合；而小红书、抖音等手机应用的拍摄界面大多也提供快捷添加背景音乐的功能，以适应一些相对简单的处理需求。

另一个与技术发展高度相关的声音处理案例则是语音合成。语音合成也常被称为"文本转语音"（Text-To-Speech，简称TTS），是借助文本与声学等方面的处理将用户输入的文字内容转换成人声的技术。早期的语音合成技术较为粗糙，以至于人们听起来会有强烈的生硬之感。然而随着技术的发展，今天的一些相关应用不仅可以做到"以假乱真"，还能提供有趣的声音效果，令Vlog作品的人声部分别具一格。例如，抖音平台就在旗下应用中加入了"TVB女声"合成的功能，可以将用户输入的文字转换成香港TVB电视台经典电视剧普通话版的女声配音腔调；模仿经典电视剧《西游记》中孙悟空声音的"猴哥"声效也颇受Vlogger们喜爱。从Vlog创作的现实情境来看，语音合成技术极大地降低了Vlogger创作的资金成本、时间成本与学习成本。对那些不擅长配音且预算有限的Vlogger来说，可以不必再专门购买录音设备，也不用费心找人帮忙配音，只需要通过简单的文字录入，就能合成出极具特色的人声，甚至让几种不同的声线在作品中对话。

在Vlog的剪辑中，可以出彩的地方不一而足，远非以上的内容可以涵盖。但从这些案例中我们可以看到，剪辑是一个烦琐庞杂的过程，需要处理各个方面的细节。而且，剪辑也并非单纯的"炫技"，它不仅需要剪辑过程与拍摄内容的结合，也需要注重剪辑中各要素的配合。成功的Vlogger未必需要华丽的剪辑效果，而是能通过剪辑更好地实现自己的创作意图，达到内容与形式的统一与平衡。

四、创意与复制

除去拍摄、脚本写作与剪辑，Vlog的生产中还有一个重要的方面：创意。相比其他三者，创意是更加难以言说和把握的组成部分，它既没有特定的工具，也没有必胜的法则：一个创意是否能得到观众的欢迎，只有在它变成作品发布后才能得到检验。创意也不必然是关于Vlog整体的设计，镜头、剪辑、剧情，甚至道具都可以让一部Vlog因创意脱颖而出。在观察研究Vlog行业（乃至更广的短视频行业）的过程中，我们获得的一个有趣发现是，创意与复制处在一种矛盾却又相辅相成的动态关系中。换言之，总有新的闪光创意脱颖而出，却会迅速被追随者发现并模仿，而在模仿复制的过程中又会催生新的创新点。

以美妆类Vlog为例，在互联网时代的早期，中国观众对许多国际品牌尚属陌生，一些普及品牌知识的图文都可以大行其道。而在今天，城市的年轻观众已经对很多大牌如数家珍，也对Vlog的内容创新提出了更高的要求：有一些美妆Vlogger凭借自身的出众形象吸引观众，另一些则突出化妆技法的高超，还有的将更多心思花在拍摄环境的装修与布置……而在这些不同的创意与视角中，一个名为"get ready with me"（可以直译为"跟我一起准备好"）的类型脱颖而出。顾名思义，get ready with me的核心诉求是观众可以跟随Vlogger的节奏，完成出门前的化妆过程，准备好一天的生活。早在2015年左右，美国美妆品牌Glossier就已经使用这种风格的Vlog在YouTube专页为自身做推广。2015年10月29日的一期视频以该品牌部门经理琳达（Linda）为女主角：开头画面就是琳达躺在晨光初起的卧室中，配以居中偏上的醒目字幕"早安，琳达（Good morning, Linda）"。伴随着琳达的起床过程，镜头一路跟随她烧水、准备早茶等活动，然后才进入化妆的正题。与一些端坐镜头前、盛装打扮的美妆博主不同，琳达身着居家的短裙，慵懒地在沙发上边化妆边解说的过程，镜头语言的刻意感较弱，让观众仿佛置身于没有剧本设计的真实日常生活。这也正体现出get ready with me的精髓之一：通过镜头语言、布景与人物肢体语言等细节，共同营造一种精心布置出的漫不经心感，淡化观众与视频内容的距离感。[1]而综观Glossier品牌汇集的各种用户的get ready with me视频，另一个值得注意的特征是详尽的化妆过程，甚至接近普通人操作的时长。如同这个风格的名称所暗示的，制作者往往不会采用其他一些美妆视频点到即止的简略说明方式，而是让观看者几乎可以跟随视频中主角的操作完成自己现实生活中的化妆过程。在这个意义上，get ready with me的实用性也进一步打破了屏幕内外的边界，让视频内容与观众的日常生活深度融合。这一融合不论对于Vlogger自身的走红还是商家商品的推广都大有裨益。在上述Glossier的Vlog中，品牌方的美妆产品不仅在视频中给予了大量镜头，也在视频的文字说明页面中被一一列出，这无疑推动了观众选择和购买相关产品。

传入中国以后，get ready with me这个"洋名字"也迅速地被中文互联网所采纳。早在2016—2018年间，国内新媒体平台上已经出现一些该风格的美妆图文与视频内容；而从2019年至今，get ready with me大行其道，成为美妆Vlog的主流类型之一。不少Vlogger已经干脆用"GRWM"的缩写来替代它的全称，可见其在中文Vlog圈也已经到了耳熟能详的程度。总体来看，中文的get ready with me视频也把握住了这一风格的要义。微博上一位ID为"-CKverymuch"的百万粉丝博主拍摄过多部该风格的作品，其中2021年4月26日发布的一期题为《A Day with Me》的Vlog在短短一周内吸引了逾22万次观看。该期Vlog以博主独自去成都出差的行程为开端，从坐车去机场的过程一直记录到下飞机后在健身房运动的场景。此外，视频还有两个独特的小插曲：其一，由于博主此前右手受伤，视频中专门记录了她因手打着石膏行动不便，需要克服旅途中的困难，也得到其他人帮助的画面；其二，响应当天"地球日"的主题，博主在旅途中还进行了环保减塑挑战，例如在咖啡厅使用自带杯替代纸杯。经过如上种种之后，才"顺理成章"地进入健身后的洁面护肤流程：博主先后将拍摄设备置于盥洗池和梳妆台正对自己头部的角度，形成近

1　Promolta网站评论将这种风格的特征总结为"真实、个人化与技巧秘诀"。参见DeGuzman J. Why Viewers Love Glossier's "Get Ready With Me" Video Series [EB/OL] .(2021-12-02)[2021-12-02]. https://blog.promolta.com/why-viewers-love-glossiers-get-ready-with-me-video-series/.

乎自拍或在线直播的视角……简而言之，这部Vlog与其他同类作品一样，将化妆护肤的主题润物细无声地植入各种日常生活的场景与过程中。当然，任何get ready with me视频都不会忽视美妆护肤这个真正的重点，这部也不例外。博主对其所使用的每一件化妆品都介绍了其品牌、系列，详细展示了使用方法，并重点推介了一款新的口红产品。此外，博主还在发布该Vlog的微博文字部分中标注了以该口红产品作为内容提要，并在转发评论区进行了面膜抽奖活动。

起源于动漫周边行业的"盲盒"文化也很快风靡Vlog领域，并催生了各种节目创意。盲盒是从"blind box"一词翻译而来的，是指用盒子包装起来的周边产品；与传统的动漫周边不同的是，盲盒的购买者并不知晓盒子里的具体内容，只有在购买打开后才能知道自己买到了什么。这样的购买机制既增加了购买过程中的悬疑与刺激感，还能驱使购买者尝试收集所有可能的周边款式，这种乐趣也毫不意外地反映在了Vlog之中。网名为"潮弟儿说"的Vlogger曾在视频中一口气购买和开箱了游戏《我的世界》(Minecraft)周边的16个盲盒，试图获得一款游戏中"末影龙"形象的玩具。打开后的周边产品形态各异、做工精致，却始终没有能如愿获得末影龙玩具。尽管不无遗憾，但这惊喜交集的过程本身正是盲盒的魅力所在。[1]另一位Vlogger"深夜小鱼干儿"更是斥巨资购入100件各品牌盲盒在视频中拆完，令观众直呼"充满金钱的味道"。[2]

而随着盲盒的销售策略被各行业的商家所吸纳和借鉴，Vlogger们开箱的盲盒内容也越来越五花八门。考古与博物馆领域的Vlogger"网不红萌叔Joey"在一期视频中开箱了国内各大博物馆推出的文创商品，其中担纲压轴的就是来自河南省博物院的生肖主题文创盲盒。其中的生肖雕塑不仅用盒子包装，还用类似石膏的材料厚实密封，让顾客像考古工作者清理文物表面土壤一样探索其中的内容。借助电钻、刷子等工具的辛苦清理，博主最终成功地"发掘"出隐藏其中的龙首雕塑，

1 潮弟儿说.潮弟儿买了16个我的世界惊喜盲盒，商家说必出末影龙，是真的吗？[EB/OL].(2021-07-19)[2021-12-05].https://www.bilibili.com/video/BV1Zb4y167pV.
2 深夜小鱼干儿.up一口气拆100个盲盒！这才叫富婆的快乐～[EB/OL].(2021-01-26)[2021-12-05].https://www.bilibili.com/video/BV11V411q7oo.

让视频有了一个完美的结局。[1] 小小的一件盲盒产品，也折射出近年来国内博物馆业在文创商品研发方面的不懈努力。走搞笑风格的Vlogger"大胡子魏"在各式的盲盒领域也颇为高产。从几千元的品牌球鞋到百元级的仿冒球鞋，从手机数码产品到食品饮料，他的视频世界中仿佛万物皆可盲盒，还频频将盲盒中的产品作为抽奖奖品赠送给粉丝。[2] 在这样高强度的成本投入与粉丝互动下，他的Bilibili人气也从几十万关注者增长到一百多万。以评测高端食材闻名的Vlogger"大祥哥来了"也曾在一期视频中跨界了盲盒领域，而他的盲盒也出身不凡，是经典赛车品牌迈凯伦的限量款盲盒，标价数千元，且宣称里面的物品也价值不菲。细心的观众们也注意到，大祥哥本人正是迈凯伦的车主。然而当大祥哥打开精致的碳纤维盒子，里面的物品却令他本人和观众大跌眼镜：帽子、迷你汽车模型、雨伞、衣服……不论是使用价值还是设计质感都十分普通。[3] 这种期望值与现实之间的强烈落差却也巧妙地塑造出博主"人傻钱多"的形象，给他的粉丝们本就幽默的评论增添了更多素材。

在Bilibili平台拥有过百万关注者的Vlogger"十二礼"还和她的男友小潮拍摄了盲盒机制的情侣挑战游戏。他们将两人的上装和下装分别放置在一排衣架上，再将衣服逐一编号，并在衣架前设置了分别贴有"上装"和"下装"字样的两个取号箱。每一回合中，二人可以各自抽取一件上装和一件下装的号码，用于搭配自己的形象，并比较穿搭的效果。从规则设置中就可以看出，取号者不仅无法预知衣服的颜色款式，甚至还可能抽到对方性别的服装。果不其然，几个回合下来，"十二礼"先后抽到了男友的衬衫、短裤，小潮则抽到过女友的裙子、吊带衫等，令人忍俊不禁，二人在镜头前也频频笑场。每个回合的穿搭完成后，二人在互相吐槽调侃之余，还邀请在场的摄影师与屏幕前的观众用弹幕品评打分。在这个游

1　网不红萌叔Joey．文创battle，博物馆的内卷 [EB/OL] .(2021−05−18)[2021−12−05]. https://www.bilibili.com/video/BV1F44y1r78B.

2　Bilibili账号"大胡子魏"：https://space.bilibili.com/438880209，2021−12−02.

3　大祥哥来了．开箱迈凯伦限量盲盒，一共买了俩打开一看傻眼了！ [EB/OL] .(2021−01−01)[2021−12−05]. https://www.bilibili.com/video/BV14y4y1U74M.

戏机制的设计中，他们巧妙地把自身形象变成了盲盒的内容，从而丰富了情侣之间挑战游戏的形式。尽管取号与穿搭过程并非直播，但这种盲盒机制带来的不确定性仍大大提升了观众的参与热情，尤其是在主人公抽取到异性服装，或是巧妙地完成令人眼前一亮的穿搭效果时，观众的弹幕评论显著增多。

声音也可以是Vlogger们发挥创意的地方。2021年初，Bilibili一位名为"宽面车神"的Up主上传了自己录制的一部车内听歌视频，意外引发了被网民戏称为"军备竞赛"的车内听歌视频拍摄热潮。"宽面车神"平时发布的视频集中于汽车的评测与体验。2021年4月2日，他上传了在沃尔沃S90汽车内体验其招牌式宝华韦健音响的视频。视频以他作为驾驶人的第一人称视角，使用GoPro运动相机记录了他与朋友在驾车过程中聆听《送别》《又见炊烟》《永远同在》等音乐作品的体验，迅速收获了上百万观看量，远远超出他其他视频数万的观看量。[1]实际上，该Up主此前曾上传过在其他车型上同款音响的体验视频，但未能得到特别多的关注，而4月2日的这部视频则是迅速点燃了网友评论与模仿的热情，很快就有奥迪、宝马等各种品牌的用户上传各自车内音响效果的视频。这些视频大多只有由固定的镜头拍摄出的车内静态的画面，播放的也都是耳熟能详的乐曲，但观众们却饶有兴趣地观看聆听，并从自己的音箱或耳机中通过视频平台再解析的音效来比较这些不同车型音响音质的高下。单纯从技术层面讲，这样的翻录声音的比赛原本没有太大意义：音响在车内空间中播放的声音被麦克风收录后效果已经大打折扣，再在电脑、手机等较为普通的音响上播放，则效果再减三分，且录制和播放这些视频的人士的设备、环境差异让车型之间更没有可比性。但是，在这样的热潮里，人们追求的本就不是什么公平的技术比较，而是从一个新的角度探索自己对汽车的爱好。围绕哪款车型的音响配置更高、哪家品牌的调音更取悦耳朵，他们可以激烈辩论数日。

ASMR类作品也是通过声音进行Vlog创意的一个典型案例。ASMR的全称为

1　宽面车神. 第一视角 一起再来感受下沃尔沃S90T8 宝华韦健音响无比美妙的音色！让时间都能停滞！[EB/OL] .(2021-04-02)[2021-12-05]. https://www.bilibili.com/video/BV1N54y1b7cS.

autonomous sensory meridian response，有时翻译为"自发性知觉神经反应"。这个听起来艰深的词语其实描述的是生活中很常见的现象，即我们在听到某些类型的声音（或触摸到一些物体）时所产生的从后脑到后背，乃至全身的皮肤的愉快感觉。[1]在中文里，我们听到一些让人特别舒适的声音会形容自己"头皮发麻""起鸡皮疙瘩"，反映的也是这样一种机制。ASMR在不同人种和文化中都存在，也因此成为一个跨越区域的流行趋势。谷歌公司的数据分析显示，在其服务覆盖的北美洲、大洋洲、欧洲、南美洲等地，ASMR类视频都颇为流行，其中不少就是Vlog作品。[2]以YouTube上一部题为《ASMR的一天》（*A Day of ASMR*）的Vlog为例，视频记录的就是一个年轻女孩的生活日常：起床、洗漱、烘焙、遛狗……但其特别之处就在于，书页的翻动、门把手的开合、食材的搅拌等细碎的声音都被凸显出来，在安静的背景下显得分外清晰悦耳，拨动着观者的心弦。这种效果的实现既需要有良好立体声收音质量的设备，也需要在后期剪辑中对音轨进行修饰增强。ASMR可以结合的Vlog主题也很多样：有宠物博主将猫咪进食时的场景制作成ASMR视频，在画面和声音上都极具"治愈"效果；也有Vlogger别出心裁地到汽车上拍摄ASMR，通过手指与车内不同材料的部件接触发出各种声响，使人如临现场地感受汽车部件的材质，这与用料考究的豪华车尤为绝配。

通过以上的各种案例我们可以看到，Vlog的创意角度来自方方面面，而且创意的成功有时具有偶然性。而在信息快速地生产和传播的网络空间中，获得认可的Vlog创意会被迅速地模仿，被复制的数量在某种意义上甚至成为检验一个创意是否足够出彩的指标。相比于电影、电视等传统媒介形式，Vlog世界对于创意复制的宽容度高很多。当然，这里的复制绝不等于照搬抄袭，而是沿用某种创意的模式，进而有发展地创新。实际上，这种创新与复制之间的动态辩证关系恰恰符

1　Barratt E L, Davis N J. Autonomous Sensory Meridian Response (ASMR): a Flow-Like Mental State[J]. *PeerJ*, 2015(3): e851. 26.

2　Allison Mooney, Jason Klein. "ASMR videos are the biggest YouTube trend you've never heard of". Think with Google. https://www.thinkwithgoogle.com/consumer-insights/consumer-trends/asmr-videos-youtube-trend/. 2016-09.

合互联网先驱们对于一个开放的网络社会的构想。万维网的奠基者蒂姆·伯纳斯·李（Tim Berners-Lee）就对过分苛刻的"版权保护"深恶痛绝，他还在2019年发起了一项名为"网络契约"（contract for the web）的倡议，其中，信息的开放获取与生产是重要内容。Vlog中蓬勃的创新印证了这一理念，即适度宽松的知识产权环境有利于网络社会整体的繁荣。当然，从另一方面来说，Vlogger们在创作时还是应该注重保持和提升自己的原创度，只在合理的限度内进行模仿，并在必要的地方对原创者予以标注、致谢。

以上几个小节展现了Vlog生产制作中的四个重要方面。简而言之，Vlog的制作说难也难、说易也易，可谓丰俭由人。对缺少经济基础或空闲时间的业余Vlogger而言，只需要一部手机随拍随剪就可以完成一部值得观看的作品。而对有较高细节追求的Vlogger来说，Vlog又提供了相当广阔的创作空间：创作者可以综合运用多种拍摄设备实现令人震撼的镜头语言，也可以花样剪辑出炫技的蒙太奇效果，还可以在脚本的情节与台词上下足功夫，形成自己的语言风格……当然，作为一种新兴的新媒体艺术，Vlog的生产制作技巧仍在不断推陈出新，还有很多相关知识我们不及备载，像职业化Vlog生产中的推广与运营也是很重要的环节，感兴趣的读者可以通过更专业的教程拓展学习。

第四章　Vlog 的"涨粉"之道

在前面的章节中，我们已经对于 Vlog 是什么有了大致的概念轮廓，也了解了 Vlog 发展到今天所产生的丰富形态，对 Vlog 是如何生产出来的也有了初步的认识。一个问题随之而来：Vlog 作品和 Vlogger 的账号如何才能被更多人看到？对一般意义上的 Vlogger 而言，既然选择在网上发布自己的作品，能够收获观众与互动总归是值得开心的事情；而对那些有成名乃至商业化追求的 Vlogger 来说，得到关注、点赞、转发等更是衣食所系的大事。在日常语言中，我们常常把此类工作笼统地称为"涨粉"。而在实际的创作与账号运营管理中，它们是由粉丝数量、粉丝构成、观看时长乃至粉丝转化率等指标构成的复杂评价体系，远远不止粉丝数量增长那样简单。伴随着各大平台在技术与管理上的创新，这些评价指标还在持续丰富之中。[1]

在本章中，我们不会深入辨析那些复杂又略显枯燥的评价指标，而是从三个大的方面来探讨影响 Vlog 作品与 Vlogger 账号受关注程度的因素。第一，同一个账号发布的 Vlog 作品常常形成一到多个（或某一类型）的"主人公"（尽管主人公未必是人类），这些主人公所拥有的一些特质会成为 Vlogger 对粉丝的吸引力来源。

1　例如，Bilibili 平台在 2023 年 6 月宣布，将用视频的播放时长来取代点击/观看次数，这意味着部分平台方开始将作品内容的用户黏性作为主要评价指标，而更易于通过"刷数据"方式提升的点击量指标将相应地弱化。范佳来.B站将以播放时长代替次数，陈睿：创作激励金已覆盖 110 万 UP 主 [EB/OL]. (2023−06−27)[2023−06−30]. https://www.thepaper.cn/newsDetail_forward_23634785.

第二，在账号运营与管理的过程中，对行业热点的研究和具体的运营技巧也有助于粉丝数量的增长。第三，从新媒体发展的宏观环境来看，Vlog的诞生和发展正处于大型网络平台及其算法起到支配作用的历史阶段，这也意味着Vlogger需要思考和研究算法的规则，才能实现账号和作品影响力的持续成长。

一、创立"人设"：Vlogger的形象塑造

要探讨Vlog与Vlogger的涨粉之道，一个最直观和普遍的议题就是Vlogger本人的形象塑造。在众多类型的网络视频内容中，Vlog的一个突出特征就是它往往有持续的"主人公"。不论是作为出镜的主人公，还是作为隐于画面之后的采访者、旁白者、拍摄者，同一系列的Vlog往往会塑造一到多个反复出现的主人公，这些主人公通常也成为观众默认的Vlogger。举例来说，我们在观看商品评测类的Vlog时，会把出镜讲解产品的一位或几位主人公视为账号的创作者与持有者，尽管其背后可能有复杂的团队分工与所有权分配。也正因此，这类被呈现为主人公的Vlogger在塑造观众的观感方面起着颇为关键的作用，其形象也进而影响着Vlog发布账号的受喜爱程度。用当下的流行语来解释，Vlogger的形象就是一种"人设"（即"人物设定"的缩写），它既可能与Vlogger在真实生活中的特质特长相关，也可能是创意加工出的一些特征、身份、习惯等等。

第一，在这个看脸的时代，"颜值"就是最直观的一种个人特质，也常常是一些人意外走红的引爆点。南京市鼓楼医院整形烧伤外科的主治医师徐晔就是因为外貌"出圈"，并与Vlog结缘的典型代表。2019年，医疗题材纪录片《中国医生》（又名《医心》）在央视与网络平台播出，徐晔是其中一集的主人公。作为一名尚在成长中的年轻医生，徐晔在治病救人的过程中也经见了复杂的人情冷暖，他和片中其他医务工作者的故事引发了公众对于医疗中伦理、道德与人性的思考。有趣的是，在严肃的思考之余，也有眼尖的网友注意到了徐晔帅气的长相，直呼其是

现实生活中的"江直树"。[1] 意外收获众多"颜粉"后，徐晔也先后在微博、抖音、小红书等社交媒体平台用心经营起了自己的认证账号。相比于许多医生同行的自媒体，徐晔的社交媒体多了些许"星味"：他会通过部分 Vlog 分享自己的旅行、购物等日常生活内容，出镜时也更精心修饰自己的造型和服装，由此他的个人形象在粉丝的评论中不断获得肯定。当然，作为中山大学医学院的博士高才生，徐晔也从未荒废自己的专业，他更多的作品还是以与皮肤相关的健康知识为主题。针对女性为主的粉丝群体，他推出了一系列知识科普 Vlog，从皮肤护理、美容整形到皮肤疾病无所不包。截至 2022 年，徐晔的微博粉丝数已经突破 100 万人。[2] 这样高的影响力固然与他扎实的专业知识分不开，但个人形象无疑也助力他从诸多优秀的医生 Vlogger 中脱颖而出。

"颜值"并不意味着每个 Vlogger 都要成为大众审美意义上的帅哥美女，另辟蹊径的个人形象同样可以形成粉丝头脑中的记忆点。女性 Vlogger "辣目洋子"（后更名"小辣李嘉琦"）堪称以挑战传统大众审美走红的代表。这个看似日本风格的网名实则由两种中国元素构成，并且颇具自嘲的意味："洋子"是她在现实生活中的小名，而"辣目"则是网络流行语"辣眼睛"的变体。早在进入 Vlog 领域之前，辣目洋子就已经在视频平台积累了相当的人气基础。她的早期视频大多以经典影视剧情节的恶搞翻拍为题材，视频中的她身材偏胖、装扮夸张、表演滑稽，常常颠覆观众对原作中唯美女性角色的印象，但也正是这些以"辣眼睛"为关键词的视频将她的面孔烙印在了粉丝的记忆中。在转型拍摄 Vlog 之后，辣目洋子在一系列作品中延续了夸张的个人形象。在个人造型上，她颇为自信地尝试细长的眉毛、蓬松的卷发、鲜艳的着装，也不惜在视频中充当造型师大胆创意的试验品。正是这种形象上的"怪"使她比许多偶像包袱满满的美女 Vlogger 还要深入人心。当然，也有细心的粉丝注意到她的"怪"背后的质感提升：虽然夸张搞笑的风格仍在延

1　Instgram 优选《中国医生》90 后高颜值小哥刷屏，又帅又温柔还是博士后：现实版江直树，绝了！[EB/OL].(2020-02-01)[2023-06-13]. https://zhuanlan.zhihu.com/p/104599970. 注："江直树"是热门偶像剧《恶作剧之吻》(2005)中的男主人公，其职业为医生，由影星郑元畅饰演。

2　微博账号"徐晔医生"：https://weibo.com/u/6116038225，2023-06-13.

续，但她的造型和视频画面却越来越具精致感，甚至暗合了时尚界的高级感。[1]这种悄然变化当然反映出持续的商业成功给她带来的行业资源提升。由此可见，不论形象是否符合传统审美，能够让观众产生深刻印象才是关键。

与"颜值"常常密不可分的还有身材。好的身材本身就能构成个人形象的美感。而对运动健身相关领域的Vlogger来说，自己的身材更是最具说服力的招牌。YouTube平台的Bailey Stewart就是一位以身材见长的女性生活方式博主。顶着一头长长金发的她形象阳光，经常穿着各式的运动服装出镜，而运动服也最好地呈现出她极佳的健身效果。在视频内容中，她也大方地分享自己的健身塑形秘诀，从饮食调整、健身技巧到健身服装无所不包。得益于良好的整体形象，她不仅在平台拥有27万订阅者，还吸引到服装、美妆等相关领域的商业资源。需要强调的是，尽管颜值、身材有用，它们在Vlog的世界也并不是万能通行证。虽然上述的Vlogger在个人形象方面各有千秋，但形象只是他们其他能力之上的加分项。整体而言，相比于图片、微视频等表达形式，主人公个人形象的美丑在Vlog中的重要性反而相对较低。正如我们在探讨Vlog的定义时所提到的，Vlog作品需要有一定的时长，这就意味着它需要有内容或情节作为"血肉"，而非简单靠身材样貌支撑。因此，在Vlog世界中，即便俊男靓女也需要再发展其他的个人特质。

第二，个性也是令Vlogger吸引到特定人群的"人设"元素。在互联网精神里，特立独行的鲜明个性向来容易受到追捧，而Vlogger如果在形形色色的鲜明个性中又有所创新，则往往会取得一鸣惊人的效果。2023年5月，一段以"林黛玉健身"为主题的Vlog在抖音上吸引了上万网友的讨论。作品的时长很短，内容却充满令人忍俊不禁的反差感。画面中，身着汉服模仿电视剧中林黛玉形象的女主人公置身健身房，却正举着杠铃进行硬拉和深蹲。女主人公孔武有力的动作与林黛玉的经典形象以及哀戚的《葬花吟》背景音乐之间营造出戏剧性的对照效果，也透露出"搞笑女"的性格。网友们也纷纷以恶搞的文学名句作为评论。"林黛玉乱拳

---

1 微博账号"小辣李嘉琦"：https://weibo.com/u/5703511300，2023-06-11.

打死西门庆""林黛玉怒拔垂杨柳"等金句迭出。[1] 而发布者"山寺桃花"次日发布的Vlog也进一步巩固了前作中搞笑又强悍的人物形象。这部新的视频再次拍摄了女主人公顶着林黛玉造型健身的画面，只是服饰换成了运动服装。与此同时，采用软件配音的旁白则对一些关于她创意着装的不友好评论进行回击："我愿意穿什么就穿什么。"[2] 言辞之间透露出这位"林黛玉"不仅体魄强健，性格也是坚定直爽。相比于作者以往发布的大多数作品，这两部个性鲜明的作品收获的点赞与评论数达到了一个新的高度。

充满棱角是一种个性，而温和同样可以有用武之地。认证信息为前耶鲁大学脑科学博士后的心理学博主"耶鲁脑科学博士琳子"就是凭借柔和的话语成为众多网友的"互联网妈妈"。琳子的Vlog作品属于心理学科普范畴。与许多同类博主不同的是，她并未选择以名词解释般的方式对艰涩的心理学概念进行剖析，而是采用对话式的口吻，用观众听得懂的语言告诉他们该如何做。在每期视频中，观众会看到琳子用自拍视角进行发言，宛如面对面交谈或视频聊天。她的声音柔和却又坚定，引导着观看者建立积极的心理暗示、减少种种的烦恼与焦虑。久而久之，不少网友也习惯了将她的视频主页作为自己的情绪加油站。每当她有新的视频内容发布，总有人调皮地在评论区回复"好的，妈妈""谢谢，妈妈"。[3] 通过形成这样连贯的视频风格，琳子用具有女性特质的温柔力量疗愈了网友的心灵，也相应地收获了网络上的粉丝基础。

第三，可以充当Vlogger"个人名片"的还有可能是社会身份。职业身份是最直观的一类社会身份，在特定的Vlog领域有着无可替代的说服力。近年来不少知名医院的医生开始拍摄医学科普类Vlog，也有一些律师拍摄普法类Vlog。在这些类型Vlog的传播中，医生与律师的职业身份便是作品的"收视率保证"，账号的热

1　山寺桃花.林妹妹当年如果一天做20组硬拉应该能把宝玉送走吧 [EB/OL] .(2023−05−13)[2023−06−13]. https://v.douyin.com/U9eqvso/.

2　山寺桃花.这是一个道歉视频 [EB/OL] .(2023−05−14)[2023−06−14]. https://v.douyin.com/U9e4vfS/.

3　抖音账号"耶鲁脑科学博士琳子"：https://www.douyin.com/user/MS4wLjABAAAATSHz4HqWcxEhJhhp-IOkUJoWmtvv6Y81sTwZ5L9heWpvFVPZOjFNgwsP42WY3GD4, 2023−06−14.

度也往往提升较快。而在更一般类型的Vlog中，社会身份可以是婚恋状态、年龄阶段、民族身份等等。小红书博主"舒舒zizi"就是在创作中凸显自身社会身份的代表。她的Vlog作品标题大多以"30岁独居""30岁姐姐"等为开头。身为摄影师的她对于视频封面设计也颇为用心，封面图片大多是自己姣好的侧面或背面身影，与标题中的单身独居身份形成呼应。在她的视频内容中，独居不意味着孤独凄凉，反而意味着"单身贵族"式的精致中产生活：瑜伽、插花、烹饪、绿植……在一些视频中，她也探讨了对单身独居生活的感受，其中"自由"是一个反复出现的字眼。当然，她也毫不避讳地谈到，在大都市上海拥有自己的房子是生活安全感的底气来源。[1] 美国学者艾里克·克里南伯格在《单身社会》一书中早早地预见了单身独居这一现代化趋势。他特别注意到，单身人士往往更多地集中于城市。[2] 在现代化进程飞速推进的中国，选择单身独居或对独居生活有兴趣的城市中产也越来越多。在这个背景下，"舒舒zizi"所着力强调的社会身份精准地找到了一片颇具消费力的城市中产观众市场。与之相应，选择通过她的作品进行推广的厂商也大多来自宠物用品、健身用品等与中产生活相关的领域。

值得一提的是，能够拥有独特"人设"的主角也未必只有人类。家中宠物、野生动物等等也都可能因为独特的形貌、性格、举止而一炮而红。"虾球"是抖音等平台上的网红猫咪（ID：可爱的虾球），它的女主人运营的Vlog账号拥有90多万粉丝。尽管家中并非只有一只猫，但从账号的命名就不难看出，虾球才是众多作品中毋庸置疑的"C位"主角。作为美国短毛猫，虾球的品种也算不上非常稀缺，但它别致的魁梧身材引起了网友的特别关注。与市面上常见的头小肚大的肥猫不同，虾球的肥可谓"有始有终"，从头、躯干到四肢都格外宽大，极具力量感，体重据传也有17斤之多。网友们也被虾球别具一格的体型激发出无限创意：他们给虾球起了个"半挂"（即路上常见的半挂式货运卡车）的绰号，连称呼虾球的量词也改

1　小红书账号"舒舒zizi"：https://www.xiaohongshu.com/user/profile/5f3e6c5000000000010041aa，2023-06-15.
2　艾里克·克里南伯格.单身社会[M].上海：上海文艺出版社，2012：39-41.

成了"一辆"；虾球小时候的影像则被戏称为"虾条"，暗指彼时还没长成现今的球形身材。除了身材，虾球为人津津乐道的还有它对小主人的脉脉深情。不时对成年女主人"重拳出击"的它在面对家中的儿童时却是逆来顺受，任由小朋友们揉搓它的毛皮，甚至每天早上急不可耐地等着儿童房开门。[1]这些极具话题性的特点让虾球受到了网友们的持续关注与喜爱。

在距离虾球千里之外的辽宁省，另一只网红小猫"马牛牛"（抖音ID：牛奶长毛了）也有自己的拿手好戏。马牛牛的"出圈"始于它和男主人之间的互动视频。每当男主人熟睡或背对它时，它总会试图偷偷咬男主人一口；而一旦男主人回头查看，它又假装若无其事，或者干脆装睡。随着这样的视频情节反复出现，也有越来越多的网友关注到这只"戏精"小猫。而马牛牛的戏精绝活儿还不止于此。已经成年的它叫声却还颇像幼猫，并且喜欢用叫声与人们互动；它还能根据家中不同人的态度做出不同的反应，可谓古灵精怪。它的主人也时不时将它带回农村老家，在那里它得以和更多的人与动物产生互动。在几期评论量高达数万的Vlog下面，网友们纷纷表示被马牛牛的"心眼子"和"欠"所折服。[2]类似的明星潜质在其他动物中也不乏其数，例如以爬高等动作著称的北京动物园大熊猫"萌兰"、因为母子间互动备受中韩网友喜爱的旅韩大熊猫"福宝""爱宝"等，都让许多拍摄Vlog的游客体会到了上万点赞、评论的滋味。在这些以动物为主角的Vlog中我们可以看到，动物也可能拥有自己的特质，这些颇具偶然性的特质同样可以成为Vlog走红的持续动力。当然，话说回来，这些特质也是通过拍摄者的加工才能展现在影像中，需要拍摄者有发现和发掘它们价值的火眼金睛。

第四，如我们在上一章中已经讨论过的，创意可以从很多意想不到的角度涌现出来。在打造"人设"的过程中，既有赖于"主人公"原本的天赋与属性，也存在着各种形塑、修饰、组合的空间。抖音博主"徐志麻手"可谓将我们在本章节中讨论过的诸多要点融为一体的案例。他的网名来自对诗人徐志摩名字的恶搞，"麻

1　抖音账号"可爱的虾球"：https://v.douyin.com/iRrc8ef/，2023-06-14.
2　抖音账号"牛奶长毛了"：https://v.douyin.com/iRr3A9u/，2023-06-16.

手"正是由"摩"字分拆而来；连他的头像也是来自对徐志摩照片的二次加工。放在他的视频中，"麻手"或许别具隐含意义：他本人极少在视频画面中完整出镜，反而是他那一只颤抖的手始终处于画面的显眼位置，犹如触电酥麻了一般，指指点点地讲述各种内容。而经常与这只手共同担当主角的则是他家中的拉布拉多犬"阿布"。相较于沉默憨厚的阿布，以手出镜的男主人公可谓"聒噪"，用带着浓重口音的普通话对阿布挑肥拣瘦，不是指责它坐在花费不菲的椅子上，就是嗔怪它躺在豪华的床上。跟随着每一期这样的场面，房子的各处细节也逐步展现在观众面前。这套房子不仅拥有杭州市区繁华的高层夜景，内部也颇为宽敞，且装潢考究。这些精致的细节正好提醒观众博主的本职身份——室内设计师。从化身为手的男主人，到常被粉丝调侃为"女主人"的宠物狗，再到隐含的家装博主定位，"徐志麻手"可谓完成了一套复杂而巧妙的人设营造，使自己在高度同质化的视频博主中别具一格，一些电视等家居、家电用品的商业推广也找上门来。[1]而在他运营的另一个账号"阿布的精神支柱"中，镜头则更聚焦在了狗的身上，他也不再喋喋不休地责怪，而是与阿布共度各种愉快的生活瞬间。[2]两个账号之间的鲜明差异也告诉我们，人设可以在很大程度上影响账号的内容走向，当然进而也会影响到账号是否能够吸引粉丝，以及吸引何种兴趣类型的粉丝。

二、追逐潮流：Vlogger的运营技巧

挖掘热门的选题，是追求事业成功的Vlogger的基本功。在每个Vlog的细分领域中，总有些题材范畴是经久不衰的"流量密码"。以美妆个护领域为例，美白、防晒等可谓国内永恒的主题。近年来，由于生活节奏加快等因素，防脱发这个本就颇具热度的话题可谓风头正劲。结合这个颇具"痛点"的主题，一些博主介绍了如何令发量显多的头发造型技巧，也有博主推荐各种洗发护发的产品，还有一些人科普了可以用于脱发治疗的常用药物。这里有必要提醒的是，在"蹭热点"的同

---

1 抖音账号"徐志麻手"：https://v.douyin.com/iRrotNr/，2023-06-07.
2 抖音账号"阿布的精神支柱"：https://v.douyin.com/iRrTeFh/，2023-06-11.

时也要注意合法合规，如涉及医疗、药物的内容要注重严谨和规范，既要避免为观众带来健康风险，也要避免为Vlogger自身带来法律风险。此外，一些传统的节日、假日、纪念日、体育赛事等也常自带热点属性。在中国，每年的五一、十一等假期是上班族难得可以出门旅游的时段，也是旅行类Vlog火爆的时机。目的地的美景、旅途的酸甜苦辣，甚至路上的大堵车都极具话题度。对那些想要给观众推荐旅游路线的旅行类Vlogger来说，更是需要提早动手，在人们规划旅行路线之前就拍摄并发布相关内容，预热假期的氛围。春节的热点价值更是不言而喻，家居生活、家电数码、食品饮料等领域的Vlogger都会试图抓住这个人们购买力旺盛的窗口期。再如美国的"超级碗"美式足球比赛，也是当地文化生活中极具影响力的年度赛事，不仅比赛本身受到民众关注，还会有"顶流"明星进行文艺表演，被中国网友戏称为"美国春晚"。除了当地的Vlogger与观众全民参与，还有不少其他国家的Vlogger慕名前往，向各国观众介绍赛事与表演的情况。近年来还出现了一些应用软件和小程序，能够以日历的方式显示近期的重点日期，提醒Vlogger注意这些运营热点。

另一类热门选题则是具有更强的临时性和偶然性的。2023年初，山东省淄博市的"烧烤旅游"不仅让这座传统的工业城市面貌一新，也成就了一大批新老Vlogger的作品热度。在此之前，淄博烧烤在一些小众美食爱好者圈子中已经颇有名气，而2023年的旅游热潮则是彻底让淄博这个城市家喻户晓。全国乃至海外的游客纷至沓来，使得淄博市在多种网络搜索排行榜上名列前茅。以地域语言文化为特色的知名短视频博主"菲哥一张嘴"就不失时机地捕捉到了淄博的热点。虽然以"哥"为号，但她其实是一名年轻女孩。毕业于南京林业大学的她原本并非主攻Vlog领域，而是以南京等地的方言类搞笑短视频为人熟知。这些搞笑短视频大多采用一人分饰多角的形式，运用各地方言对地方的社会生活、风土人情进行调侃。进入2023年，菲哥的内容生产方向有了明显的转向，开始辗转各地拍摄城市美食、生活体验类的Vlog，风头正劲的淄博顺理成章地跻身这些城市之中。4月11日，菲哥在视频中预告了自己的淄博行程，并"喊话"淄博市文旅局局长能否让当地帅哥接待，这期预告片般的视频竟然收获了近50万点赞、7万余评论。[1] 而在次日的正片中，菲哥的玩笑话竟然一语成真，由形象阳光的山东广播电视台主持人徐杰接待她品尝了淄博美食，并手把手地教授淄博烧烤的吃法，该视频点赞量突破了50万。[2] 令人咋舌的数据背后，不难看出当地政府借助Vlog与网络红人Vlogger进行城市形象营销的苦心，而这种城市营销也在地方与Vlogger之间创造出了双赢的效应。食髓知味，菲哥在淄博系列视频的爆火之后又密集地"打卡"了多个积极致力于旅游推广的城市，如同样以烧烤著称的徐州、主打小龙虾餐饮的盱眙等。

相较于早就拥有庞大粉丝基础的菲哥，许多原本在Vlog世界寂寂无名的普通人也因为淄博的热点体验了一把走红的滋味。在令游客趋之若鹜的淄博热门打卡地八大局市场，一位年轻的小哥原本平静地从事着卖衢州鸭头的生意。尽管日常工作中戴着口罩，他的形象依旧"戳中"了许多女游客的审美，越来越多的人慕名到他的鸭头店围观、拍摄Vlog。随着众多视频与讨论在网络平台上发酵，小哥的更多生活细节乃至个人抖音账号也被公之于众。一些嗅觉灵敏的商家也迅速找上了这位"鸭头小哥"，邀请他进行直播带货等活动。尽管过程中不乏争议事件，他的抖音账号"淄博鸭头小哥"粉丝数依旧成长到了60余万，他本人也不时在账号中发布一些生活日常的Vlog作品。[3] 鸭头小哥的故事在这波淄博热潮中并非孤例。还有一位走街串巷销售绿豆糕的大爷，因为行踪飘忽不定，激起了网友"人肉搜索"的乐趣。他们在淄博的各个街区拍摄Vlog捕捉大爷的行踪，甚至有消息灵通人士找到了大爷家中进行拍摄。此外，还有位于各种热门商圈或隐于乡村中的美食店铺被游客们拍摄到Vlog中，由此成就了一批各具特点的淄博餐饮业从业者的形象。从淄博的案例中就可以看出，不论是想要更上一层楼的资深Vlogger，还

1 菲哥一张嘴.我倒是要来看看山东一米八的大男……噢不，大葱味道怎么样！[EB/OL].(2023-04-11) [2023-06-17]. https://v.douyin.com/iRrWu8x/.

2 菲哥一张嘴.淄博———一个有求必应的城市 [EB/OL].(2023-04-12)[2023-06-18]. https://v.douyin.com/ iRrot2y/.

3 抖音账号"淄博鸭头小哥"：https://v.douyin.com/iRhr3yR，2023-06-13.

是想要趁早出名的Vlog新手，敏锐地捕捉热门话题都可能给自己带来绝佳的发展契机。

热门的视听语言风格也是值得运营者研究的对象。在前文中我们曾讨论到，Vlog的视听语言可以由五花八门的硬件设备、软件工具等共同营造，是一个复杂的视觉与听觉系统。风靡抖音等平台的"韦斯·安德森风格"Vlog很好地反映了这一点。韦斯·安德森（1969—）是美国21世纪以来堪称新锐的电影导演，他的《欢迎来到布达佩斯大饭店》《法兰西特派》等作品奠定了其颇有个人特色的美学风格。2023年初，以韦斯·安德森为名的风格悄然在Vlog作品中流行开来。第一，就音乐而言，这些作品大多采用了《法兰西特派》中题为 *Obituary* 的曲子作为背景音乐。这首曲子节奏感强，且清新明快。也正因为这首纯音乐的主导地位，人的对话、旁白很少出现在作品中。第二，在色彩上，相关作品大多借助滤镜模仿安德森片中常见的糖果粉、淡蓝绿色调，由此形成了强烈的视觉辨识度。第三，在剪辑上，作品中大量使用相对静止的画面或长镜头画面，甚至在不同画面间形成幻灯片般的转场效果。第四，部分作品进一步探索了安德森电影构图中对于视觉对称的极致追求，极力捕捉建筑、自然风光中的对称现象。一时之间，使用这些风格要素的作品如雨后春笋般涌现出来。ID为"小丑鱼鲁鲁"的旅行摄影博主用安德森风格拍摄了我国新疆的春夏美景，而"及时行走RJ"则将镜头聚焦在了法国南部沿海的风光。[1]兰州交通大学学生"江棨鸿"则更具新意地将安德森的风格用于校园生活：在一个个安德森式构图与色调的校园建筑中，他和另一位同学作为主人公穿梭其间。有网友评论称赞道，这样的创意更增添了几分安德森电影中的叙事性。[2]甚至连宁波诺丁汉大学的官方抖音账号也没有错过这场安德森热潮，推出

---

1 小丑鱼鲁鲁. 你出去旅行的时候 最好不要像韦斯安德森电影里那样拍视频 [EB/OL] .(2023-05-26) [2023-06-18]. https://v.douyin.com/UH3n1eH/.
  及时行走RJ. 法国南部的黄金海岸就是韦斯安德森风格的最完美的诠释 [EB/OL] .(2023-05-12)[2023-06-18]. https://v.douyin.com/UH3S3ME/.
2 江棨鸿.你最好不要像韦斯安德森电影里那样去学校食堂 [EB/OL] .(2023-05-02)[2023-06-17]. https://v.douyin.com/UHwrabX/.

了基于其校园场景的Vlog作品。[1]由此可见，特定的视听语言可以在用户之间引起观看和模仿兴趣，也因此具备助推作品走红的潜力。

除了研究热门内容与风格，一些运营的小技巧也可能对Vlog作品的热度起到助推作用。从一些Vlogger的经验来看，直播与Vlog的结合能够起到"1+1>2"的效果。近年来，网络直播正成为新媒体行业的宠儿，国内外各大平台纷纷投注资源，网民也越来越习惯于在空闲时间观看直播。对于Vlogger而言，直播与Vlog在传播方式上颇具互补性。例如，Vlog的发布周期相对较长，能够做到每日更新的Vlog比例并不算高，每周甚至相隔更长周期才发布一部Vlog的大有人在，这留给粉丝们漫长的"空窗期"等待新内容。而直播恰恰可以填补这些等待的时间。Vlogger只需要一部手机，就可以随时与自己的粉丝进行直播互动，在提高粉丝黏性的同时，还有机会赚取额外的直播打赏收益。位于浙江宁波的博主冯椿（曾用ID"冯椿建筑"）就将Vlog与直播变成了自己的日常。他的作品受到关注缘起于2022年的新闻事件。通过他和其他一些网友拍摄的Vlog作品，身处全国各地的网民惊奇地发现，位于宁波市宁海县山上的羊祜殿中竟然生活着一只名叫"星星"的独臂猴子，并且与殿中年过八旬的师太相依为命。由于时常前往探访，冯椿俨然成了星星的"新闻发言人"，向关心师太和星星的网民和媒体汇报他们的近况，解答大家关心的问题。在新闻热度最高的时期，不少人慕名前往围观，甚至因为有人过度接近星星，造成师太被星星咬伤。[2]喧哗过后，依旧有相当多的网民关注着师太与星星的动态，而坚持探访的冯椿也成为他们依赖的信息来源。他既会将星星的一些可爱瞬间剪辑成Vlog发布，也会在山上打开手机直播，让网友们身临其境地寻找星星的行踪。久而久之，他的名字与星星深度绑定在了一起。起初，一些不熟悉情况的观众误以为"冯椿"是画面中猴子的名字；渐渐地，老粉丝们也将错就错地起

1　宁波诺丁汉大学.不要像韦斯安德森的电影里一样拍摄你的校园，这样你就舍不得离开学校了。[EB/OL].(2020−05−31)[2023−06−19]. https://v.douyin.com/iRhF2of/.

2　朱婷.网红独臂猴被老太投喂十多年，羊祜殿回应：独臂猴已至晚年，将养到终老 [EB/OL].(2022−10−11)[2023−06−18]. https://k.sina.cn/article_1664221137_6331ffd1020016pnc.html?from=news&subch=onews.

哄，故意在评论和直播互动中将冯椿与星星的名字对调，令人忍俊不禁。[1]

两位乃至更多Vlogger之间在创作和运营上的合作同样可以起到互利共赢的效果。在早些年，Vlogger的共同创作在很多平台上往往只能以"客串"的形式呈现，即某一位或几位Vlogger出现在另一位Vlogger的作品之中，只有后者会被页面显示为作品的创作者，这种简单的形式在今天也仍有不少人在使用。位于上海的商业地产公司从业者、抖音博主"史黛拉"就带动了一批同事投身Vlog拍摄，其中甚至包括她的老板。她的Vlog作品标题大多以"外企同事"为关键词，视频中的她大多担任采访者，去访谈和搜集同事们的日常穿搭、生活习惯和理念观点等。这些访谈内容摆脱了很多人对外企千篇一律的精英化想象，塑造出众多各具特色、为粉丝津津乐道的人物形象：有人生活细节精致，有人简朴随性，还有人博学幽默……不论是早就拥有抖音账号还是因为走红新注册抖音的同事，史黛拉都会用"@"的方式在文字说明中将他们标出。渐渐地，一些同事的个人账号热度也显著增长，他们也会在个人账号中发布自己的Vlog作品，但"史黛拉"这个账号仍旧扮演着"集合点"的角色，是大家集体展示、与最多粉丝互动的窗口。[2] 连他们公司的中国区总裁"Tammy邓懿君"也颇具热情地投身到共创之中，不时出现在"史黛拉"的采访中，还在忙碌的工作之余经营起个人账号的Vlog与直播。[3] 这样的模式，不仅实现了多个公司同事账号的共同走红，更是让这家原本低调的外企品牌深入人心。

而近年来，Bilibili、抖音等多家平台已经先后在技术上实现共同创作的功能。同一部Vlog作品可以拥有多个作者，每个作者的头像和ID也都会显示在作品页面。这个看似微小的改变实则极大地便利化了Vlogger之间的合作：创作者的身份得到了平等的展示，共同的著作权得到了恰当的认可，感兴趣的观众也可以更轻松地点阅和关注任何一位创作者的账号。抖音的运动健身博主"朴男 Krisun"可谓把这种共同创作模式运用到了极致。他的作品页面密密麻麻标注着"共创"标识，

1 抖音账号"冯椿"：https://v.douyin.com/iRhs4ug/，2023-06-17.

2 在本书撰写后期，史黛拉已从该公司离职。抖音账号"史黛拉"：https://v.douyin.com/iRhnffy/，2023-06-16.

3 抖音账号"Tammy邓懿君"：https://v.douyin.com/i8aG9h5/，2023-06-16.

有些作品的共同创作者高达 4 人。这些共同创作的作品在内容上也颇具巧思。它们并非把几位知名博主聚集在一起合影，而是充分利用不同博主的特长来丰富情节。举例来说，一些与女性运动博主的合作有趣地呈现了男女在健身房的不同习惯，而另一些与不同运动项目博主的"挑战"则向粉丝们介绍了更多有趣的运动健身细分领域。这类合作打破了原来不少运动健身博主略显孤独的内容模式：运动健身不再是一个人在健身房"撸铁"，而是与有着不同特长爱好的人社交互动的过程。数据也说明了这些共创作品的受喜爱程度，它们的点赞数动辄可达数万乃至数十万。[1]

在 Vlog 账号运营的实践中，共同创作可以实现的效果也很丰富。两位同样知名的 Vlogger 之间的合作可以达到"双赢"效果，可以在彼此的粉丝之间进行引流。知名 Vlogger 与新手之间则有"提携"之效，能够带动新手账号的快速成长。新手之间的良性合作也有助于共同成长，让作品更具吸引力。在后续的章节中，我们还会反复遇到形形色色的 Vlogger 共创案例。另外，诸如此类的创作与运营小技巧还有很多。例如，通过对后台粉丝观看时间的统计，可以摸索出多数粉丝观看 Vlog 的时段，从而确定何时发布作品更容易吸引粉丝。此外，积极与粉丝评论、点赞互动可以鼓励粉丝的参与，抽奖等活动可以调动粉丝转发评论的积极性。根据不同的运营条件与需求，可以因地制宜地使用这些小技巧，最大限度地提高作品和账号的热度。

三、玩转算法：平台化时代的 Vlog 推广

超越微观的作品创作与账号运营技巧层面，Vlogger 的走红在宏观层面也无法脱离网络平台与平台化这一语境。Thomas Poell 等研究者将平台化（platformization）解释为"数字化平台在各个经济领域与生活方面的深入……以及围绕平台重新组

1　抖音账号"朴男 Krisun"：https://v.douyin.com/iRDyfUk/，2023-06-16.

织起来的文化实践与想象"。[1] 换言之，我们的经济、文化生活越来越围绕少数的几个大型网络平台展开。近十余年来，国内外互联网产业的平台化特征日益明显，人们浏览内容的习惯也从查找各自感兴趣的独立网站、博客变成依赖谷歌、微软、腾讯、阿里等几大平台旗下的网站/软件应用。如我们在前文中所讨论的，Vlog作为一种内容类型产生较晚，这也意味着其自诞生之日起就遭遇了互联网平台化的历史阶段。就其表现而言，Vlog在国内的传播主要通过抖音、小红书、Bilibili、微博等几家全国性的网络平台进行，而在海外一些国家和地区则主要依赖YouTube、TikTok等大型网络平台。因此，从宏观层面来看，Vlogger的生存与发展离不开对这一历史阶段的理解。

首先，Vlogger们在平台进行内容生产与传播意味着适应平台的一般规律。近年来，这些规则集中体现在"算法"（algorithm）这一概念上。根据《剑桥英语词典》（在线版）的解释，广义上的算法是指计算机上数字化的运算规则，借助这些规则可以解决一些实际问题。[2] 由于大型平台承载着上亿用户的数据，平台的管理者不可能逐个审视和处理用户生产的内容，而是需要依赖算法对用户、内容进行量化的管理。例如，一些较为简单的算法就可以根据关注者数量、内容生产数量等指标对Vlogger进行分级和排序，从而筛选出不同影响力水平的Vlogger。我们在一些平台看到的Vlogger排行榜单就是由此而来的。而在一个更具体的层面上，人们更热衷讨论的算法其实是社交媒体算法（social media algorithm）。媒体作家Dorcas Adisa将社交媒体算法定义为"一种依据相关性而非发布时间筛选用户订阅内容的方式"。[3] 这个看似抽象的定义在生活中其实不难理解。今天我们打开抖音或者Bilibili软件，首页展示的并不一定是平台最新生产出的Vlog作品，而是平台算法"猜想"我们会喜欢的作品。而且，平台已有的浏览记录、用户信息越多，推

1 Poell T, Nieborg D, Dijck J. Platformisation. Internet Policy Review [EB/OL]. (2019-11-29)[2023-06-08]. https://policyreview.info/concepts/platformisation.

2 "Algorithm", Cambridge Dictionary(Online Version). https://dictionary.cambridge.org/dictionary/english/algorithm, 2023-06-09.

3 Adisa D. Everything You Need to Know About Social Media Algorithms [EB/OL]. (2023-10-30)[2023-11-07]. https://sproutsocial.com/insights/social-media-algorithms/.

荐算法越智能，其推荐的作品往往也越符合用户的口味。

一部Vlog作品能够收获多少"流量"，除了其内在品质，很大程度上便取决于其能否适应算法的推荐规则。然而算法并非容易把握之物。每个平台的算法都是各具特色的复杂的规则体系，并非简单透明的公式。而且，不同平台的算法发展程度也不同。如果说抖音是凭借领先的算法兴起的主流平台，有些相对传统的平台算法推荐的效率和精准度则相形见绌。鉴于这种客观情况，Vlogger能做的不是成为熟知每条算法的编程专家，而是要掌握和适应算法推荐的一些普遍规则。一方面，基于相关性原则，拥有较大受众基础的内容更容易被算法推送给其他用户。例如，在同等质量的前提下，小红书上关于女性美妆产品的Vlog内容通常可以收获比男性美妆产品更多的流量。这就需要Vlogger在确定深耕的领域前做好其受众广度的调研。另一方面，在一些特定的时段，平台也会借助算法实现其力推的内容类型，如与特定节日相关的内容、平台侧重发展的内容等。因此，从技术意义上，Vlogger也需要"蹭"算法的热点，了解平台近期鼓励发布的选题内容。这些选题内容既可以从一些平台主动发布的"每周灵感"中找到，也可以通过对当前热门作品的选题研究获得。

其次，在常规的推荐规则之上，各大平台也为Vlog创作者提供了免费或收费的流量推送服务。以抖音平台为例，初次发布新作品的用户会获得流量支持，以鼓励新用户持续发布作品，因此新手Vlogger的首部作品反而很容易获得"一炮而红"的效果。然而在初期的流量扶持过后，创作者往往会经历一定的瓶颈期，这时候收费版的"DOU+"（又称"抖加"）服务就会派上用场。"DOU+"会根据付费金额和付费者选择的规则将视频内容推送给一定数量的潜在感兴趣用户。一旦潜在用户对视频内容产生较高的兴趣，那么其观看、点赞、转发等行为将会把视频传播到更多的用户，最终达到远超过所购买流量的传播效果。当然，如果用户的兴趣普遍不高，也会让购买服务的费用"打水漂"，得不到预期的传播效果。因此，网络上有大量的教程指导Vlogger和其他类型的视频内容创作者如何善用抖音的新人扶持和"DOU+"服务。小红书平台也有名为"流量券"的虚拟道具。坚持内容创作、参与特定话题的创作者会收到平台免费发放的流量券，这些流量券可以应用到符合规则的作品之上，帮助作品获得额外的潜在观众。与抖音的"DOU+"类似，小红书平台也推出了付费版的流量推送服务，帮助有需要的创作者提升作品的热度。研究和把握这类服务的规则也成为Vlogger在平台算法中的生存之道。

除了单个作品的推广，Vlogger的账号本身也需要调整适应平台的算法与规则。在动辄数亿的账户之间，一个账号能够获得平台的推荐，且推荐给对自己作品颇感兴趣的潜在观众，本身就需要殊为不易的经营。要达到被算法精准推荐的目的，一些"养号"的基本功课就变得必不可少。第一，账号基本资料（如年龄、性别等）的完善不仅有助于让算法推荐给具有相似条件的用户，还有可能被算法评估为习惯良好、活跃度高的相对优质用户，从而获得更多的推荐机会。一些平台（如小红书）还会让用户填写类似"护肤博主"等个人标签，这也意味着认真填写资料的用户更容易被推荐给目标人群。第二，账号要在特定的内容领域持续进行内容生产，以提高在推荐机制中的"辨识度"。不论是选择做旅行类Vlog还是美妆类Vlog，一旦选定了目标领域，就要坚持在该领域深耕，切忌东一榔头、西一棒槌。长此以往，算法就能够"心领神会"地将新内容精准推送给潜在观众。第三，关注本领域的知名博主，并积极地与他们进行互动，同样有助于让算法明确账号所处的兴趣领域。因此，以走红为目的的Vlogger一定要用心打理自己的关注列表，不能任由自己的日常喜好进行关注互动，而是要在自己深耕的领域内进行关注、转发、评论等。此外，与知名博主互动还可能带来意外收获。一旦获得"大V"的点赞、关注乃至转发，瞬间就可以吸引到其粉丝的浏览和关注。从算法的意义上来说，"养号"不仅意味着账号的作品和关注者从无到有的过程，更是账号管理者通过精心打理使账号适应平台算法推荐规则的过程。

最后，避免"敏感内容"也越来越成为Vlogger必修的功课。这里的敏感内容不仅指涉嫌违法的内容，也包括平台不允许的商业信息、可疑操作等。例如，小红书等平台为了规范商业活动、推广自家商业对接服务，常常对涉嫌指引读者前往其他平台进行消费的内容实施严格的审核。算法在各类内容审核中的应用大大提升了平台对各类媒介内容的审核能力。相比以往敏感内容审核偏重文字内容的情况，现今的平台已经可以对视频配音乃至直播内容进行高效的审核。一旦Vlog中存在被平台认定敏感的内容，即便不被删除、封号，也极有可能被限制推荐（即俗称的"限流"），以至于无法被太多观众浏览到。因此，摸清平台审核算法的"脾气"、及时把握最新的审核尺度，也是各大主流平台的Vlogger越来越需要重视的职业技能。为了适应这种形式需求，也有一些开发者推出了可以辅助Vlogger等媒体从业者进行敏感内容排查的小工具。例如，适用于小红书平台排版编辑的微信小程序"Reditor"可以在创作者编辑完文案内容后，根据小红书的规则对文案进行预审，使创作者可以尽量避免作品被删除、限流的"灭顶之灾"。善用这些小工具，可以提高风险管控的效率与效果，让Vlogger的账号维护达到事半功倍的效果。

最后，让我们用一个比喻总结关于算法的讨论：如果说平台是茫茫大海，每个Vlogger便像小小孤舟行驶在海面上，而算法则像海面下持续运动又变幻着的潜流。潜流难以被完全观察，却对这一叶扁舟至关重要，它可以加速小舟的前行，也可以将小舟困于原地，甚至让小舟即刻倾覆。在这充满未知的环境中行船，Vlogger们只能努力积累经验，在学习与实践中了解大海的脾性，摸索潜流的规律，既要顺应潜流的方向加快前行，也要在遭遇潜流的困扰时及时调整方向。这也是各类自媒体在平台与算法支配的当下所应具备的生存之道。

四、小结

最后需要强调的是，正如一切商业成功都是必然性与偶然性的结合，Vlog作品或Vlogger本人的走红也没有常胜秘籍。对于那些有成名追求的Vlogger而言，能够做的就是充分研究和把握已知的成功运营规律，同时坚持内容的持续产出、努力创新。此外，如我们在前面已经讨论的，平台、算法在今天很大程度上左右着热度的兴衰，不完全以个人的意志为转移，即便曾经的"顶流"也很容易成为下一段时间的"过气网红"。因此，Vlogger也需要调整好自己的心态，对粉丝、流量、热度的得失保持冷静，力争捕捉新的行业机遇。

第五章　成名的渴望：Vlogger 的走红之路

在第一章中我们曾提到，作为 Vlog 的生产者，Vlogger 们的身份千差万别，影响力大小也悬殊。一些人坐拥百万粉丝，可以全身心地以拍摄 Vlog 为生，甚至凭此过上颇为优渥的生活；而另一些人只在工作生活的间隙才能挤出一点空闲时间拍片剪片，发布的作品也少有人互动，却仍然乐此不疲。究竟是什么造成了他们处境上的殊异？成为网红需要付出什么，而成为网红又是否真的如想象中光鲜亮丽？近乎无人问津的"小透明"们默默拍摄 Vlog 的动力又来自哪里？在本章中，我们将通过两位 Vlogger 的影像人生来理解这些问题。

一、"俊晖 Jan"：成名的两难

在一篇已经成为新闻传播研究经典的论文《成名的想象》中，学者陆晔与潘忠党曾这样描述 20 世纪末 21 世纪初的新闻媒体人的两难处境：一方面，他们开始随着市场化获得跻身社会上流、出人头地的机会，面临着巨大的诱惑；另一方面，这样的成名有其代价，迎合名利开始与他们的自我认知和价值观念产生抵触。[1] 来到 21 世纪第二个 10 年后，新闻媒体已经不复极盛时期的面貌，甚至弥漫着转型

1　陆晔，潘忠党. 成名的想象：中国社会转型过程中新闻从业者的专业主义话语建构 [J]. 新闻学研究，2002(71): 17-59.

的焦虑与失落。[1] 此消彼长，职业Vlogger等新媒体从业者却开始成为市场的新宠。2017—2018年的短视频风口以来，各大视频平台涌现出大批粉丝众多、市场价值可观的职业Vlogger，"俊晖Jan"就是他们中的一员。这个90后的年轻人已经在微博坐拥200多万粉丝，在抖音、Bilibili同步运营的账号也影响力不俗。与此同时，让我们对俊晖产生特别关注的还有他的作品内容：相比其他一些Vlogger，他的人生与职业轨迹在作品中体现得分外完整和清晰，也使他成为我们认识Vlogger成名之路的绝佳范例。

俊晖的第一期Vlog发布于2019年1月，题为《2019：关于我的梦想 正写在25岁》，向观众正式地介绍了他自己：25岁，南昌人，毕业于英国伯明翰大学，北漂……如同不少电影中青年男主人公的自白，他口中以往的人生经历也不乏当代青年的职业倦怠与无意义感，而成为职业Vlogger则被他视为成就自我与探寻人生意义的新方式。虽然视频中没有明确提及公司的具体名称，但观众还是不难看出他加入了一家专业的新媒体机构，还和其他新人一起参加网红的行业活动。望着各路红人、顶流，俊晖的眼神中难掩对新人的仰慕。[2] 随后的几期Vlog播放量反响尚好，在Bilibili都有1万~3万点阅。这些视频从标题到内容都走了文艺青年的路线，探讨一些孤独感、人生规划等抽象的命题，还没有形成清晰的内容领域定位。但在此时，他的艺术风格与剪辑技术已经崭露头角。举例来说，他在此后几十期Vlog中沿用的Vlog片头就制作于这个阶段。片头由他手持和抛扔相机的几个动作画面构成，黑白色调的影像搭配紫色色调的"Directed by Jan"等字样，伴着舒展悠扬的音乐，凸显出Vlogger本人的身份与对视听质感的追求。此外，将视频中的精华片段置于Vlog开头也成了他今后作品中屡试不爽的剪辑策略，成功地抓住了不少观众的眼球。

俊晖的走红也没有来得太迟。出道不久后的2019年3月，他就因为与一位

1 赵云泽,滕沐颖,杨启鹏,等.记者职业地位的陨落："自我认同"的贬斥与"社会认同"的错位[J].国际新闻界,2014,36(12):84-97.
2 俊晖JAN. 就从这里开始认识我。每个有梦想的人都值得尊敬，2019逐梦前行[EB/OL]. (2019-01-02)[2022-01-10]. https://www.bilibili.com/video/BV1Yt411B7ES.

"顶流"的合作Vlog获得了超过平时十几倍的播放量，这位"顶流"就是微博粉丝数近千万的海外生活类Vlogger"毒角Show"，也常被粉丝昵称为"角角"。根据俊晖在其他Vlog内容中补充的信息，他在这一时期自愿为常居海外的角角拍摄国内视频素材，而且不领酬劳，只因自己是角角的粉丝，也想借此学习经验。而他没有明言的是，以二人在各个平台的互动频次推断，他们很可能本就属于同一家公司。无论如何，流量本身已经是极具价值的回馈。在这期收获了数十万Bilibili点阅的Vlog里，俊晖记录了自己与角角一起工作的状态，角角呈现了一个粗中有细的行业前辈的形象。[1]在看似漫不经心的插科打诨中，角角实际上对俊晖颇为照顾。他不仅在视频中召唤粉丝们多关注俊晖的账号，还在各种线下活动与线上转发、评论中对俊晖多加提携。

就获得的流量支持而言，俊晖在新晋Vlogger中无疑算是幸运的。随着各大平台的成熟，新媒体新人的出头已经比以往困难很多，来自头部网红的流量扶持也愈发珍贵。不少新媒体从业者也在讨论中指出，头部"大V"们越来越不愿意无功利地转发他人的微博，以免为他人带来免费的流量热度，而是更倾向于转发广告或同公司账号的内容。可以说，俊晖的走红固然离不开他自身的能力与努力，但在当前行业生态下，也是与他所在公司和角角这个意见领袖的流量扶持分不开的。也正因此，他在自己的微博中毫不掩饰对角角的敬意与感激。与其他网络红人的合作拍摄也成为他颇为明显的运营策略。在各种主题的Vlog中，他和颇有知名度的"力元君""王怡苏"等都进行过合作拍摄，在视频画面或微博配文中也都会提及合作者的账号。这种时下流行的合作模式既相对降低了双方的制作成本，又能够为各自粉丝带来新鲜感，进而实现双方粉丝量的共同增长。

颇为滑稽的是，俊晖和角角的互动还意外开启了他们与粉丝之间的一场网络恶搞狂欢。在前述的合作Vlog中，角角在向粉丝推介俊晖的账号时还多说了一句颇为恶搞的评语："这小伙子不错啊，尿稀黄。"（注：在他所使用的东北方言中，

---

1 俊晖JAN. 给全网3500万粉的"超级网红"当摄影师是怎样的体验？ [EB/OL]. (2019-03-02)[2022-01-10]. https://www.bilibili.com/video/BV15b411B7Zn.

"稀"是"非常"的意思。）一言既出，就有粉丝在视频弹幕中刷"尿稀黄"，甚至还有人搞怪地用上了黄色的字体。这句和俊晖的文艺青年形象反差强烈的评语，反倒激起了粉丝们的"恶趣味"。粉丝们纷纷跑到各种与俊晖相关的弹幕、转发、评论中留言"尿稀黄"，还有贴心的粉丝开始疯狂留言劝他多喝水。就在留言本已愈演愈烈之际，角角的网络动员力再次起到了推波助澜的作用，他在自己的一期Vlog中号召粉丝们到俊晖的视频中刷弹幕，让粉丝们提醒俊晖多喝水。随后不久，俊晖在Bilibili的视频画面迅速被多喝水的提醒弹幕所填满，还有粉丝发挥自己的创意，衍生出"尿黄也没事儿，只要视频拍得好，我们还支持你"之类令人啼笑皆非的弹幕内容。而俊晖回应的方式也颇为幽默，他拍摄了一期Vlog，既向不明就里的部分粉丝解释了这个梗的渊源，又大拍特拍了自己疯狂喝水的画面合集，甚至夸张地抱着大号桶装水豪饮。[1] 在后来的许多Vlog中，他也时不时地刻意拿出水瓶饮用，还把自己喝水的动漫图像做成了一些视频中的图标与转场动画。以一种离奇的方式，俊晖建立起了自己在粉丝们头脑中的记忆点，也进一步聚拢了人气。

经过如上事件，俊晖已经迅速地跻身小有名气的Vlogger之列，而他也渐渐找到了自己可以发力的领域——旅行。在几次反响不错的旅行类视频试水之后，俊晖交出了一部自己的"封神之作"，在Bilibili收获了超百万次点阅，微博评论数量也突破了6000。这部Vlog发布于2019年底，题为《这部作品是我2019年最疯狂的决定》，被定位为他的年度视频。与平时的视频相比，这部拍摄于云南的年度视频更进一步地展示了他的剪辑功力：视频的快慢变速动静结合，高速奔跑的人与飞起的孔雀通过转场无缝衔接，无人机拍摄的鸟瞰视角与自拍画面切换自如……[2] 在引得粉丝们在评论中惊呼"大片感""炫技派"之余，视频幕后远超平日的剪辑工作量也可以想见。2020年下半年，他也推出了同类的年度视频，同样取得了不俗的成绩。突如其来的全球新冠疫情或多或少地打乱了俊晖的发展规划。由于国

1　俊晖JAN. 最怕角角突然的关心！在吗？多喝水！ [EB/OL] .(2020-04-03)[2022-01-10]. https://www.bilibili.com/video/BV1GZ4y1j7Ve.

2　俊晖JAN. 这部作品是我2019年最疯狂的决定！ [EB/OL] .(2019-11-07)[2022-01-10]. https://www.bilibili.com/video/BV1vE411i7VM.

际旅行不便，他原本打算发展的海外拍摄计划也只能作罢，转而聚焦在国内的城市与山野。特别是在国内疫情最关键的几周，各地普遍实行居家隔离措施，连国内旅行也不可能，他转而拍摄了自己居家的生活状态。在那段全民居家的时光里，观看他自拍视角的健身、聊天与工作也成了粉丝们排遣无聊的方式。

俊晖与众多粉丝们经营起的良好关系也可圈可点，"宠粉博主"是他乐于接受的称号。作为一名旅游博主，俊晖招牌式的"宠粉"方式也与旅行相关：他会奔赴幸运粉丝所在的城市，请对方吃饭，并将过程拍摄到Vlog之中。第一次宠粉挑战开启于2019年6月，也就是他北漂一周年的时节。挑选幸运粉丝的方式也很随性：粉丝们在微博评论区留言自己所在的城市和美食，由他来随机抽取幸运儿。初次抽奖的过程和行前准备也被他拍成了一期Vlog，这次活动由他和另一位Vlogger尼克（微博ID：Nick涨点薪吧）共同完成，他们用随机数软件在评论区抽中了分别位于西安和成都的两位粉丝。[1]二人的宠粉之旅也就此开始，他们先去西安请还是高二学生的男性粉丝吃面。在西安活动期间，俊晖还巧遇了想碰运气偶遇他的另一名粉丝，粉丝还贴心地叮嘱他"好好照顾自己"。[2]随后的一期Vlog中，在成都与另一名女性粉丝会面时，俊晖更是如滚雪球般路遇多位粉丝，还被粉丝要求和没能到场的粉丝群成员进行视频聊天。[3]不论这些"偶遇"的粉丝们是得到消息自主前来还是由粉丝群体动员而来，都侧面反映了俊晖经营粉丝关系的成果，并鼓励了其他粉丝参与相关活动的兴趣和意愿。这样的宠粉过程既是与粉丝的互动，也是一段新的旅程的拍摄，可谓是一举多得。

除了宠粉挑战，联结俊晖与粉丝之间的纽带还有很多。首先，热爱影像、想法丰富的文艺青年形象使他吸引了一群年龄和状态相仿的城市青年粉丝。"我是俊

1 俊晖JAN. 随机城市！随机粉丝！随机吃饭！[EB/OL].(2019-06-24)[2022-01-11]. https://www.bilibili.com/video/BV1ex411o7gN.
2 俊晖JAN. 宠粉up主！飞1000公里北京到西安，只为请粉丝吃大碗宽面！[EB/OL].(2019-06-29)[2022-01-11]. https://www.bilibili.com/video/BV1vx41197j8.
3 俊晖JAN. 成都街头被快手主播拦住，要带我们当网红！并称月入八万轻飘飘！[EB/OL].(2019-07-05)[2022-01-11]. https://www.bilibili.com/video/BV1H4411c7DF.

晖Jan，想把生活拍成电影的摄影师"是他经常使用的自我介绍。他不仅热衷将电影的视听语言融入Vlog的拍摄技巧，还将对未来的憧憬、对不确定性的担忧和漂泊无根的孤独感写入脚本，一次次的旅行也因此变成当代青年人对自我意义的追寻。其次，他也时常通过"Q&A"问答Vlog与微博回复等形式回应粉丝们想要了解的问题，从摄影技术到个人生活无话不谈。他的粉丝们喜欢称他为"老板"，不是因为他有着多高的财力或威严，反而是因为他曾透露自己在成为Vlogger之前便尝试创业但失败，一些知情的老粉丝便用"老板"这个称呼表示支持，于是，便逐渐在新粉丝中流行开来。[1] 在这个由青年人为主的虚拟社群里，失败或挫折是一种共通的体验，不会被冷酷无情地嘲笑，而是会得到共情与鼓励。

或许是个性使然，抑或是与粉丝们的共情能力有关，俊晖对粉丝们掏心掏肺、吐露心声的程度比许多同等知名度的Vlogger更高。有些Vlogger可能更倾向于只向粉丝呈现台前的故事，并不会对幕后的工作状态多做披露，而俊晖却不加避讳地展现Vlog制作中的劳累与辛酸。他曾在一期Vlog中向粉丝们坦率地剖析，自己所从事的旅行拍摄远不同于充满乐趣的旅行本身；换言之，一切为了最终成片效果的拍摄工作已经压倒了欣赏景色的心情。他还举了一个生动的例子：观众所看到的一个也许只有数秒的精彩片段，其实是他花费几个小时不断重拍得来的。[2] 枯燥费时的剪辑工作也被他坦率地呈现在了镜头前，无论是居家还是旅行在外的片段中，都经常能看到他在剪片子的画面，甚至在其他Vlogger娱乐时，他还在不眠不休地持续工作。如此疲劳中的一丝安慰或许就是粉丝们的关心，每当他在微博提及加班，或是在视频中带着大大的黑眼圈时，粉丝们就会心疼地提醒他多休息。此外，对这样一个常被视为"自由职业"的Vlogger来说，来自职场的各种烦恼并不比按时打卡的上班族少。俊晖曾不止一次忍不住在微博中披露与所在公司的紧张关系，也曾吐槽要求烦琐苛刻的甲方客户。这些内容大多发在了他的个人小号

1　俊晖JAN. 狂欢过后，你也曾经感到孤独么？ [EB/OL] .(2019-01-23)[2021-12-04]. https://www.bilibili.com/video/BV1Tt411b7yF.

2　俊晖JAN. 这部作品是我 2019 年最疯狂的决定！ [EB/OL] .(2019-11-07)[2021-12-04]. https://www.bilibili.com/video/BV1vE411i7VM.

"俊晖JAN的小圈子"上，因为他更广为人知的官方账号"俊晖JAN"是属于公司的财产。到2021年底，这个只有几十条内容的小号也有了4000多粉丝，关心和回应着他更为个人化的喜怒哀乐。同一个人，满是美景视频的大号与时常吐槽的小号宛如两个平行世界，抑或是双面人生。

处在青年的阶段，感情生活也是俊晖与他的粉丝们经常深度交流的议题。自从发布第一期Vlog开始，俊晖有两年的时间都处在单身的状态。他常常在视频中调侃自己的单身生活，有时也会颇为感性地表达对爱情的希冀，还曾经把相亲作为噱头拍搞笑风格的Vlog。几乎在每一期粉丝问答Vlog中，他都会被问到婚姻恋爱的计划，甚至还有女粉丝或真心或玩笑地向他表达爱意。[1] 俊晖还曾把自己的妈妈拍进Vlog，访谈妈妈对于自己婚恋和未来配偶的态度。俊晖妈妈年轻漂亮的形象让众多粉丝眼前一亮，还有不少人在弹幕中干脆叫起了"婆婆"。[2] 与此同时，用俊晖自己的玩笑话说，他却有着神奇的"月老"体质：和他有所关联的人都能够很快地"脱单"（注：脱离单身状态的简称），包括尼克等在Vlog中的合作拍摄者和通过网络关注着他的粉丝们。每当这位"月老"发布对别人脱单的祝福时，也总免不了收获别人对自己脱单的关心与祝愿。他的评论区与弹幕区甚至成了一些粉丝的许愿池，希望能借助他的月老光环找到人生伴侣。

在见证无数次粉丝的恋爱过程后，俊晖终于也拥有了自己的爱情。2021年1月初，他发布了一期视频《你好啊，小柴》，公布了自己的恋爱对象"小柴"。这位小柴并非网络素人，正是同样有着过百万粉丝的电竞女解说"柴西"，在《英雄联盟》（*League of Legends*，简称LOL）爱好者群体里拥趸众多，在俊晖稍早前的Vlog中也有所互动。在这一期Vlog中，俊晖奔赴成都，陪伴柴西参加电竞主题的活动，并在次日共同奔赴达古冰川游览。在银装素裹的景色之中，俊晖用镜头记录下了二人唯美甜蜜的画面，视频中俊晖也对柴西照顾备至，行程细节安排周到贴心。

1　俊晖JAN. Q&A：会不会和粉丝谈恋爱？多少岁结婚？年收入？ [EB/OL] .(2020-04-08)[2022-01-11]. https://www.bilibili.com/video/BV1Up4y1C71n.

2　俊晖JAN. 我妈说现在就想当婆婆！一条拍给四年后的视频 [EB/OL] .(2020-08-03)[2022-01-13]. https://www.bilibili.com/video/BV1254y1S7gK.

柴西的电竞圈中好友周淑怡和树奈奈（微博ID：一只树奈奈）还在她们共同的账号"淑芬日记"中发布了她们各自观看这部Vlog的体验。借助画中画的效果，她们的两部视频一边播放《你好啊，小柴》的内容，一边呈现着她们观看过程中的表情与动作，到了浪漫感人的部分，还在镜头前流下泪来。[1]不少网友也表示自己是俊晖和柴西共同的粉丝，第一时间表达了自己的祝福；也有人原本只是其中一方的粉丝，通过这期视频也成了另一方的粉丝。

然而就是这样一段隆重宣布、得到广泛祝福的恋情，竟然在短短3个月后匆匆落幕。2021年3月29日，俊晖发布了一条长长的微博，公开宣布自己已经和柴西分手。他在博文中透露自己当下的状态不好，已经连续两天无法入眠，还隐约提及二人分手的原因与工作生活之间的矛盾纠葛有关。博文还附带了一张柴西发来的微信消息截图，消息中她也坦承先前高调公开恋情使自己感到不适，且不能处理"感情与事业混在一起"的局面。[2]与此同时，柴西对此事保持了沉默，没有做出公开的回应。相比于不少同类事件，当事双方已经算是相当克制，但树欲静而风不止，来自柴西好友树奈奈的一篇微博让这桩分手事件再起波澜。树奈奈文风辛辣地指责男方向女方"泼脏水"，并声称俊晖所在的公司为当初的公开恋爱视频购买了商业推广。一石激起千层浪，此文一出，不仅粉丝们为了各自立场陷入争吵，俊晖本人也颇为激动地予以回应。据他所述，公开恋爱的视频是经柴西同意且修改后发布的，而对他的视频进行推广只是公司长久以来的例行操作。[3]其后，俊晖删除了《你好啊，小柴》和许多与二人相关的微博，但事件的残迹仍然在媒体报道与网民讨论中持续传播着。

---

1 淑芬日记.周淑怡看《你好啊，小柴》被甜哭：柴西官宣脱单，我太羡慕了，好酸啊，我都被甜哭了！[EB/OL].(2021-01-09)[2022-01-13]. https://www.bilibili.com/video/BV1Kz4y167Wj.
　淑芬日记.树奈奈看《你好啊，小柴》后痛哭：他们真的好幸运啊，我真的不想哭，但忍不住！（柴西俊晖官宣）[EB/OL].(2021-01-09)[2022-01-13]. https://www.bilibili.com/video/BV1u5411n75T.
2 晋城电竞.俊晖柴西分手一事反转，柴西闺蜜指责男方"泼脏水"[EB/OL].(2021-03-30)[2022-01-15]. https://zhuanlan.zhihu.com/p/361007949.
3 知乎用户.如何看待柴西俊晖JAN分手？[EB/OL].(2021-04-08)[2022-01-15]. https://www.zhihu.com/question/451982071.

几乎与这段恋情同时，俊晖经历的另一个人生重大转折是北漂生活的结束。在他开始北漂生活后的两年多时间里，他的粉丝们已经通过Vlog围观过他的数次搬家经历，每次的原因也不尽相同：房东不续约、居住环境问题、租金考量……这些也是漂在异乡的当代青年常常遭遇的问题。但2020年尾的这一次搬家最为特殊，因为这次他干脆逃离北京，转到了烟雨江南的杭州。他的个人决定也或多或少地折射出了杭州这座城市在网红产业中日渐增长的磁吸力。杭州不仅拥有阿里巴巴等平台巨头，还针对新媒体机构与网红人才推出了优厚的鼓励政策。2020年，杭州余杭区对MCN机构推出补贴政策，符合条件者最高可获500万元补贴，在各大城市的政策竞争中一鸣惊人。[1]然而"杭漂"的新生活似乎也并不比北京稳定，出于邻居的装修噪声和出行便利等考量，俊晖又经历了"三迁"，这些搬迁与布置新居的经历也同样成为他的Vlog素材。漂泊变动的生活，依旧在他的影像故事里继续着。

最后值得一提的是，就在本章节即将撰写完成的时刻，俊晖又一次在个人主页宣布了新的恋情。这一次他仍然选择了公开，也依然用Vlog的形式记录下了二人的恋爱旅行。新女友亲自操刀剪辑了他们的视频，粉丝们也一如既往地表达了对他们的关心和祝福。[2]这段新的感情又将走向何方？我们不得而知，毕竟我们从唯美而短暂的Vlog中所看到的远非真实生活的全部。但透过俊晖的案例，我们至少可以看到，Vlog凝结了职业Vlogger的理想、才华与劳动，也折射出Vlogger生活中的爱恨情仇、起起落落。从这个意义上来说，影像即人生。

二、"小丫很困"：小透明的坚持

相比于俊晖这样的百万粉丝博主，"小丫很困"可以说是Bilibili平台上一个影响力微乎其微的Vlogger。只有50多名粉丝的她，用时下的网络流行语形容，可

1　澎湃新闻. 余杭出台"直播电商"支持政策 打造直播经济第一区 [EB/OL]．(2020-06-23)[2022-01-15]. https://www.thepaper.cn/newsDetail_forward_7958279.

2　俊晖JAN. 女友把我和她爸妈第一次见面剪成了VLOG，跟团游Day 2 [EB/OL]. (2022-01-26)[2022-02-01]. https://www.bilibili.com/video/BV1LS4y1Z7S3.

谓是一个"小透明"：因为互动者少，在网络空间中缺乏存在感，以至于像透明人一样。如果不是通过共同朋友的介绍，我们几乎不可能通过视频平台的推荐机制观看到她的Vlog。点开她的Bilibili页面，可以见到5部封面精致的Vlog，时间从2020年延伸到2021年，数量不多，但足可见页面主人对Vlog持续的兴趣。通过朋友的介绍，我们也更多地了解到小丫的个人状态：这个年轻的女孩现在是美国西海岸一所公立名校的本科生。随着近几年国内家庭收入的提高，像她这样从本科阶段就开始出国留学的年轻人也越来越多。

逐个观看小丫的作品不难发现，她的每期Vlog都在尝试不同的拍摄主题和手法。她的第一部Vlog主要采用了自拍的视角，记录了同学朋友帮忙收拾搬家并聚餐共度周末的过程。[1]第二部选择了旅行题材，讲述了和朋友们"进城"到相对繁华的加州圣迭戈市（San Diego）游玩的体验，他们所游览的拥有退役航母的海军博物馆和规模庞大的动物园也是疫情前中国游客热衷前往的景点。[2]第三部则采用了我们已提及过的"Get Read with Me（GRWM）"模式，由她和自己的好闺蜜共同出镜，从素颜一路完成圣诞风格的妆容，她们也推荐了体验后感觉好用的产品——当然，肯定不可能是商业推销。[3]第四部回溯过往，在2020年的圣诞季剪辑了2019年和亲友圣诞旅行的片段，其中一些画面还特别使用了变速效果：人物手中抛出的雪花缓缓飞出，这也是当下流行的视觉传达方式。[4]第五部在叙事方式上大胆突破：视频以在机场送别朋友的场面为开端，转接到此前给朋友挑选礼物、生日聚会等流程，最后又将机场送别的不舍与聚会上的热闹场面穿插呈现，落寞与喧哗交织

1　小丫很困. VLOG| Weekend 搬家＋日常 [EB/OL] .(2020−08−20)[2022−02−01]. https://www.bilibili.com/video/BV1Qp4y1v7Tr.

2　小丫很困. VLOG| San Diego 谁走就走的旅行 [EB/OL] .(2020−09−25)[2022−02−01]. https://www.bilibili.com/video/BV1yy4y1y7CR.

3　小丫很困. GRWM| First Try 姐妹日常妆容分享 [EB/OL] .(2020−12−25)[2022−02−01]. https://www.bilibili.com/video/BV1Cf4y1e7ph.

4　小丫很困. VLOG| Last Christmas 一周年回顾 [EB/OL] .(2020−12−30)[2022−02−01]. https://www.bilibili.com/video/BV1sV411b7Ln.

在一起，相得益彰。[1]尽管观众数量不多，忠诚度却很高，她的视频下方总能看到肯定和支持的留言，看得出其中一些观众应该与博主线下相识。对这样一个漂泊在大洋彼岸的女孩来说，Vlog意味着什么？又是什么支撑着她默默地坚持创作？带着对小丫和她的作品的好奇心，我们的团队与身在美国的她进行了一次越洋的线上访谈（注：以下采访中"问"代表本书编写团队成员，"答"代表小丫本人）。

问：你第一次接触Vlog是什么时间？

答：我第一次接触Vlog应该是看到欧阳娜娜在当时拍摄的Vlog。她是我非常喜欢的明星，她的Vlog让我觉得用这种方式记录自己的每一天很有意义。

问：你对Vlog这个概念的理解是什么？

答：我觉得Vlog就是Video Blog，它就像写作文一样可以记录很多生活中美好的事情。就像我刚才说到的一样，它可以以记录生活为主题，感觉很多年之后重新观看会很有意义。Vlog就像以前的老照片一样，而且可以把事情记录得更加具体一点。

问：你主要关注哪些类型的Vlog，有没有推荐的Vlogger？

答：我个人比较喜欢的类型是旅拍，对日常生活类关注得也比较多一点。我比较关注的Vlogger有"小鹿""姜时一"，他们都是旅拍博主。还有一些拍风景的Vlog，像4K大片的感觉，我觉得也蛮有意思的。

另外我关注的博主中还有一大部分是美妆博主，比如"梁一口""刘瑜伽""徐老师""一枝南南"。我也很喜欢刘嘉熙，喜欢看她谈恋爱的内容。我最近也在看 Jenn 的学习视频。感觉每次不想努力了就看她每天学习的视频，然后我就得爬起来学习了，哈哈。然后就是欧阳娜娜、白鹿这些明星。她们会拍一些日常

1　小丫很困. VLOG｜送给我的好朋友 [EB/OL] .(2021-05-16)[2022-02-01]. https://www.bilibili.com/video/BV1Nv411575B.

生活，算是对粉丝的回馈。再就是那种专业性强一点的领域，比如讲车的"极速拍档"，还有"帕梅拉"这种专注于运动的。还关注过一点音乐博主，但这个方面就没有什么特别推荐的人了。

问：你第一次创作Vlog的动机是什么？

答：其实我很早就想拍这种类型的视频，因为我觉得它的拍摄门槛不高。我真正意义上的第一个Vlog是搬家的那次，其实之前也有拍过大大小小的那种不成熟的开篇。当时我爸妈也很支持我做这些东西，他们也觉得蛮有意义的，然后我就拿手机拍了自己的第一个Vlog。

问：你当初是怎样学习到Vlog的制作剪辑方法的？

答：我觉得剪辑是个大学问，其实我还有很多东西没学会呢。现在大概是有一个自己的模板雏形出现了，很多情况下还是会去网上看教程来剪。其实教程都可以搜索到，只要想学就都可以实现。软件的话，我本来打算用Final Cut Pro的，但是实在太贵了，就上了iMovie，后来用习惯了就对Final Cut Pro没有特别大的需求了。我感觉剪辑是一个大工程，前几次我剪视频都剪哭了，实在是太累了，哈哈。

问：你身边的留学生群体中是否还有一些Vlog的创作者呢？如果有的话，主要使用什么平台？

答：当然有啦，但是我遇到的可能还是中国人比较多，所以大家更多地集中在Bilibili上面，发YouTube的也有。但还是说中文的比较多，粉丝的受众群体也都是中国人。也有很多人像我一样，就是为了记录生活，不是为了当博主。

问：你有没有试图向外国朋友展示交流过自己制作的Vlog，或者其他共同感兴趣的Vlog？

答：这个好像还真没有，疫情之后我就很少遇到外国人了。我觉得如果以后有机会的话我会尽量给他们看啦，然后弄一个双语的频道，这也是我之后想完成的一件事情。

问：你的外国同学中有没有Vlogger，或者忠实的Vlog观众？

答：有的，外国也有很多大V博主，在YouTube上面发很多东西。我觉得他们很多都超级开朗，也很真诚。

问：你在制作Vlog的过程中有没有遇到一些困难？

答：遇到最大的困难就是剪视频。因为其实对我而言，更多的创作动力就是在最后的剪视频里。很多博主，像那种搞测评的、美妆的，那些坐在机器前说话的，大部分都是有脚本的；但是我觉得像我这种偏向日常的或者就是有时候出去玩才想起来拍Vlog的人不会这样。我觉得日常生活中有很多不定因素，我们不能用一个脚本来规定你一天干的事情，所以更多的创作可能会体现在视频剪辑上面。

我最近在剪一个新的视频，这次就不是特别想用流水账的方式来表达。于是我就在思考能不能用其他的表达方式，像插叙和倒叙，还有其他的特效用法来呈现。我蛮希望自己能不要用流水账的方法来记录我想记录的东西。就像旅拍博主"小鹿"就是一个很好的榜样，她可以用讲故事的方法把这一个行程说出来、表达出来。比如她最新的视频就是用三亚的Vlog来说给10年后的自己，我就觉得这样做很有意义。可能还有一个限制就是设备，但是这个永远都不是最重要的，以后如果有钱的话应该会升级装备吧。

总之，我觉得拍视频不仅仅是拍和剪，我希望它可以达到一个更高的层次。（完）

在采访中我们可以看到，小丫发布Vlog是一个从观众向作者身份转换的过程。通过观看名人Vlog所产生的兴趣，她开始模仿，并逐渐找到自己对Vlog的理解，形成个人内在的驱动力。在访谈中，她很有洞见地提到了Vlog作为生活的记录与老照片的相似性。美国评论家苏珊·桑塔格（Susan Sontag）对20世纪的摄影文化曾有生动的剖析："现在，我们对情境的感知通过照相机的介入来表达。无处不在的照相机有力地暗示着时间是由一连串有趣而值得拍照的事件构成的。……在事件结束后，照片依然会留存，这赋予了事件一种前所未有的不朽属性（和重要性）。"[1] 从照片的时代开始，生活中的事件就有了记录的可能，"过去"也就变得很容易留存到"现在"，乃至流传到"将来"。时至今日，抖音的热门短视频模板中还流行着一句旁白："当然要拍照记录啊，他又不是永远这么无忧无虑。"对现代社会中原子化了的个人而言，影像无形中成为塑造个人历史、把握个人存在感的方式，而Vlog的出现更进一步地丰富和发展了用影像记录个人生活的可能性。从小丫这样的普通网民中我们可以看到，他们的Vlog作品内容与个人生活有更大的关联性，这不仅是因为他们比商业化的Vlogger们缺乏外部资源，更是因为Vlog对他们的意义本就在于此。

三、UGC、PGC与数字劳动

回到我们在本章开头提出的问题，为什么俊晖这样成名的职业Vlogger与以小丫为代表的普通网民Vlogger的处境如此殊异？要回答这个问题，我们需要首先引入UGC和PGC这一对概念。UGC全称为user-generated content，即由用户生产的内容，这里的用户指的是广泛的普通用户。自互联网普及以来（特别是进入Web 2.0阶段后），UGC既可以说是一种运营模式，也可以说是整个互联网精神的写照。从较早通过邮件列表（mailing list）、BBS论坛、博客等进行内容创作与讨论，到微博、抖音等社交媒体随时随地可以用手机进行的内容分享，UGC充分释放了普通网民共建虚拟社区的能动性，也在很大程度上奠定了网络平台的活跃度与商业价值。举例来说，脸书（Facebook）之所以能成为与谷歌、微软并驾齐驱的互联网行业巨头，就是因为其在恰当的时机吸引了想在网络平台创造内容并进行互动的用

1　Sontag S. On Photography [M]. New York: Rosetta Books, 2005: 8.

户，它如今已坐拥全球 29 亿活跃用户，并借此获得了惊人的广告收益。[1] 因此，像小丫这样的普通网民尽管个人影响力有限，却是各个平台都极为珍视的群众基础。正如她在访谈中所透露的，她不仅是 Vlog 内容的创作者，也是热心的 Vlog 观众，堪称标准的活跃用户。这些普通用户在自娱自乐地观看他人生活、记录个人生活的过程中，也成就了 Vlog 总体上的热度。

PGC 的全称为 professionally-generated content，即专业生产内容。专业不仅可以指新媒体内容生产与运营方面的专业，也包含对某些领域知识的专业性，比如李佳琦等美妆 Vlogger 对美妆产品的稔熟、科普 Vlogger 对相关科学知识的深入掌握。如果说 UGC 中的普通用户群体鱼龙混杂，那么 PGC 模式中的生产者总会在某个方面有些专业特长，总体上内容质量也更有保证。从俊晖的案例中我们就可以看到，他对电影的热爱促成了他在 Vlog 中超乎常人的审美与剪辑水平，这构成了他的专业竞争力。而 PGC 之所以成为一种模式并不是简单地因为一些有专业才华的人脱颖而出，而是平台方面积极介入的结果。早在博客的时代，网易、新浪等平台方就会通过后台联络、首页推荐等机制鼓励内容优质的博主坚持生产。在今天 Vlog 的时代，平台方所能使用的手段更为先进精准，如 Bilibili、微博等都会根据大数据的影响力评选各领域的优质博主，一些与平台方有合作的博主也会获得流量扶持、流量收入分成，甚至合约收入。出于商业化的目的，一些专业内容生产者也会自行购买平台的推广服务，以期让作品被更多的人看到。所以，成就网红 Vlogger 超凡影响力的并不只是他们的专业能力，还有 PGC 模式下平台方的扶持。

此外，还有一部分讨论者提出过 "OGC"（occupationally-generated content）的概念，即职业生产内容，用以描述职业从业者生产的互联网内容。如果我们沿用这一概念的话，那么像俊晖这样全职从事 Vlog 拍摄的 Vlogger，就是 OGC 模式的一员，和一些在本职工作之余从事 PGC 内容生产的 Vlogger 有所区别。但是，OGC 的使用范围相对有限，很多从业者的身份也难以界定，一般还是 UGC 和 PGC 这对

1　手机中国. Facebook 财报：二季度营收 291 亿美元 月活用户达 29 亿 [EB/OL] . (2021-07-29)[2022-02-02]. https://new.qq.com/omn/20210729/20210729A021R400.html.

概念更为通用。最后，无可讳言的是，在商业化无孔不入的今天，稍有影响力的PGC生产者都很容易获得各种形式的收入，俊晖也不例外。

从两位Vlogger的故事中我们不难看出，UGC和PGC/OGC模式对他们的创作状态与心态也有着显著的影响。虽然对Vlog本身充满兴趣，两个人也都表露过Vlog的制作其实是费时费力的过程，特别是剪辑的部分。马克思在《资本论》中将劳动定义为（脑力和体力等）身体能量的消耗。[1]在他的时代语境下，劳动主要是就物质生产的过程而言的。而在今天的数字化环境下，我们则看到Vlog这些"虚拟"的文化产品同样可以是对身体与时间的巨大消耗。近几年中，这一现象开始受到业界的关注，"数字劳动"（digital labor）与"数字工作"（digital work）的概念也开始进入公众的视野。英国学者克里斯蒂安·福克斯（Christian Fuchs）与奥地利学者塞巴斯蒂安·塞维亚尼（Sebastian Sevignani）如此定义这两个概念："数字工作是在人脑、数字媒体与话语的协助下对人类体验的组织，用以创造新的产品。数字劳动是数字工作的增值面向。"[2]也就是说，数字工作从一般意义上描述了数字媒体内容的生产，而数字劳动则更具批判意义地关注了数字内容生产中平台等资本方通过生产者的劳动获得价值或商业利益的过程。

从数字劳动的批判视角审视两位Vlogger的经历可以发现：对于处在UGC模式的小丫而言，制作Vlog的劳动虽然繁重但可以自主安排，制作与否不会对她的生活产生多么显著的影响；而在PGC/OGC模式下，俊晖的拍摄与剪辑工作就显得日复一日，而且颇有些不由自主，以至于偶尔流露出对这项原本热爱的事业的负面情绪。无独有偶，也曾有新媒体从业者在座谈中向笔者透露，其所在机构的视频剪辑师普遍吸烟，因为长期从事枯燥的剪辑工作令他们精神紧张。不少西方研究者的关注点常常落在UGC的模式上。在他们看来，普通用户的这些数字劳动看似轻松无害，却让平台方积少成多，将每个用户零星的创意、产品乃至个人资料转

1　Marx K. Capital, Volume 1 [M]. London: Penguin Books, 1990: 134−137.

2　Fuchs C, Sevignani S. What Is Digital Labour? What Is Digital Work? What's Their Difference? And Why Do These Questions Matter for Understanding Social Media? [J]. Triple C, 2013(2):237.

化为创造广告收入等商业价值的筹码。[1]但是，对这样一种零星的用户劳动的过度关注也引起了另一些学者的不满和批评。如我们在两位Vlogger的对比中所看到的，就其对劳动者生存状况的影响而言，UGC模式下普通用户的数字劳动与PGC/OGC下的职业生产者显然不可同日而语。因此，一些研究者转而强调那些网络文化生产中更难以看到、处境更艰难的数字劳动者。夏冰青是国内研究数字劳动的代表性青年学者，她在一篇理论述评中就着重推介了《幽灵工作：如何阻止硅谷建立新的全球下层阶级》一书。该书呈现了在线内容审核、字幕翻译等岗位的数字劳动者像制造业工人一样艰难的劳动环境与工作回报。[2]知名学者邱林川则进一步思考了"数字资本主义"环境下劳动者是否能形成有效的组织并维护自身劳动权益的问题。[3]以俊晖的案例来说，或许到达现有的影响力后收入已经不像行业中那些隐于幕后的剪辑师一样挣扎，但身兼多职的繁重劳动依然是一个不争的现实。而且，这些常被称为"自由职业"（freelance）的职业Vlogger也早已没那么自由，他们大多已经签约特定的平台或媒体机构，在获得资源支持的同时，也意味着他们的收入会被公司分成，引起的分配矛盾也不在少数。没有朝九晚五的打卡时间也并不意味着轻松，如我们所看到的在俊晖的工作状态中，相对孤立的劳动环境反而常常使他通过加班的方式尽可能多地完成一些工作——典型的自我剥削（self-exploitation）场景。[4]如同从事异化劳动的产业工人一样，当Vlog从纯粹的爱好变成平台经济下的一份工作时，职业Vlogger与他们的产品之间的关系也就变得微妙而紧张起来。

除了劳动问题，Vlogger成名后的另一显而易见的挑战就是个人私生活的保护问题。2008年初发生在明星陈冠希等人身上的"艳照门"事件空前地引发了社会

---

1 Hesmondhalgh D. User-generated Content, Free Labour and the Cultural Industries[J]. Ephemera, 2010, 10(3/4): 267-284.

2 夏冰青. 数字劳工的概念、学派与主体性问题——西方数字劳工理论发展述评 [J]. 新闻记者, 2020(8): 87-96.

3 邱林川.告别i奴:富士康、数字资本主义与网络劳工抵抗[J].社会,2014,34(4):119-137.

4 Ozimek A M. Outsourcing Digital Game Production: The Case of Polish Testers[J]. Television & New Media, 2019, 20(8): 824-835.

对互联网环境下公众人物隐私权的关注。由于与多位女明星私下拍摄的露骨照片被他人非法上传到网络论坛，陈冠希一时之间成为舆论的众矢之的；照片也以各种途径在网络疯传，导致当事女明星的感情生活和正常工作遭受重创。当时即有不少学者发出理性的声音，认为当事人私下、自愿的行为不应被苛责，反而是将个人隐私作为娱乐材料的恶俗风气应得到治理；一些学者还建议从网络隐私保护立法、网络媒体行业自律等角度加强对公众人物隐私的保护。[1] 时至今日，此类恶性的公众人物隐私泄露有所缓解，但一般意义上的公众人物私生活和快速、广泛、娱乐化的网络传播之间仍然有着根本性的矛盾。2021年末王力宏与李靓蕾的离婚纠纷再次印证了这一点，双方的家庭、学历与感情生活全部被翻了个底朝天，各种真假的传闻在网络上众说纷纭，这无疑给正经历感情风波的当事人增添了更多不必要的心理负担。[2] 就已经披露的信息来看，俊晖与柴西的分手始末也和公众人物在网络环境下面临的这种困境有关。如柴西在聊天记录中所表露的，个人生活被置于上百万粉丝的关注下本就意味着巨大的压力，娱乐新闻与营销号随时准备着把任何捕风捉影的家庭矛盾、感情变化制作成言之凿凿的花边新闻。而在二人分手后，来自同为名人的好友的争执、粉丝之间各为立场的辩驳也让事态朝着当事人无法控制的方向发展，这无疑给本就顾虑个人隐私的当事人造成了二次伤害。成名的代价，如人饮水，冷暖自知。

　　总而言之，不论是百万粉丝博主，还是圈地自萌的小透明，都在用Vlog书写着自己的影像生活，也都在影像中找寻着自己追求的人生意义。在当前Vlog所处的互联网产业结构下，UGC、PGC等生产模式切实地影响着身处其中的Vlogger们的生存条件，也在Vlogger之间形成了殊异的影响力、劳动强度和人生问题。特别是对想要通过Vlog成名的Vlogger而言，成名后的烦恼也是其需要做好的心理准备。

1　谢淑玉.对隐私娱乐化现象的分析——由"艳照门"事件想到的[J].时代人物,2008(5):115-116.
　　季蓉.试论网络冲击下的明星隐私权问题——"艳照门"事件引发的思考[J].中共郑州市委党校学报,2008(5):120-121.
　　吴春岐."艳照门"后的网络之殇——网络隐私权侵权[J].信息网络安全,2008(4):59-60.
2　新浪新闻.王力宏李靓蕾离婚[EB/OL].(2022-01-12)[2023-09-20]. https://news.sina.cn/zt_d/wlh.

第六章 "恰饭"的诱惑：Vlog的商业化

"恰饭"是我们近几年常在社交媒体上看到的网络流行语。Bilibili官方发布的2019《年度流行梗大赏》将其列为年度"流行方言梗"。[1] 这个词发源于我国南方地区方言中"吃饭"的读音，在视频平台上逐渐成为"赚钱"的委婉表达，并在整个互联网中推广开来。从社会文化的角度看，吃饭与赚钱的联结在汉语中也有其基础，比如，在表达工作挣钱的时候，我们也习惯谦虚地说"混口饭吃"。当视频博主们被发现在偷偷做商业推广时，一句"要恰饭的嘛"也颇能道尽生存的不易，进而获得些同情与理解。在网络平台上，人们有更多理由发明这些委婉语：由于平台对疑似违规广告、理财诈骗等垃圾信息的审核机制，算法往往会对与金钱有关的信息特别敏感，甚至产生误判，以至于一些视频博主也喜欢用方言中的"米"来作为"钱"的代名词，观众也倾向于忽略一些明显是商业推广的信息。出于种种的原因，视频博主们渐渐约定俗成地用"恰饭视频"来指代含有相关商业利益的视频内容，其他类型内容的博主们也有样学样地衍生出"恰饭微博""恰饭文"等词汇。一时之间，"恰饭"的风靡成了互联网商业化繁荣的表征。

作为网络视频行业的新锐，Vlog自然也是商业利益的沃土。据艾媒研究院2019年发布的行业报告估算，2019年中国Vlog的受众规模预计可从2018年的

1　Bilibili. 2019年度流行梗大赏 [EB/OL] .(2020−01−08)[2022−02−01]. https://www.bilibili.com/blackboard/topic/2019_Meme_Award.html.

1.26亿人增长到2.49亿人，近乎翻番，并将Vlog定位为视频领域的新风口。[1]2021年，该机构再次发布报告指出，2021年国内Vlog用户数量将增长至4.88亿人，增长率再度接近翻倍。[2]急剧的用户增长之下，商机不言而喻。不论是从其他领域跨界而来的明星名人，还是专注领域内的职业Vlogger，都踊跃地试图在Vlog的商业化热潮中分一杯羹，将自己的影响力数据转化为实际收益（俗称"变现"或"流量变现"）。Vlog的商业化是如何展开的？我们在本章中将从三个方面讨论这个问题。第一，商业化的开展需要一定的组织形式，而雨后春笋般涌现的MCN机构就是最典型也最有力的推手。第二，在具体的Vlog制作与运营中，获取商业利益的变现手段也有具体差异。第三，Vlog的商业化以广大观众为基础，也考验着Vlogger与粉丝之间的关系。接下来我们将逐个检视这些问题。

一、MCN：Vlog商业化的推手

在讨论Vlog的商业化时，一个无法绕开的新名词是"MCN"。MCN是multi-channel network的缩写，字面翻译即"多频道联播网"。这里的"频道"（channel）来自YouTube平台的"频道"概念，近似于一个新浪微博账户或Bilibili "Up主"；而此"网"也非互联网、局域网之类的网络，而是一些商业化的公司，常被称为"MCN机构"。MCN的角色类似于娱乐明星的经纪人，它们是内容生产者与内容发布平台、广告商和其他相关商业机构之间的中介。一家成规模的MCN机构往往有一个或多个合作平台，同时旗下拥有众多的内容生产者，这些生产者可以是Vlogger，也可以是Plog达人、直播网红、文字写手等。娱乐产业巨头迪士尼（Disney）于2014年收购了YouTube上红极一时的MCN机构Maker Studios，并在其后将之更名为Disney Digital Network，该机构签约的内容生产者曾一度达到6万人

---

1 艾媒网.2019我国Vlog行业发展规模、现状与趋势分析 [R/OL] .(2019−07−07)[2022−02−02]. https://www.iimedia.cn/c1020/65175.html.

2 艾媒网.短视频行业数据分析：2021年中国Vlog用户规模预测达4.88亿人 [R/OL] .(2021−02−08)[2022−02−08]. https://www.iimedia.cn/c1061/77161.html.

以上。[1]MCN机构之所以能精准地搜罗到受欢迎的Vlogger，是因为他们拥有平台方提供的后台数据，而这些数据我们普通用户是看不到的。笔者曾在中国国内的一家MCN机构调研，其在某主流平台的商家页面可以根据地理位置、性别、粉丝量等条件筛选到活跃的头部用户，进而与之进行合作。从这一点就可以看到，MCN机构已经是今天网红经济制度性的一部分，并且具备独特的信息优势。

MCN机构的出现改变了网红经济的组织形式，特别是将PGC/OGC的模式发展得更加组织化、精细化。对于大的互联网平台来说，逐个去对接有影响力的Vlogger是一件费力不讨好的工作，这不仅意味着平台要雇佣大量的人员来进行对接，还要直接向Vlogger投放资源。此外，大平台也很难细致地掌握每一个地区和内容领域的特点。而遍布于各地区和领域的MCN机构就很好地解决了这一问题，它们可以搜罗特定地区、内容领域的Vlogger，也可以对接到更多本地规模较小的商家、饭店、小企业等，这无疑分散了平台方的管理、资金、风险成本。此外，MCN机构也是职业Vlogger的孵化器。一些布局长远的MCN机构会形成自己的剪辑、运营团队，甚至从零开始打造新的网红人物，这让很多有志于进入行业的新人有了成名的机会，并且得到一定的职业保障。当然，MCN机构合作的模式也并不一定都是直接将Vlogger收入麾下成为公司雇员，也可以只是就某一个或某几个Vlog或商品代言进行合作，甚至偶尔与属于其他公司的Vlogger进行合作。在这种后台信息全面、合作方式灵活的模式下，很少有优质的Vlogger会被商业力量遗漏，MCN也就变成了一种普遍的组织Vlogger本人及其内容生产的力量。当然，如我们反复强调的，凡事并非绝对，也存在Vlogger选择独立接单从事商业活动、拒绝和MCN机构合作的事例。

在过去几年中，MCN机构经历了井喷式的发展，也潜移默化地影响了Vlog所处的行业格局。根据艾媒咨询的行业报告，2015年国内MCN机构仅有160家，到

---

1 Spangler T. Disney Sets More Family-Friendly Path for Maker Studios [EB/OL] .(2017-05-02)[2022-02-09]. https://variety.com/2017/digital/news/disney-digital-network-maker-studios-family-friendly-1202406315/.

2021 年却已增加到惊人的 34000 多家，市场规模达 330 亿元以上。[1]MCN 本身就是营利性的商业机构，其内容生产的终极依归也是商业价值，其发展必然加深行业的逐利取向。在独立生存的状态下，Vlogger 获取变现机会的方式相对随机，收入的不稳定性强，很多人也就只能把拍摄视频作为副业来经营。而在 MCN 机构的组织化状态下，商业合作的来源更加稳定，合作方式也更加流程化，粉丝数、转发数、评论数等指标也有了相对稳定的"行情价"。此外，正如 MCN 的中文译名"多频道联播网"所暗示的，它改变了 Vlogger 单打独斗的内容生产，而是将更多的 Vlogger 汇聚到共同的商业利益关系中。在我们前文讲述的俊晖的故事中就可以看到，同一家机构的 Vlogger 之间可以通过合拍、推荐、转发等方式互相提携，进而达到共同的利益最大化。也有一些公司旗下的 Vlogger 之间不热衷互动，但在他们不约而同地转发同一商家的广告时，仍然进入了另一种协作关系。可以说，MCN 机构对 Vlog 领域商业化的影响是方方面面的。

最后，值得一提的是，MCN 机构在国内的高速增长与各地的相关扶持政策也是分不开的。我们在俊晖的故事中曾提到，杭州余杭区曾推出百万级奖励吸引 MCN 机构，这在近几年中并非孤例。以打造"新媒体之都"为志向的山东省济南市就将吸引 MCN 机构写入其 2020 年的电商经济发展方案中，并提出租金优惠、人才培养等方面的政策支持。[2]广州市也起草了《广州市直播电商发展行动方案（2020—2022 年）》，提出了到 2022 年"培育 100 家有影响力的 MCN 机构"的具体目标。[3]这些政策方案往往将直播、短视频、电商等融为一体，也反映了 MCN 机构在多种类型的内容生产中都具有与日俱增的重要性。在可以预见的一段时期，MCN 机构仍将在 Vlog 等内容的商业化中扮演不可替代的推手作用。

1 艾媒咨询. 2021-2022 年中国 MCN 行业发展研究报告 [R/OL] .(2021-12-29)[2022-02-09]. https://www.sohu.com/a/512635875_533924.

2 济南市政府. 济南大力发展电商经济方案公布 [EB/OL] .(2020-05-24)[2022-02-09]. http://fgw.shandong.gov.cn/art/2020/5/24/art_92340_9143616.html.

3 广州日报. 广州打造全国著名直播电商之都 未来三年孵化千个网红品牌 [EB/OL] .(2020-03-25)[2022-02-09]. http://www.gd.gov.cn/gdywdt/dsdt/content/post_2950219.html.

二、商业变现：带货、种草、探店及其他

在具体的商业化运营实践中，Vlogger们如何服务于商业力量，进而获得变现呢？根据不同的合作商家、运营平台与自身条件，Vlogger们也发明了各具特色的变现手段。在这里，我们主要将Vlog的变现手段分为四大类：带货、种草、探店与其他。

带货，顾名思义，就是Vlogger直接提供特定产品的购买方式。这种变现方式适用于有具体商品需要通过Vlog出售的合作商家，如网店、实体店铺、工厂等。需要澄清的是，在大多数情况下，Vlogger本人并不会成为进货—卖货的销售商（除非Vlogger本身就经营着与Vlog内容相关的店铺），Vlogger提供的只是购买方法的信息，实际的发货仍由销售商或工厂来执行。对与MCN机构有合作的Vlogger而言，机构可以在带货的过程中代为处理很多事项，如带货商品的选择（俗称"选品"）、合作条件和指标的制定、售后服务等。这些烦琐的事项未必是一个擅长影像制作的Vlogger所能够处理的，且暗藏着很多职业风险。例如，一旦商品出现质量问题，Vlogger自身的声誉也会受到直接牵连，而退换货、赔偿的责任也需要懂得行业规则的人来事先明确，才能确保无虞。

最简单直接的带货方式当然是植入产品的购买链接，这在消费类Vlog中尤为普遍，最适用于有网店的合作商家。在视频中介绍、推荐完推广商品后，Vlogger就会在视频画面、字幕或文字说明中附上商品的购买链接，有兴趣的消费者就可以一键直达进行下单。但这种最简单的模式也有其弱点。首先，公然地植入购买链接无疑也是标明了视频的商业推广属性，这会引起观众对于Vlogger与商家利益关联的警惕，从而在选择下单时更为谨慎。这就考验Vlogger选择的产品是否能足够有力地击中消费者的需求、商家提供的价格是否优惠，以及Vlogger是否有足够的口才说服观众选择该产品。其次，一些网络平台对于网店链接（特别是来自其他平台的网店链接）有着技术限制。当平台系统或管理员监测到有Vlog内容中进行了未经允许的商业推广，可能会对其进行限制发布或限制观看的处理，导致大

大降低其点阅率。最后，一些合作商家可能并无网店，而是只有电话、微信等简单的购买方式。面对这些问题，Vlogger们也积累了不少应对之策，如将网店网址转换为其他格式的编码（如二维码、淘宝口令）、引导观众去其他空间（如QQ群、微信）中进行购买等。与此同时，各大平台也逐渐嗅到了视频带货的商机，开始从善如流地推出自家的网店或橱窗功能，可以在Vlog页面中更直观地展示商品与购买链接，为Vlogger们提供了与所在平台互利共赢的选择。

而对另一些并没有具体商品要带货的合作来说，通过"种草"让观众对商品或品牌产生好感也是一种获得商业利益的方式。种草可以认为是广告的一个类型，它往往适用于那些想要提升产品知名度，但并不直接销售产品的品牌方。由于品牌方地位相对超脱，它们往往追求的是某款产品的整体销量，而非在某家特定店铺的销售额。有些类型的品牌方甚至有意回避自营销售，以免形成与经销商争利的矛盾。因此，在一些新产品上市时，网民经常可以看到这样漫天撒网的景象：自己关注的众多Vlogger开始不约而同地评测与推荐该产品，但也不会提供具体的购买方式。在美妆等领域，甚至有一些品牌普通、实际功能也一般的产品也像"钉子户"一样常驻在各种Vlog的推荐里，依靠网络推广获取市场。

相较于包含购买方式的带货Vlog，观众更难准确断定含蓄的种草Vlog是否为品牌赞助，因为它们常常以看似客观的面貌出现。比如：很多手机数码类的Vlogger可能对某一个特定的手机品牌颇多溢美之词，这未必全然是因为接受了厂家赞助，也有可能是长期习惯了其软件生态系统；而另一个Vlogger也许对产品褒贬结合，却是恰到好处地褒扬了那些厂家重点推介的功能。一些虚实结合的种草方式也使得消费者更难甄别，如有些美妆Vlogger会在一期视频中推荐多款同类产品，其中有些是未获赞助但有口碑的产品，而混在名单中的另一些则是获得赞助的推广产品。还有一个难以分辨的品类与Vlog本身大有关联，就是Vlog的各种拍摄和录音设备。由于Vlogger普遍对影像有所兴趣，无论是否受到相关赞助的Vlogger都很喜欢交流器材与购买心得，讲究摄影器材与技术的Vlogger也会以"鸣谢"等方式在作品中标注自己使用的设备品牌。总而言之，如果不是过于生硬或明确标示，种草视频很难完全精准地判别。

　　值得注意的是，一些特定类型的Vlog由于客观条件的限制，在很大程度上依赖品牌方提供资源，因而时常处于种草与客观评测的两难状态。汽车就是一个典型代表(当然，汽车领域的Vlogger并不像美妆等领域的Vlogger那样热衷于使用"种草"这个字眼)。由于汽车作为商品的单价太高、交易过程耗时良久，绝大多数业内Vlogger都无力负担逐个购买车辆的时间与金钱成本。而一些新发布或限量款的车型更是无法用钱解决，致使Vlogger们不得不依赖厂家或区域门店提供测试车辆。相应地，Vlogger的评测内容也就受制于商家提出的要求。韩路在一期评测视频中就向观众坦承，由于厂家提供的车型已经多次借予测评使用，零部件损耗较为严重，厂家不允许他在视频中测试一些数据指标，以免影响车型的测试表现。[1]在一些情况下，这种借车的机制还会影响到评测的客观性，以至于与大多数消费者能获得的体验不符。举例来说，空气悬架是汽车中一个相对奢侈的配置，只有在一些高端豪华车型上才会标配，而在中低档豪华车型上只能加高价选配。由于悬架类型直接影响着汽车在路上的驾驶舒适性，某些厂家就在出借给媒体的车辆中安装空气悬架，这样车评人自然会给出比常规配置表现更好的驾驶表现评分。[2]然而，消费者购车时如果没有留意到这种细微差别，或者无力负担加价升级的费用，那么他们能够获得的驾驶体验就会打折扣。在这样的情况下，车评人是否能够发现并如实地点明配置差别，也考验着其专业能力与对观众的诚意。

　　而侧重推销消费场所的美食、旅游等类型的Vlog中则流行"探店"的模式。探店的基本模式是Vlogger到商家进行实地体验，评价并推荐其产品或服务。探店和种草颇有相似之处，都可以看作是广告的细分类型，甚至一些探店Vlog里也会使用"种草"这个字眼。之所以将它们特别区分开来，是因为二者指向的典型消费模式有较为明显的区别。如我们在上文中分析过的典型种草案例显示，种草更多地

1　老司机出品. 试驾全新领克02 Hatchback，国产小钢炮？ [EB/OL]. (2021-08-23)[2022-06-11].https://www.dongchedi.com/video/6999648703409553933.

2　新车评. 都40万了，选SUV怎么还这么难 [EB/OL]. (2019-10-06)[2022-06-11]. https://auto.ifeng.com/quanmeiti/20191006/1336598.shtml.

还是指向商品（或商品的品牌）消费，其促成的是线上线下的商品购买行为；种草也不必然需要实际接触或使用该商品，单纯的罗列推荐亦可。而探店则指向带有场景的消费，促成的绝大多数是亲临现场的实地消费；探店视频极度强调"眼见为实"，其营造的就是Vlogger亲临现场消费的体验。无可讳言的是，这种眼见为实也可能具有欺骗性，在一些合作实践里，有的大牌的Vlogger没有实际到店，仅仅依靠店方提供的视频素材就能完成一部探店视频。种草与探店的差异也导致了它们在发展路径上的一些不同。商品的种草大多可以跨越空间界限，实现全国乃至跨国范围的传播；而探店尽管也有不少跨越地域的案例，却也有相当一部分走向了同城和本地化的发展方向。即便如此，种草和探店在复杂的现实中仍有不少交集。例如，一期到一家老字号连锁糖果店探店的Vlog中可以种草其代表性的产品，这样的内容就无法简单归类到其中一方。

如果我们将探店视为一个宽泛的类型，那么它也不总是像到店品尝菜肴、吸引其他消费者光顾一样简单，一些高明的探店Vlog可以给商家带来长远回报。堪称史里芬Vlog代表作之一的湖南长沙万家丽商场系列就是一个典型案例。我们在前面的章节中曾介绍过史里芬其人与作品，他的专长在于用辛辣诙谐的语言吐槽审美奇葩的景点。2019年初，史里芬第一次拍摄了关于万家丽商场的Vlog，题为《宇宙文综总复习圣地在长沙》，以轻松的方式向观众展示了一个大而无当、盲目堆砌的超大型商业建筑。之所以称之为"宇宙文综总复习圣地"，是因为这家位于长沙繁华地段的商场混杂了东西方各种装修元素，还匪夷所思地在内部设立了大量各国古今人物雕塑、中国历史展览、宗教神仙雕像等。[1]画面中呈现出的超乎寻常的堆砌感，配合史里芬腹黑幽默的吐槽，使得网民纷纷对这家商场产生了吐槽、恶搞乃至前去一睹为快的兴趣，"宇宙文综总复习基地"也成为各种网络帖文中万家丽的代名词。视频走红网络后不久，万家丽集团董事长黄志明就在微博响应了史里芬的Vlog，不仅颇为坦然地接受了本为恶搞吐槽的称号，还送出集团旗下酒

1　史里芬 Schlieffen. Vlog.33 | 宇宙文综总复习圣地在长沙 [EB/OL]. (2019-02-26)[2022-02-28]. https://k.sina.cn/article_6525927484_m184f9c03c03300ha9m.html.

店的入住体验等抽奖奖品。[1]商场方面乐于自嘲的开放态度和慷慨的物质奖励博得了众多网友的好感，也成功地将美学上的"黑"翻转为商业上的"红"，其知名度从长沙本地拓展到了全国。此后的两年时间里，史里芬和黄志明也多次通过微博互动、转发，史里芬还拍摄了到万家丽酒店的总统套房入住的吐槽视频。[2]经历了持续数年的频繁的公开互动后，二者间的商业合作关系也就不难推断了。这个成功的案例提醒我们，商家在选择合作时也需要创意与幽默感，被吐槽有时也是意外的营销推广契机。

最后，我们可以把一些相对不那么通用的变现方式归入"其他"类别中。付费订阅就是一个典型代表。对于新闻网站而言，付费订阅是常见的创收模式，美国的《纽约时报》、英国的《金融时报》、中国香港的《香港经济日报》等都采用付费订阅规则，只有缴纳订阅费的网民才能浏览一些限制他人观看的内容。而在Vlog的领域中，付费订阅的模式只在部分地区的特定Vlogger中流行。比如，中国台湾地区就是一个付费订阅相对流行的地方，有少量知识分享类的Vlogger在PressPlay等募款、电子杂志网站上发布健身、外语等教学类视频，需要付费观看，但其总体规模非常有限。尽管YouTube等平台有视频收费订阅功能，但其Vlog类的内容很少采用付费订阅的模式，因为其可替代的同类内容太多，而且封闭的订阅付费模式也与多数Vlogger扩大粉丝基础的目标相悖。

相对于付费订阅，平台收入分成的模式更为普遍。它是由平台方面根据创作者贡献度给予奖励性收入的一种机制。但是，只有少部分Vlogger能借此达到足够可观的收入水平。以Bilibili平台2018年的"创作激励计划"为例，加入该计划本身就需要首先达到一定的信用积分、粉丝人数与播放量门槛，而加入后每1万次播放的收入一般也只折合数十元。[3]相对于Vlog制作的时间和人力成本，仅靠这

1　微博账号"宇宙中心发言人"：https://m.weibo.cn/7036410259/4357131552044137，2019-04-03.

2　史里芬Schlieffen.【史里芬】八百平米，每晚两万，我被万家丽总统套房震住了！[EB/OL]. (2021-09-13)[2022-02-28]. https://www.bilibili.com/video/BV1AL4y1a7VM.

3　哔哩哔哩UP主服务中心."bilibili创作激励计划"规则 [EB/OL]. (2018-01-25)[2022-02-28]. https://www.bilibili.com/read/cv173108.

样的收入显然难以维持全职Vlogger的生存。打赏收入也是一种由平台方推出的变现方式。顾名思义，打赏是由观众以有价值的平台虚拟道具或在线支付的方式向Vlogger的作品表示支持，Vlogger可以通过平台将其提取为金钱收益。此外，随着在线直播的流行，也有Vlogger会向粉丝们开设直播，以获得直播打赏。尽管一些平台打赏的上限纪录很高，但普通的职业Vlogger们在实践中能得到的打赏额度普遍很小，而且这种收入形式随意性极大，很难成为稳定的收入，只能作为锦上添花的收入补充。

可以纳入"其他"范畴的还有从Vlog中拓展出去的各类有偿服务。例如，外语知识分享类的Vlogger可以有偿为他人在线补习语言。我们在前文中提到的位于宁波的装修知识分享Vlogger马尚瀛也是这种模式的代表。由于他在Vlog中展现的装修知识和对细节的把握，不少本地和外地的粉丝邀请他提供有偿的验房服务，以减少自己在购房过程中可能遭遇的质量问题。在这样的模式中，"私域流量"这个概念显得尤为重要。艾瑞咨询的《中国私域流量营销洞察研究报告》中将私域流量定义为"沉淀在品牌或个人渠道的，可随时及反复触达的，能实现一对一精准运营的用户流量"。[1] 微博粉丝群、微信聊天群等就是搭建私域流量的常用空间，在这些空间里Vlogger可以更及时地与粉丝交流，也更便于推广、洽谈和提供有偿服务。当然，私域流量对其他变现手段也越来越重要，各种类型的Vlogger都在努力建设自己的私域流量。

三、谨防"翻车"："恰饭"与粉丝关系维护

虽然Vlog的商业化带来了越来越多"恰饭"的机会与手段，但"恰饭"却并不总是"真香"的，"翻车"也成为一个时常与"恰饭"共同出现的字眼。简单来说，"翻车"在这种语境下就是指"恰饭"出现纰漏甚至失败的情形。"翻车"事件可大可小，小的如一场玩闹，笑过翻篇，大的则可以引起连番骂战，甚至退网删号。

1　艾瑞咨询. 中国私域流量营销洞察研究报告 [R/OL]. (2021-09-24)[2022-02-28]. http://pdf.dfcfw.com/pdf/H3_AP202109241518274010_1.pdf?1632501400000.pdf.

而综观各种相关案例，"恰饭"成功与否的关窍就在于Vlogger是否能在商业化的同时妥善处理好与粉丝之间的关系。

首先，"恰饭"本身意味着Vlogger的发言可能受到商业力量的左右，从而在粉丝中引发信任危机。一些形式的商业力量渗透，甚至哪怕仅仅是"恰饭"的嫌疑都有可能会影响到Vlogger在其观众中的公信力，进而造成Vlogger与粉丝之间的矛盾。这类矛盾集中体现在手机、汽车、美妆为代表的评测（又称"开箱"）类Vlog之中。"YIWWWWEN"是一名活跃于微博与Bilibili平台的女性Vlogger，她更为粉丝熟知的名字是"一雯"或"Yiwen"。一雯的视频内容包含了旅行、服饰穿搭与美妆等不同类型，她的个人形象姣好，与观众的互动时也语气温和，自2018年以来积累了30余万粉丝。即便如此，一雯还是在2020年3月11日的一期Get Ready with Me美妆Vlog中引起了不小争议。[1] 视频中介绍了一款某国际知名品牌的气垫粉底产品，但在不少细节上带有广告的痕迹。如前文所说，Get Ready with Me的精髓在于"润物细无声"，而这部视频中仅聚焦于一款产品，并且在解说与附带的文字说明中都以颇多溢美之词强调该产品，因此遭到了一些粉丝的质疑。这些粉丝指出，这样的内容显然属于商业推广，一雯应该标明视频的广告属性，其中部分粉丝还失望地表示要取消关注。与此同时，另一批粉丝发声维护一雯，表示接商业推广是Vlogger的个人自由，也是Vlogger维持内容生产的必要条件。另外，也有一些粉丝提出了折中的意见，如控制包含商业推广内容和不含商业推广内容的视频比例。尽管众说纷纭，但综观全局，大多数粉丝都认为该期视频确属商业推广，这也引起了粉丝与Vlogger、粉丝与粉丝之间不少的矛盾。

海外华人网红Vicky经历的信任危机则比一雯更严重。2019年初，有网民言辞激烈地在豆瓣发帖，指责Vicky在Vlog中推荐某食品，并宣称为自行购买，但实则为种草软广告，同时还列举出她的其他问题。Vicky专门拍摄视频回应了一些质

---

1 YIWWWWEN. YIWEN ♡ 宅家一天日常&GRWM | 兰蔻菁纯气垫 | 连衣裙开箱分享 | 假刘海上线 [EB/OL]. (2020-03-11)[2022-02-28]. https://www.bilibili.com/video/BV1FE411K72J.

疑，也坦承了该食品系商家赞助和赠送。由此引发的争论持续了数月之久。[1] 随着国内外在互联网广告管理方面的规范化，Vlog行业也开始产生一些自律意识，不少Vlogger已经开始自觉地标注推广信息，粉丝们对这些细节的敏感度也在提升。作为从业者，Vlogger们也有必要提升在这些议题上的风险管控意识，避免引起纠纷。

其次，Vlogger的"跨界"推广往往会带来更大的风险。每个有影响力的Vlogger都有自己擅长和深耕的领域，其粉丝群体的兴趣往往也在该领域中，当Vlogger超出自己的领域范围从事推广时，粉丝们不仅可能缺乏兴趣，还可能产生对Vlogger专业性和说服力的质疑。转投电动汽车领域的手机数码产品Vlogger们就是绝佳的例证。在以电动汽车品牌构成的"造车新势力"兴起后，汽车业的市场营销生态重新被搅动，竟吸引到一众手机数码类Vlogger的跨界参与。"李大锤同学"就是一个备受嘲讽的跨界者。他的早期Vlog原本专注在手机、手机配件、智能手表等产品上，虽然也偶有其他商品的推广，但尚不足以对他的主业造成干扰。2019年2月，李大锤发布了一期试驾特斯拉电动汽车的Vlog，次月便发布了购买该款车的提车Vlog，提车5个月后又发布了使用体验。如果说2019年还是李大锤从一个没车的数码博主到有车的数码博主的转变，那么自2020年以来，他就真正成了一名数码+汽车博主。各种品牌的汽车开始成为他Vlog中评测的对象，其中大部分是新能源车型，仅2021年内就发布了两款车的"提车"视频，甚至车身贴膜之类的周边产品也开始出现在他的Vlog中。他在一些平台的简介也变成了电动汽车与数码科技并列。然而，随便检索一下与李大锤的车评相关的讨论，负面的评论占比颇高。他2020年的一期汽车体验视频甚至引起了罗永浩、陈震、CarShooter等网络名人的激辩。支持者认为人人有评价汽车的权利，而反对者则多是资深的车评人与爱好者，他们认为李大锤在汽车领域的知识实在不足，利用自己在其他领域积累的

1 Vickysoupsss.豆瓣事件澄清[EB/OL]. (2019-03-04)[2022-02-28]. https://www.bilibili.com/video/BV1Tb411z7gt.
　知乎匿名用户.怎么看待vicky这次豆瓣扒皮和回应的事件？[EB/OL]. (2019-03-15)[2022-02-28]. https://www.zhihu.com/question/314606663/answer/616093525.

人气推广汽车颇有误导之嫌。[1] 不论如何，李大锤还是在质疑声中坚持了自己的路线，仍在持续生产汽车类的Vlog作品，并逐渐积累起了一些忠实粉丝。

对新兴汽车品牌而言，寻求与手机数码类Vlogger的合作有不少可以想见的理由。首先，这些品牌在传统的汽车类媒体中的耕耘远不如老牌车企，而又手握不菲的新能源产业投资，有足够的需求与意愿进行差异化营销。其次，就产品本身而言，新能源汽车也更强调智能互联、语音识别、影音娱乐等与手机数码关联的科技功能，不少新能源汽车的中控台就是一面甚至两三面巨大的触控屏幕，宛如嵌入了平板电脑，这给了手机数码Vlogger一些切入点。最后，愿意尝鲜新能源汽车的消费者大多比较年轻，这个年轻化的潜在客户群体也与手机数码类视频的爱好者有着高度的重合。但从手机数码类Vlogger自身来说，其原本从事的领域是高度专门化的，轻易跨出自己熟悉的领域经营，不仅自身知识储备有落差，粉丝也未必买账，需要谨慎权衡。面对新兴市场的巨大诱惑，连身为手机数码领域顶流之一的钟文泽也曾悄然试水汽车类Vlog。他的"小泽开车日记"系列也收录了几部体验驾驶新能源汽车的Vlog，但作为驾驶新手的他连驾驶技术都不甚娴熟，解说更是比不上谈论手机时的如数家珍。但这种"菜鸟"形象或许也保护了他，令他的视频更像是一个新手的摸索学习过程，而非强行扮演专业人士，反而免受了许多批评。[2] 迄今为止，他仍然将汽车类Vlog的数量维持在一个很低的比例，可以说代表了一种小心尝试的态度。

但手机数码类Vlogger进军汽车界的努力也并非全军覆没，李杰灵的跨界历程就有着不少可圈可点之处。李杰灵是"趣评测"的创始人，在制作手机数码评测内容的同时兼营二手手机的回收与再销售生意，创业地点正是手机数码行业的"圣地"——深圳华强北。"趣"字也是李杰灵网络形象的关键字：除了公司名为"趣评测"外，他的评测系列Vlog名为"趣体验"，关于各类产品发布会的视频系列则

1 微博账号"Carshooter"：https://m.weibo.cn/2715099641/4511738303697816，2020-06-03.
2 钟文泽. 小鹏P7开起来的优点以及问题 [EB/OL]. (2021-05-06)[2022-03-01]. https://video.weibo.com/show?fid=1034:4633933506347024.

叫作"趣看发布会"。对趣味的追求甚至拓展到他的生意内容，每个从他的店铺购买二手手机的用户都会收到一个可爱的塑胶小黄鸭赠品，这成为他在顾客中的记忆点。他也经常在自己的微博发表散文随笔，讲述农村出身的自己在深圳打拼的酸甜苦辣，以至于他长期的粉丝都知道他不少的人生经历。凭借着在行业内的辛苦经营，这位出身农村的小老板完成了第一桶金的积累，实现了颇有深圳特色的创富人生。致富之后，李杰灵也很乐于展示自己购买的豪车与豪宅，虽然其审美令太多人难以买账，却也没有引起敌意。形成这种局面很重要的一个原因就是李杰灵对自己出身的坦诚，即使在拥有一定资产后依然常在Vlog中拍摄自己的家乡，孝敬自己的父母，还帮家人做收割水稻之类的农活，这些都很符合一般大众对于奋斗成功的青年的美好想象。[1] 而拥有了豪车之后的李杰灵也"顺理成章"地成为汽车博主，为自己和家人购买的几台豪华或新能源汽车拍摄了多部体验Vlog。如果一位观众长期关注李杰灵的微博，从他较长一段时间发布的各种内容推断，应该会相信他真实地拥有并使用着这些车辆，并且不会怀疑他有这样的经济实力。连传统的豪华品牌也乐于寻求这种潜在客户的评价，奔驰就将市值200余万元的车型出借给他拍摄评测视频。李杰灵在手机数码与汽车类Vlog之间风生水起的跨界经历，很大程度上得益于他发布在微博等平台上的各种内容所共同构成的一种人生叙事，或者用更流行的话说，打造出了一个奋斗青年的"人设"，这种人设建立了他与粉丝之间的互信，也合理化了他的跨界行为。因此，跨界并非完全不可行，但如何说服粉丝则考验着Vlogger的经营智慧。

最后，"恰饭"给Vlogger和粉丝之间带来的也不都是挑战，一些Vlogger也能够与观众之间就"恰饭"达成默契，甚至形成一种互惠互利的关系，这方面最典型的模式就是抽奖。首先，有些Vlogger会将视频中推广的产品作为抽奖奖品，在转发或评论的粉丝中进行抽取。有时为了增强传播效果，还会要求转发者提及（"@"）其他用户，通过抽奖参与扩大转发量。当然，这只适用于一些价格不特别高的实物或虚拟商品，对于汽车之类单价过高的产品，则可能是相关的汽车模型

---

1 微博账号"李杰灵"：https://weibo.com/u/1783497251，2021-12-03.

或汽车用品。其次，对一些不具备抽奖吸引力的推广产品，也有可能设置与其完全无关的抽奖奖品。例如，曾有一位Vlogger对轮胎品牌进行测评，但轮胎作为单独的商品显然不是大多数消费者需要的，这位Vlogger显然也意识到了这一点，因此将抽奖奖品设定为香水与红酒。[1]

近年来，越来越受到中国Vlogger青睐的一个简单粗暴的抽奖方法是"瓜分××元"，即在转发或评论用户中抽取若干人，直接通过电子支付方式平分若干总额的现金。这样的抽奖方式省去了奖品是否合适的困扰，也节省了邮寄奖品的时间，但这显然只适用于中国等电子支付高度普及的环境。除去奖品设置上的差别，抽奖渠道也颇有一些门道。在早期，抽奖大多由Vlogger自主进行，参与者也无从得知抽奖究竟是随机抽取、看贡献度还是干脆看心情，导致存在不少公信力疑虑。后来，微博等平台开始推出一些抽奖工具，Vlogger和其他类型的博主都可以通过平台的抽奖工具抽取幸运儿，以昭公信。对于抽奖这样的模式而言，其核心要义并非让粉丝"致富"，而是理顺了Vlogger与粉丝在商业化中的利益关系，并借助提高粉丝的参与度增强了其对Vlogger商业行为的认同感。

通过本章的梳理我们可以看到，作为新生事物的Vlog正搭乘着互联网经济的快车，行进在商业化的道路上。特别是在中国富有活力的市场环境中，新的商业模式与变现手段层出不穷，不断刷新着我们的既有认识，也考验着Vlogger们的运营能力。在MCN机构和平台的共同助力下，Vlog这块市场的蛋糕还将越做越大。

1　EricTsui.（转发抽奖，奖品看文末）VLOG.040 万物皆可内卷……[EB/OL]. (2021-06-15)[2022-03-01]. https://k.sina.com.cn/article_2450743314_m92136012033014dh4.html.

第三部分

Vlog 与社会文化

第七章　异域同天：Vlog中的跨文化交流

2020年抗击新型冠状病毒疫情期间，一句"山川异域，风月同天"走红了中文互联网。这句偈语由唐朝时期日本的长屋王所作，题在送往中国的赠礼袈裟上。1300多年后，这句话又出现在了日本捐赠中国的抗疫物资上，成为两国人民跨越藩篱、共克时艰的精神象征。与此同时，"青山一道同云雨，明月何曾是两乡""岂曰无衣，与子同裳"等动人的词句也出现在日本各地发往中国的抗疫物资上，成为微博、微信公众号等平台热议的话题，媒体形象地称之为两国间的"诗词大会"。[1] 事后还有媒体考证，其中的许多诗词是由在日本机构工作的华人华侨所提出的，这更进一步昭示了两国文化与人员往来的频密程度。[2] 这个温暖的抗疫小插曲也彰显了网络媒体在跨文化交流中的威力：借助平台的传播能力，纸箱上的一条小小标语也可以成为举国皆知的大事件。

作为一个连名字都带着异国风情的网络表达形式，Vlog在来到中文互联网之初就是跨文化交流的产物。不论国外Vlogger喜欢发布的YouTube平台，还是中文使用者更活跃的Bilibili、微博等平台，都在吸引着来自各个国家、地区的拍摄者与观看者，Vlog自身也成为一个跨文化交流的空间和有效工具。在本章中，我们

1　李定广. 捐赠"寄语"为何钟爱传统诗词 [EB/OL]. (2020-04-01)[2022-03-01]. http://www.qstheory.cn/llwx/2020-04/01/c_1125796656.htm.

2　张楠. 日本救援物资上的古诗词其实大多出自华人，万千诗意仍在国人生活中 [EB/OL]. (2020-02-13)[2022-03-01]. https://www.yangtse.com/zncontent/276902.html.

将以中国为立足点，从中外比较的视角观察Vlog与Vlogger在不同国家、文化、语种之间的传播。

一、八方来客：记录中国的外国Vlogger

在一些国家和地区的文化里，探访中国是个长盛不衰的主题。以欧洲为例，从古至今都有不少名人写下他们到中国的游记或是对中国出于好奇的想象。13世纪威尼斯人马可·波罗（Marco Polo）在中国的游记就成为东西方公认的文学经典。1949年后，法国著名的哲学家西蒙·波伏瓦（Simone de Beauvoir）、罗兰·巴特（Roland Barthes）等都曾到访中国，并写下介绍社会主义中国的名篇；意大利导演米开朗基罗·安东尼奥尼（Michelangelo Antonioni）也来华拍摄了富有争议的纪录片《中国》。迈入新时代，中国在经济文化上的对外开放已经呈现出更积极进取的姿态，网络传媒也改变了讲述中国的渠道和方法。Vlog的出现正逢其时，来自各国的Vlogger用镜头记录下他们在中国的生活，与中外粉丝们交流文化体验，甚至在Vlog中找到了自己的事业机遇。

在跨文化交流类型的Vlogger中，在华外国留学生是一个引人瞩目的群体。对于许多在生活中不容易接触到在华留学生的国人而言，围观一个长着外国面孔的人操着一口蹩脚或流利的中国话、用他自己的视角讲述在中国的喜怒哀乐，仍旧是一种富有新鲜感的体验。在此方面颇具代表性与知名度的是在微博、Bilibili等平台都拥有数百万粉丝的"歪果仁研究协会"。该账号由"会长"高佑思（英文名Raz Galor）主理，账号名中的"歪果仁"是一个颇有自嘲色彩的流行语，即"外国人"的谐音，同时又带有戏仿外国人不标准的中文语调的意味。高佑思本人就是这样一个"歪果仁"，这位出生于以色列、毕业于北京大学的犹太小伙子讲起中文来还带着颇重的洋腔洋调，但这不妨碍他成为中国媒体文化与产业中的活跃成员。除了在各大卫视与网络节目中担任嘉宾，高佑思还以"歪果仁研究会"为品牌创立了传媒公司，孵化了一批以在华生活的外国人为主体的Vlogger。

"歪果仁研究协会"账号下的Vlog有着清晰的节目形式，其中最具代表性的是街头采访，主持人就一个话题采访多位来自不同国家、在中国生活的人，而且采访语言大多是中文。一部分话题围绕着在中国的学习与生活展开。例如，在一期关于中国大学食堂的街访中，来自俄罗斯、日本、越南、法国等不同国家的留学生从不同视角表达了他们的感受：有些人表示中国的大学食堂菜谱比自己国家丰富得多；但也有人坦率地指出中国食堂的膳食搭配不够均衡，不利于体重控制。[1]除了时常出现中文地道得令中国人都叹为观止的受访者，这些采访更重要的无疑是为中国观众提供了一面审视自己国家文化形象的镜子，也让中国观众借此了解到一些其他国家的有趣信息。街访Vlog的另一部分话题则是对世界各地的有趣现象的挖掘。其中一期《自从这群歪果仁的国家被讨厌以后……》即由各国人士现身说法，描述自己国家的人经常被别国讨厌的因素，以及自己讨厌哪些国家的人。但创作者的意图绝非贩卖刻板印象与相互仇视，恰恰相反，整个视频都带着清晰的自嘲与自我解构色彩：当一个被采访者说出讨厌的国家后，镜头便切换到他与一个被讨厌国家的人会面，被采访者立刻又会略带尴尬地改换友好的态度。[2]通过这样戏谑幽默的方式，创作者巧妙地呈现了当今世界一个严肃的问题：自我封闭地重复对他国的刻板印象只会加重隔阂，而人与人之间真实的交流与沟通则是消除这些隔阂的解方。

北京大学的美国留学生李星悦（英文名Lila，微博账号：星悦小美女PKU）经常在"歪果仁研究协会"中作为主持人出镜，而她自己的微博也有100多万粉丝。李星悦不仅中文流畅，而且能在Vlog选题中敏锐地捕捉到本地的文化热点。央视女记者王冰冰在网络走红后，李星悦便和王冰冰一起拍摄了一期Vlog，令网友直呼"梦幻联动"。[3]在2021年春节期间，她又和微博知名汉服Vlogger"小豆蔻儿"联

1　歪果仁研究协会. 自从这群歪果仁在中国大学食堂报菜名以后 [EB/OL]. (2020-10-18)[2022-03-01]. Bilibili. https://www.bilibili.com/bangumi/play/ep350296.

2　歪果仁研究协会. 自从这群歪果仁的国家被讨厌以后 [EB/OL]. (2021-01-14)[2022-03-01]. https://www.bilibili.com/video/BV1Df4y1r7wq/.

3　星悦小美女PKU.【星悦】和王冰冰在东北双厨狂喜！[EB/OL]. (2021-02-14)[2022-03-01]. https://www.bilibili.com/video/BV18z4y1U7tu.

合拍摄了汉服主题的内容，一袭金发的李星悦身着"小豆蔻儿"设计的粉红色系汉服，切中春节喜庆气氛的同时又别具文化风情。[1] 除了偏向传统文化的汉服，她还在一期Vlog中体验过"国潮"，即有中国设计风格的潮流服饰，而该期Vlog同时也为北京的一家国潮风格店铺做了商业推广。[2] 不论这些是李星悦自出心裁的创意还是幕后商业团队的敏锐嗅觉，"星悦小美女PKU"这个账号都成功地塑造了一个对中国文化具有浓厚兴趣与亲切感的美国Vlogger形象，也因此收获了众多中国网民的欢迎。

相比于上面"歪果仁研究协会"里的外国留学生对文化议题的关注，来自德国的阿福（微博账号：阿福Thomas）更关注具有烟火气的日常生活。阿福是上海女婿，在微博也已耕耘多年。他的Vlog从一个在华德国人的视角出发，探索中德两国生活的方方面面。在一期题为《南京凌晨三点》的作品中，阿福走上南京三点钟的街头，采访行人凌晨出门的原因和对这座城市的印象。行人中有刚刚结束工作的疲惫上班族，感叹着在大城市生活的不易；也有早早开始了一天锻炼的在华外国人，肯定了中国良好的社会治安。在武汉、宿州等其他城市，阿福也进行过类似的街访。[3] 另一方面，阿福也向中国观众传播了与德国文化息息相关的信息。例如，大多数中国人并不熟悉宝马（BMW）、大众汽车（Volkswagen）等德国著名品牌的读法，或者只能通过英语推测它们怎么读，阿福在一期Vlog中专门进行了解答。[4] 阿福的内容生产对中德文化交流的贡献也获得了各方的认可。在他的微博首页，置顶内容就是他作为在华德国人的代表，陪同德国总统弗兰克-瓦尔特·施泰因迈尔（Frank-Walter Steinmeier）访华的画面。与此同时，他也成为商界，尤其是

---

1 星悦小美女PKU，小豆蔻儿.【豆蔻x星悦】让外国人穿汉服过春节是种什么体验？ [EB/OL]. (2021-02-15)[2022-03-01]. https://www.ixigua.com/6929442726492504583?wid_try=1.

2 星悦小美女PKU.【星悦】为什么穿衣服学生气太重？模特朋友挑一身国潮让我秒变酷女孩！ [EB/OL]. (2019-10-08)[2022-03-01]. https://www.bilibili.com/video/BV1SE411Z724.

3 阿福Thomas. 凌晨三点的南京，这些陌生人为什么不回家？ [EB/OL]. (2020-10-05)[2022-03-01]. https://www.bilibili.com/video/BV1Nt4y1e7MN/?spm_id_from=333.337.search-card.all.click.

4 阿福Thomas. 看完这个视频，你再也不会念错这些德国品牌 [EB/OL]. (2017-11-29)[2022-03-09]. http://miaopai.com/show/wiSkRJTEIWzO7qFiQCsJKIGOnc22ltHTN41llQ__.htm.

中欧跨国企业在华营销的宠儿。收购了欧洲豪华汽车品牌沃尔沃轿车业务的浙江企业吉利集团就多次在阿福的微博投放广告，其推广的不仅有沃尔沃品牌产品，也有吉利新近推出的领克子品牌产品。在中欧渐趋活跃的经贸文化交流中，阿福这样的Vlogger也找到了自己的定位。

还有一些在华的外国Vlogger进入了更为专门化的细分领域，戴广坦（微博账户：主厨戴广坦）就是一个深耕美食烹饪领域的Vlogger。戴广坦是一名职业厨师，来自法国，在中国已经生活了十余年之久。他的Vlog重心就是教授中国观众如何制作西餐，特别是法式西餐。除了具体的制作方法，这些烹饪视频也帮助破解了一些中西方美食文化交流中的迷思。戴广坦曾在一期内容中讲授西式牛排的做法，引起了一部分观众的质疑："牛排不是只有3/5/7分熟吗，为什么博主会说出6/8分熟？是不是不专业？"为此，他专门制作了一期新的内容来说明牛排熟度用奇数或偶数来描述都是可以的，只是大部分餐厅为了方便起见只使用奇数；他还详细讲解了衡量牛排熟度的内外温度指标。[1] 戴广坦的"科普"不仅维护了他自己的可信度，也改变了部分中国观众对西餐的原有认知。从更广的范围来看，这也折射出中国西餐文化正在经历的转变：在消费升级的过程中，松软的厚比萨、全熟的牛排等早年的"中式西餐"常见做法正在式微，而口味更正宗的欧洲饮食在城市中产阶级中风靡。戴广坦对中国美食也表现出浓厚的兴趣。他曾到广西大胆试吃当地因为浓烈气味而"臭名远扬"的螺蛳粉，也推出过烧卖、盖浇饭等中式餐食的烹饪制作视频。可以说，他的Vlog页面本身已经成了一个中西美食文化相遇、交流的空间。同类型的Vlogger还有来自欧洲中部国家奥地利的小胡（微博账号：奥地利的小胡），他努力用中文讲解怎样制作奶油南瓜汤等西餐的视频也受到了不少中国观众的喜爱。[2]

此外，一些面向华人观众的外国Vlogger更致力于挖掘不为国人熟知的海外世

---

1 主厨戴广坦. 如何掌控牛排熟度 [EB/OL]. (2021-05-10)[2022-03-09]. https://m.weibo.cn/6305582542/4635364575413591.

2 奥地利的小胡. 黄金奶香南瓜汤 | 教你在家做出高颜值南瓜浓汤 [EB/OL]. (2018-12-03)[2022-03-09]. https://www.bilibili.com/video/BV1Ct411D7RQ.

界。活跃于Bilibili、YouTube等国内外平台的账户"信誓蛋蛋"就推出过多个以荒野求生为主题的Vlog系列。"信誓蛋蛋"并非一个人，而是一个由三个成员构成的组合，且有着比较明显的商业色彩。组合中出镜最多的成员是昵称为"钢蛋"的Quentin，这个拥有中国MBA学位的法国年轻人也是"信誓蛋蛋"的灵魂人物；另外两位先后加入的成员则是来自法国的"铁蛋"Romeo和来自美国的"笨蛋"Ben。[1]他们的视频普遍配有中文字幕，"钢蛋"面对观众的解说也以汉语进行，只有与其他成员和路人的交流时会使用外语，因此也吸引了不少来自东南亚和中国港澳台地区的华人观众。2019年的"澳洲极限求生挑战"系列以标题党式的"飞机坠毁荒野"（实际上是动力伞偏航）情节为开端，而后由"钢蛋"在野外环境下靠捕猎维持生存。通过挖陷阱、垂钓等传统手段，"钢蛋"猎获了野猪和一些颇具危险性的鱼类，并在节目中烧烤食用。[2]但求生的过程也非一帆风顺，不仅有缺乏饮用水的挑战，也有受伤的风险，该系列的最后一集即以"钢蛋"腿伤进医院收尾。这些在中国自然与法律环境下都较难实现的场景不仅给观众带来了异域的新鲜感，也因其惊险刺激牵动着观众的情绪，不少观众在评论区描述了自己被某个场面惊吓到的感受，也表达了对"钢蛋"的关切。如果说野外冒险类节目在西方的电视时代就已经大行其道，那么"信誓蛋蛋"这类针对中文观众的Vlogger走红无疑体现出日渐庞大的中国市场对多样化内容生产的需求，而这种需求也正吸引着越来越多国际人士的加入。值得一提的是，更早以荒野求生题材成名、被中国网民称为"贝爷"的英国电视节目主持人贝尔·格里尔斯（Bear Grylls）近年来也频频示好中国市场，与上海东方卫视合作了多期野外冒险节目。

也有Vlogger致力于深度介绍和挖掘不同国家的社会现实。来自美国的犹太青年郭杰瑞（Jerry Kowal）在微博拥有500多万关注者，在YouTube也有超过60万的订阅量。有意思的是，尽管郭杰瑞在自己的YouTube页面也发布一些全英文Vlog，

---

1 关于该组合的发展历程与成员变动，详见陈洋. 自媒体 | 信誓蛋蛋 一个法国90后 如何成为中国网红[EB/OL]. (2019-04-21)[2022-03-09]. https://www.nfpeople.com/article/9185.
2 信誓蛋蛋. 网红飞机坠毁在澳洲荒野，要极限求生两周【第一集】[EB/OL]. (2019-05-25)[2022-03-09]. https://www.bilibili.com/video/BV1f4411W71V.

但这些英文Vlog的点阅量却只有数万，远不如中文Vlog动辄数十、上百万的点阅量。在他点阅量过百万的热门Vlog中，很多是对美国住房环境的实拍。关于纽约房价的一期Vlog实地拍摄了当地1000万元价位的公寓内景，并详细解释了与中国的单元楼在管理、产权等问题上的诸多差异，让许多处于买房焦虑下的国人颇有"环球同此凉热"的感慨。[1]更令中国观众热议的则是他另一部作品中描绘的衰落的老工业城市底特律：大片废弃的工厂、仅售一美元的房屋、装有防弹玻璃安保措施的肯德基快餐店。与此形成鲜明对照的是他镜头下康涅狄格州的格林威治富人区。该区不仅有琳琅满目的高档商店，还有优质的教育资源。[2]从观众的评论来看，由郭杰瑞的Vlog引发的并非对美国简单的批判或控诉，而是对一些普遍的社会问题的比较与反思。有观众通过底特律的案例表达了对中国老工业区城市更新的关切，也有观众分享了对贫富差距的体验。细心的观众也渐渐发现郭杰瑞的出身和受教育程度不凡，而且其商业变现的能力也不俗。除了广告类型的商业推广，他还推出了自己的咖啡品牌，事业经营得风生水起。

值得一提的是，中文流利与否并不是外国Vlogger获得中国观众肯定与否的要件，而更关键的是跨文化交流的同理心与平等意识。YouTube美食频道"The Food Ranger"的拥有者常乐（英文名Trevor James）就是一个很好的例子。常乐是加拿大人，曾在中国留学，截至2021年初，他的YouTube频道已经有近500万订阅、超过7亿次点阅，可以称得上是该平台的"顶流"，而他在优酷等国内平台以"吃货老外"为中文标题发布的系列内容也吸引了大量点阅与评论。与上述许多Vlogger不同，常乐的Vlog语言以英文为主，重点拍摄他在中国、印度、马来西亚等地品尝当地特色美食的过程。常乐的足迹遍布四川、新疆、广东、上海等地，他的视

1　我是郭杰瑞. 纽约房价有多贵？一千万在纽约能买什么样的公寓？ [EB/OL]. (2018-05-11)[2022-03-10]. https://www.bilibili.com/video/BV15W411F7Xp.

2　我是郭杰瑞. 探秘美国底特律1美元的房子！这么便宜也没人买？ [EB/OL]. (2018-11-09)[2022-03-10]. https://www.bilibili.com/video/BV1Yb411c7T9.
　　我是郭杰瑞.《走进美国最富社区之一，这里竟然肯德基都没有！ [EB/OL]. (2019-02-28)[2022-03-10]. https://www.bilibili.com/video/BV1fb411t767.

频常被中国观众称赞的原因就是他真正发现了地道的当地小吃，甚至有海外的中国留学生通过看他的视频缓解思乡之苦。而更让常乐备受各国网友肯定的是，无论走到哪里，他都带着招牌式温和的微笑，与小吃店店主和其他食客亲切互动，并且用积极的态度尝试各种风味的食物。因此，虽然常乐的视频很少触及严肃的文化命题，但他一言一行中流露出的平等的文化态度依然打动了众多网民，这也促成了他在商业化运营上的成功。

此外，如上述介绍所显示的，尽管中文互联网上的外国Vlogger日渐丰富，一个不可否认的现状是来自发达（西方）国家的Vlogger仍占据了主流，而来自发展中国家的Vlogger相对较少。而从文化交流与商业开发的双重需求来看，发展中国家的Vlogger反而值得国内民众与商界进一步探索和发现。当然，中文互联网上还是存在着一些活跃的发展中国家的Vlogger的。伊拉克人欧玛（微博账户：欧玛Omar）就是其中个人风格强烈的一位。欧玛在中国生活多年，能讲流利的中文，甚至到了可以随口用方言俗语插科打诨的程度。欧玛在微博上成名并不依赖Vlog，但也产出了不少Vlog类的内容。他的微博常态是对时政（特别是中国与中东问题）的讨论，他坚持从一个经历战祸的伊斯兰国家的民众立场发言，并且言辞犀利，引起过不少辩论。或许是出于这种政治敏锐性，欧玛在微博内容中也颇有意识地进行中国与伊拉克的"民间外交"，宣传两国的历史友谊，回应一些对中国与中东的曲解。他的Vlog一部分是反映在华的日常生活，例如在四川等地的旅行，另一部分则是他在中国发展的"副业"：通过Vlog的形式进行汽车测评。从某种意义上来说，欧玛的Vlog已经不像典型的外国Vlogger的风格，而更像一个中国本土网民的风格，因为其深度融入了我们的语言和社会生活。[1]

二、行走他乡：海外中国人的影像生活

近百年来，记录中国人远赴海外生活的文艺作品不乏其数。20世纪30年代，作家朱自清就已经在《欧游杂记》中生动地描绘了法国、荷兰、德国、意大利等

---

[1] 微博账号"欧玛"：https://weibo.com/u/3099078471，2021-12-04.

地的风土人情，至今仍旧为许多文艺青年所津津乐道；进入互联网时代以来，在各种论坛中分享旅行照片、撰写留学感受的中国人也非常活跃。最近几年，随着国民收入的提高和国际旅行的便利化，出国旅行、就业、游学已经不再是新鲜事，国人的足迹也遍布世界的各个角落。而跟着国人一起走出去的还有他们的镜头，越来越多不同行业、身份的人开始用Vlog记录和分享自己的海外见闻。

旅行是快速了解世界各个角落的绝佳选择。在过去，英、美、法、德的地标性景点是国内纸媒与电视媒体的常客，巴黎的埃菲尔铁塔不知曾出现在多少媒体内容中。到了Vlog诞生的年代，尽管与此类景点相关的作品数量依旧众多，但不少中国的中产阶层已经对这些地方渐渐失去新鲜感，海外旅行类的Vlogger也转而开始发掘更鲜为人知的海外题材和旅行方式。"张猫猫历险记"深度探索了欧亚大陆上许多新兴的旅行目的地。这个中国女孩的Vlog作品大多以"穷游"为关键词，记录孤身游历埃及、土耳其、塞尔维亚等地的见闻，许多镜头都是以自拍视角完成的。相比于走马观花式的景点旅行，张猫猫这样的"自由行"可以更深入地感受当地文化，与当地人进行交流。除了体验跳伞、潜水这些标准的旅游项目，她在作品中时常呈现当地的街头生活，或是品尝街头特色饮食，或是与不同国家的人互动、游玩。她曾在埃及向观众展示开斋节后当地物资丰富的食品市场，使观众看到文化习俗与经济生活之间的紧密联系。旅途也是和各种人打交道的过程，她遭遇过纠缠不清的陌生男子，也接触到为数更多的好心人，还有过与在华工作过的外国人的亲切交谈。旅途中的艰难险阻也时常出现，她曾遭遇过车祸、火灾，住宿的麻烦更是家常便饭；她也曾感染新冠肺炎，一个人在住所进行隔离，并通过作品向观众讲述感染后的个人状况。在海外旅游因为疫情阻隔几乎停滞的两年多时间里，她的镜头无疑成为网民了解外面世界的眼睛，让人们看到了全球疫情下的异域生活状态。

颇具神秘色彩的邻国朝鲜也成为Vlogger们热衷探索的旅行目的地。人称"飞猪"的导演、数码博主"flypig"是国内较早成名的Vlogger之一，他曾在2018年发布了朝鲜旅行系列Vlog《朝鲜95小时》。他和同为知名网红的朋友一起在朝度过了近4天的行程，还前往探访了朝韩边境富有历史意义的板门店地区。在影片中，从通关过程、城市风光到当地人的精神面貌都有所呈现。[1]一些画面和人物尽管进行了技术处理，但仍然让对朝鲜充满好奇的观众一饱眼福。以"我去看世界"为招牌的"SAO团队"所拍摄的《朝鲜世界》系列则对朝鲜各地进行了更长时间和更深入的游历。尽管该团队将自己的作品定位为"环球旅行纪录片"，但其典型的时长和拍摄形式与旅行类Vlog别无二致。在当地人员的接待陪同下，团队成员得以广泛地游览平壤及其以外的朝鲜城市、乡村，并在导游流利的中文讲解下细致了解了每个地方的历史与现状。合作农场、幼儿园、图书馆等反映朝鲜自身社会经济生活的场所也开放给他们让其深度参观，这也让很多观众第一次从微观层面了解朝鲜的社会制度。[2]视频发布到YouTube等平台后，引起了身在不同地区观众的热烈讨论。视频中文静有礼的朝鲜导游金女士也给观众留下了深刻印象，每当金导游缺席视频时，都有观众召唤金导游回归，金导游也感受到了来自中国观众的喜爱之情。即便身在朝鲜的友好邻邦，大多数中国人对朝鲜现状的了解也主要来自教科书与政治新闻，而Vlog则开启了更为生活化的民间对话交流，这也激发了更多人到朝鲜旅游的兴趣。

在海外留学、工作、定居的华人华侨也喜欢拍摄Vlog，并在国内的中文平台分享。在以往通信不便的年代，书信、电话都曾是奢侈品，需要很高的时间或金钱成本才能听到来自故乡的消息；而如今只需要将视频上传就可以让同胞看到自己的生活状态，还能在母语的互动中找到文化归属感，海外漂泊的寂寞大大消解。"爱酱与小空的北欧生活"就是一个身在海外的Vlogger。"爱酱"与"小空"并不是两个人，而是一只柯基犬和一只柴犬，它们和主人生活在德国的北部地区。在发布的Vlog中，狗主人自己很少出现在镜头里，而焦点几乎全部置于两只狗身上。除了两只狗的可爱动作，视频中同样引起观众热议的是当地壮阔又清新的自然风

1　Flypig. VLOG 023: 朝鲜 95 小时 第三部分 [EB/OL]. (2018-05-09)[2022-02-15].https://zhuanlan.zhihu.com/p/36654185.

2　Bilibili账号"纪录片我去看世界"：https://space.bilibili.com/38067617/，2021-12-04.

光。跟随两只狗和隐于镜头背后的主人的脚步，观众可以观赏到富有北欧风情的广袤原野、参天耸立的森林、湛蓝如镜的湖泊；在中国南方已经百花绽放的四月，观众还能通过视频领略到当地纷飞的鹅毛大雪。[1] 大洋彼岸，生活在美国加州的"牧牧的PU"也活跃地分享自己"猫狗双全"的温馨生活。她宽敞的庭院修葺整齐，有透亮的游泳池和各种果树绿植，这也是流浪猫和各种野生动物时常出没的所在，这样的美式住宅让一些生活在拥挤大城市的网友羡慕不已。当然，美式生活的另一面就是要自己动手，整洁的庭院也是她和丈夫勤劳打理的成果，一些亲手做木工的画面也被她记录在了视频之中。[2] 分享视频之余，牧牧自己也是活跃的"吃瓜女孩"，积极地参与微博上的热点话题并发言，和生活在本土的同龄人别无二致。需要指出的是，随着国内经济和互联网的蓬勃发展，出于文化认同、语言、变现等各种考量，选择国内平台的海外Vlogger越来越多，一些还开展了代购、带货、种草等事业，这也从侧面反映了国内对海外华人越来越强的磁吸力。

一些在海外的中国Vlogger还把Vlog玩出了花样。我们在俊晖的故事中曾反复提到人称"角角"的"毒角Show"。他的Vlog就富有夸张搞怪的设计剧情，介乎搞笑视频与Vlog之间。人如其名，他在Vlog中的经典形象就是戴着硕大独角兽头套的神秘男子，鲜少以真面目示人。和很多在他乡过着简单平淡的中产生活的亚裔Vlogger不同，"角角"在Vlog中塑造的自己是一个身有余财又热衷挑战的形象。他居住在环境优美的高档社区，并且时常拍摄具有冒险性的题材。他曾在一期视频中挑战学习街头流浪者的营生，翻捡了洛杉矶市几十个垃圾箱，以验证垃圾箱中有苹果手机的都市传说。[3] 他在流浪者聚居街区和流浪黑人老大爷的互动系列也反响强烈。二人的结缘开始于"角角"的一期视频，他在其中给了老大爷慷慨的捐助，而老大爷也知恩图报地给了他一件防身之物，使他在危险四伏的街区中能够自保。这段结缘也开启了后续一系列的视频内容，"角角"曾多次到街区寻访老大

1　微博账号"爱酱与小空的北欧生活"：https://weibo.com/u/1914325262，2021-12-04.

2　微博账号"牧牧的PU"：https://weibo.com/mumulovegrass，2022-02-17.

3　毒角SHOW.（宅家特别更新）翻遍洛杉矶 99 个垃圾箱，捡到苹果手机？？？[EB/OL].（2020-04-03）[2022-02-17]. https://www.bilibili.com/video/BV16p4y117Gk.

爷，还在疫情中向老大爷赠送防疫用品。[1] 这个出手阔绰的"兽头人"在街区中也渐渐小有名气，还有其他流浪者想向他寻求捐赠。这样的题材在海外中国人拍摄的Vlog中并不多见，因此吸引了很多观众的好奇心。借由"角角"的镜头，观众可以直观地感受到无家可归者搭建帐篷、聚居街头的状态，更发现了身处大洋彼岸的社会底层的黑人老大爷的人性光辉，这超越了那种以中产及以上阶层为蓝本的跨文化交流故事。身为中文互联网的"顶流"Vlogger之一，"角角"的行业资源也不容小觑。他曾在美国现场为中国的UFC终极格斗冠军赛女子冠军张伟丽加油助威，并和张伟丽进行搞笑式的对战，视频评论区首位赫然在列的是UFC的官方账号，其合作关系不言而喻。[2]

中国的驻外记者也开始尝试在自媒体上进行Vlog分享。由于Vlog具有相对个人化的叙事特征，因此它可以打破传统驻外新闻报道中相对严格的选题框架、节目形式与报道频率限制，带给受众不一样的视角与信息。凤凰卫视驻美记者王冰汝就是一个勤奋的Vlogger，她的个人微博"冰汝看美国""冰汝在现场"等系列视频都经常采用Vlog或与之接近的形式。在2019年3月28日的一期"冰汝看美国"中，王冰汝探访了美国总统特朗普（Donald Trump）家族旗下的"特朗普国际酒店"。该酒店位于华盛顿宾夕法尼亚大道的黄金地段，也在全球豪华酒店排行中位居前列，昭示着特朗普与往届美国总统截然不同的出身背景。视频的开头似乎与传统的国际新闻无异，由王冰汝站在道路旁出镜解说该酒店的相关背景；但随着镜头一转，画面变成了王冰汝携带自家爱犬入住该酒店。小狗的加入不仅活跃了气氛，也揭示了该酒店昂贵服务的重要一面：酒店为携狗入住者提供狗粮、饮用水和狗窝等便利，甚至特朗普本人也曾现身为住客遛狗，对美国有一定了解的观众更可以从中体会到美国从政商界到民间的爱狗文化。当然，酒店的奢华不止于此，跟着记者在走廊与房间内探索的脚步，观众可以看到这栋原本作为邮政机构

---

1 毒角SHOW. 今天办了1件大事儿，给我防身工具的流浪大爷，被我找到啦！ [EB/OL]. (2020-04-10) [2022-02-17]. https://www.bilibili.com/video/BV13A411h7Qf.

2 毒角SHOW. 本周生活vlog》近距离给张伟丽加油是什么感觉？热血沸腾，整就完了！ [EB/OL]. (2020-03-11)[2022-02-17]. https://www.bilibili.com/video/BV1GE411L7yC.

的古老建筑如何在墙面、陈设等各种细节上被改造升级。在展示一些装潢细节时，记者也提到，设计创意是由特朗普的女儿伊万卡（Ivanka Trump）提出的，装潢风格无疑透露出这些政治新闻常客的审美趣味。视频中，王冰汝不仅对酒店的各项品质有褒有贬，还向观众透露了不同房型的价位，颇有"探店"Vlogger的风范。[1]对越来越依赖网络传播的新闻媒体而言，这些新鲜而具有多重可读性的内容意义深远，既有助于理解政治人物的生活侧面，也为一些对旅行与世界风情感兴趣的观众提供了具有娱乐性的信息。

　　无独有偶，在中美2021年3月于美国阿拉斯加举行高层对话期间，王冰汝另一部与酒店相关的Vlog也走红微博。此次高层对话本身极具新闻价值：作为美国总统拜登（Joe Biden）上任后的首次中美高层会晤，双方的"火药味"令全球媒体震惊，中方代表、中央政治局委员杨洁篪怒斥美方的场景更是广为流传。作为见证此次会议的中方记者之一，王冰汝在会场的表现也十分抢眼，她在中美双方分歧的现场犀利发问，并记录下美方试图驱赶记者离场的画面；她询问中国外交部部长王毅对会晤评价的视频也获得大量转发。[2]而从她在会务酒店拍摄的Vlog中可以看到，这些国际政治的高光时刻之所以能举世皆知，不乏新闻工作者的幕后劳动。由于会场在远离美国本土的阿拉斯加，记者本人也是舟车劳顿地赶赴当地，还需在会议间隙为观众拍摄会务酒店的环境细节；如视频标题所述，会议提供的餐食对今天的中国中产阶层来说也堪称"简陋"，每顿饭只是在几种口味的热狗之间做选择。而会议现场的片段更加紧张，记者需要在众多安保与同行中一路小跑紧跟，才能捕捉到采访王毅部长的"名场面"；会后，记者还要克服时差在深夜连线同事，为观众带来最及时的资讯。但在各种劳累之余，视频还是留给观众一个美丽的结尾：记者在结束了深夜所有的报道工作后，与当地民众一起在户外观看高纬度地区特有的极光。在天空奇幻神秘的光影中，数日的唇枪舌剑与奔波之苦

1　冰汝看美国.【冰汝看美国10】拎狗入住全球最奢侈特朗普酒店 这个花了2亿美元装修的酒店到底长什么样 [EB/OL]. (2019–03–29)[2022–02–17]. https://www.bilibili.com/video/BV1Fb41147xp.

2　冰汝看美国. 亲历中美交锋现场 记录我见证历史的一天 [EB/OL]. (2021–03–20)[2022–02–17]. https://www.bilibili.com/video/BV18b4y1974D.

仿佛瞬间消弭。[1] 可见，Vlog不仅丰富了传统国际政治新闻所能传达的信息，使得外交事件更加立体可感，也为其增加了一个审美的维度。

而在媒体融合的大背景下，国家级媒体的驻外记者也纷纷试水Vlog。央视记者殷岳（微博账号：殷岳Gabriel）就曾因为用Vlog形式报道美国"弗洛伊德事件"冲突现场，而登上微博Vlog日榜的第6位。"弗洛伊德事件"是指2020年5月发生于美国明尼苏达州明尼阿波利斯市的一桩暴力执法事件：当地白人警察怀疑一名叫作乔治·弗洛伊德（George Floyd）的黑人男子违法，竟采用膝盖压制其颈部的方式将其控制在路面上，最终导致该男子窒息、抢救无效死亡。而在被压制在地的过程中，该男子曾痛苦呼救："I can't breath!（我无法呼吸了！）"这一丑闻曝出后，迅速引发了美国乃至周边国家民众对根深蒂固的种族歧视与暴力执法的抗议活动，其中不少抗议现场发生了严重的冲突。在这样的冲突现场中，采用传统摄像机直播的困难可想而知。而在殷岳发布于个人认证微博的Vlog报道中，报道者手持设备置身冲突现场，画面中的火光与音频中的枪声都清晰可辨，而镜头伴随殷岳移动产生的晃动也增加了气氛的紧张感。[2] 央视新闻等媒体的官方微博在相关报道中也使用了不少殷岳录制的片段，观众在了解到美国的现场实况之余，也不禁赞赏起视频里这个勇敢的中国青年的职业精神，并纷纷提醒他注意安全。可以说，"弗洛伊德事件"的相关Vlog不仅为殷岳本人带来了远高于平时的关注度，也创新了报道国际政治事件的方式，带给观众更沉浸式的体验。

三、新新人类：Vlog中的跨国家庭

在对外开放水平相对不高、传媒尚不发达的年代，中外混血儿曾一度是很多人听过但没见过的群体。新世纪以来，国内外民间往来频繁，国人和外国公民缔结婚姻的现象越来越普遍，生活中和网络上也有越来越多混血儿活跃的身影，这

1　冰汝看美国. 采访中美高层战略对话花絮和彩蛋！揭秘记者采访外长需克服哪些障碍？ [EB/OL]. (2021-03-22)[2022-02-17]. https://www.bilibili.com/video/BV1SB4y1A754.

2　殷岳Gabriel. 殷岳Vlog 央视记者报道白宫门前游行 遭遇爆炸一瞬 [EB/OL]. (2020-05-31)[2022-02-17]. https://video.weibo.com/show?fid=1034:4510742288728071.

种趋势在Vlog世界中也有所反映。"妮娜Nina"是抖音平台活跃的视频博主，也是一名中非混血的女孩。出生于中国北京的她拥有非洲人的肤色和五官特征，讲起普通话来却带有极其鲜明的京腔京韵，户籍上也是地地道道的北京人。她的成名作是由视频直播连线录制剪辑成的短视频，视频中她连线到各种外国面孔的用户进行聊天，每次双方试探性地用英语问候后，都会迅速地发现原来对方也会说汉语，甚至还有人带着浓重的中国南方口音，以至于妮娜试图纠正其普通话发音。视频中的这些线上巧遇或许有预先的剧情设计，或许也有算法基于相似性匹配的缘故，却以一种巧妙且搞笑的方式折射出今天汉语言使用者的多样化与国际化趋势，在多个网络平台获得了大量用户的转发、转载。

妮娜也是一名很"宅"的Vlogger，视频很少在户外拍摄，反而大多是在家中面对镜头分享自己的混血身份带来的趣事。其中，有一系列作品是阅读和回应网友们提出的"奇葩问题"。需要强调的是，大多数提问者围绕她中非混血身份提出的"奇葩问题"并非出自一些白人至上主义者那样的挑衅冒犯，而是建立在双方对幽默的默契感之上的恶搞，原本就在双方默许的范畴内。例如，有网友问道："你为什么老黑着脸呐？"妮娜则见招拆招地回应道："因为我不想白活一辈子。"[1] 这个巧妙的回答既化解了问题，又秀了一把自己的语言艺术。当然，从她各种幽默的自述中，我们也不难看出这位合法的中国公民对身份认同的坚持。她自小便因为长相屡屡被人当作"老外"，甚至有人以为她听不懂中文，当着她的面讨论起来，而她也强势但不失幽默地表示："我是'老内'，不是'老外'。"[2] 妮娜的案例也反映出在融入全球化的过程之中，生活在中国的各个民族、群体之间也不可避免地在经历新的文化磨合过程，我们对越来越常见的混血同胞需要保持平常心、尊重多样性，不宜草率地以"老外"相称。当然，中国多民族共同生存、对外文化交流的历史都源远流长，文化极具包容性，人们适应这些新现象只是时间问题。

1　妮娜Nina.震惊！这位父亲居然流产了！ [EB/OL]. (2023−06−19)[2022−06−19]. https://v.douyin.com/U33NQWU/.

2　抖音账号"妮娜Nina"：https://v.douyin.com/iRDWKgV/，2023−06−15.

　　脱口秀演员张踩玲的Vlog则从一位母亲的角度记录了养育混血儿的趣事。张踩玲的丈夫出生于加拿大，二人在英国伦敦度过了数年的婚姻生活，并且育有一个女儿。2020年初，怀着第二个孩子的张踩玲应邀回国参加节目录制。此时，新冠疫情也迅速地在全球蔓延开来，在其后的两年里将二人阻隔成"异地恋"夫妻。[1]在这段时间里，张踩玲活跃地出现在脱口秀、辩论节目以及Vlog中，分享自己的跨国婚姻与育儿体验。由于疫情阻隔，她独自在国内生下的二儿子成长于全中文的环境中，由她在辽宁铁岭的母亲照顾；虽然顶着一张洋气的面孔，小儿子却完全不会英文，只会讲流利的普通话。根据张踩玲的讲述，儿子的这种特殊成长经历也带来了一系列令人啼笑皆非的后续反应。在入读一家以英语为主的幼儿园时，长相最像外国人的儿子英语却比非混血的本地小朋友更差，甚至带得其他小朋友也开始讲汉语，以至于被园方劝告转读其他幼儿园。所幸，随着疫情的缓解，他们的四口之家终于得以重聚，儿子也懵懵懂懂地开始适应与白人父亲共同生活；远在加拿大的婆婆也来到中国探访他们一家，特别是与张踩玲的父母之间发生了诸多因为文化习惯差异造成的趣事，这些当然都被极具喜剧天赋的张踩玲糅入了作品。[2]尽管不乏艺术加工的成分，她的作品依旧让人真实地感受到跨国家庭因为各自境遇产生的多样形态。

　　另一位混血儿母亲"卡拉OK的瑞妈"与张踩玲的育儿经历颇有相似之处。她的两个女儿都带有一些白人的样貌特征，却普通话流利，甚至会讲她们所在的江苏无锡的方言；然而，脱离了英语的使用环境，孩子小时候原本流利的英语能力便开始退化，以至于妈妈需要专门创造一些与孩子用全英语交流的契机，才能帮助孩子学习英语。而在观看过她更多的作品后，人们或许才能明白这种现状背后的故事。她曾与一个英国人坠入爱河，并且为爱奔赴欧洲共同生活，很快生下了两个女儿；然而在经历投资农场的挫折与感情的裂痕后，她毅然选择了离婚，并

1　肖楚舟. 张踩铃. 异国两年，伴侣的意义是"托底" [EB/OL]. (2023-06-02)[2023-06-02]. https://www.lifeweek.com.cn/article/190341.

2　抖音账号"张踩铃"：https://v.douyin.com/iRDvYNh/，2023-06-01.

独自带着两个女儿回国抚养。在她的作品中也可以看出，虽然英国前夫还会和孩子进行通话交流，但没有在经济上给予足够的支持。这位单身母亲也展现出了自己的坚强，她在作品中很少哀怨自怜，反而面带笑容地分享自己和孩子的生活，并利用Vlog和直播发展起带货事业，推销具有家乡特色的时令水果、特色点心。经历了岁月的磨炼，她对跨国婚姻中出现的一些问题也有了更清醒的认识。不论是在西方国家投资经营农场的风险，还是跨国办理离婚如何争夺抚养权的问题，都是越来越多走出国门的中国人可能遭遇的境况，而她也坦诚地分享了自己的经验和体悟。从社会现实的角度来说，她的经验无疑也提醒了部分国人，在选择跨国婚姻时不能抱有脱离实际、过度美化的幻想，对其中可能发生的特殊问题同样也要做好心理准备。

四、融冰化雪：国际关系中的Vlog

自2017年以来，"百年未有之大变局"成为中国人对当前国际形势的普遍理解，其也在中美贸易争端、美国阿富汗撤军、全球新冠疫情持续等新问题中得到验证。在日趋紧张复杂的国际形势下，Vlog的身影也频频地出现在国际热点事件中，并巧妙地扮演了重要角色，成为消融国家之间隔阂的一种声音。

首先，Vlog的个人化、生活化特征可以打破对种族和国家的刻板印象。刻板印象（stereotype）是指"对个人或群体的态度、行为和预期持有的过度简化的看法，通常充斥着价值观"。[1] 在国际关系中，国外媒体和公众对于中国的刻板印象也屡见不鲜，如一些外国人至今还认为中国贫穷落后，甚至还相信中国人普遍吃狗肉的古老谣传。在新冠疫情暴发之初，一些诸如此类的对中国的刻板印象和仇恨言论也伴随着对病毒的恐慌沉渣泛起。在这样的背景下，日本导演竹内亮的Vlog却在中日之间架起了一座理性沟通和相互了解的桥梁。2020年初，新冠疫情肆虐之时，身在南京的竹内亮拍摄了Vlog《南京抗疫现场》。Vlog真实记录了当地有条不紊的防疫秩序，还具体介绍了疫情地图、二维码、无接触取餐等防疫举措。

1　Edgar A, Sedgwick P. Cultural Theory: The Key Concepts [M]. London: Routledge, 2008:335–336.

南京市卓越的清零效果也由此得到了忠实的呈现。这部Vlog以多语言在多平台发布后，在国内外产生了轰动效应，这位在中国已经耕耘多年的媒体从业者终于被公众发现。作品的成功让竹内亮成为中日媒体的常客，却可以想见同时他也遭受了不少质疑。由于成年累月的偏见，一些国外观众不愿接受片中对中国观众来说稀松平常的现实，转而攻击竹内亮是为了钱进行虚假宣传。对此，竹内亮表示不以为意，并且说破除这些刻板印象正是其致力于拍摄中国的目的。[1] 在《南京抗疫现场》播出之后，他还实地走访了如今已恢复秩序的武汉，拍摄了解封之后武汉人民的日常生活状态，让很多处于恐慌想象中的外国人真切感受到了武汉的实际情况，给仍处在疫情困扰下的国家和地区带去了战胜疫情的希望。如果把竹内亮Vlog的传播作为一个国际传播案例，从中可以看出拍摄者的个人身份和视角是很重要的，他的外国见证者的身份增强了作品的说服力，而他深入大街小巷、与普通人闲聊所获得的生活细节也比宏观的概述更有打动观众的力量。更重要的是，这些作品不仅有利于中国形象的改善，也为其他遭受疫情影响的国家民众提供了可以参考的防疫经验。

其次，Vlog具有较强的现实性，也具有"眼见为实"的说服力，甚至可以在全球传播中起到破除谣言、纠正虚假信息的作用。在2022年初北京召开的冬季奥运会上，来自各国运动员拍摄的现场Vlog与众多主流英语媒体的歪曲报道无意中形成了竞争性的叙述。由于中美政治经贸关系的紧张，美国在开幕前就表现出对北京冬奥会的浓厚敌意，并试图拉拢盟友对北京冬奥会进行政治抵制，然而相和者寡，各国（包括美国在内）都派出了运动员和官员与会。[2] 冬奥会开幕后，一部分美国媒体和政客也延续了将体育赛事政治化的思维，从防疫措施、场馆建设到后勤支持都极尽抹黑之能事，制造了不友好的舆论，甚至社交媒体上还有热门帖子将

1　李楚悦. 竹内亮：日本人看到的中国只有黑的，所以我给他们准备了白色 [EB/OL]. (2021-02-28) [2022-12-02]. https://www.shobserver.com/news/detail?id=345199.

2　Fontela J. 2022 年北京冬奥会美国代表团 222 人名单确认 [EB/OL]. (2022-01-25)[2022-12-02]. https://olympics.com/zh/news/a-222-strong-team-usa-named-for-beijing-2022.

赛场滑雪大跳台背后的一座废旧冷却塔诬指为"核电站"。[1]与此相映成趣的是，在各国参与冬奥会的人士所发布的Vlog中却呈现了这是一场热情、友好、专业的体育盛事。来自美属萨摩亚的运动员Nathan Ikon Crumpton在他与另一位运动员John Daly共同运营的YouTube页面上发布了介绍奥运村概况的Vlog。画面中的奥运村窗明几净，还给参赛者提供了完备的防疫物资与应急车辆。Vlog在一周多的时间里吸引了全球28万多次观看。冬奥会中广泛应用于防疫和餐饮等服务的机器人也吸引了很多镜头的关注，机器人消毒、调酒、提醒运动员戴口罩的可爱画面也给中外网友带来了欢乐。[2]瑞典运动员Jens Burman的冬奥Vlog中展示了主办方提供的精美文创纪念品，其中还有中国孩子手绘的主题图画。美国单板滑雪运动员Tessa Maud拍摄了一系列短片，盛赞冬奥会的食物品质，她被会务人员的热情感动到哭的视频还在海外版抖音（TikTok）上走红，为近年来紧张的中美关系带来了一丝温情和暖意。[3]运动员们拍摄Vlog的本意只是单纯地分享自己参加大赛的见闻和感想，却在无意间戳破了那些企图毒化国际体育交流氛围的谎言。这些观看量动辄数以万计的Vlog还原了北京冬奥会的实况，也被中外媒体广泛转引，起到了良好的传播效果。

1　Vercellone C. Fact check: Winter Olympics Freestyle Skiing Venue Set in Beijing's Old Industrial Area [EB/OL]. (2022−02−10)[2022−12−02]. https://www.usatoday.com/story/news/factcheck/2022/02/10/fact-check−beijing−olympic−skiers−not−competing−near−nuclear−plant/6721512001/.

2　刘钟灵."我们在世界上最安全的地方！"外国人点赞北京冬奥防疫 [EB/OL]. (2022−02−12)[2022−12−03]. http://www.news.cn/world/2022−02/12/c_1211568179.htm.
　　观察者网.美运动员在冬奥村热情向机器人打招呼，机器人：请你戴好口罩 [EB/OL]. (2022−01−30)[2022−12−03]. https://www.bilibili.com/video/BV1U5411Z75v.

3　Noyen M. Team USA Snowboarder Tessa Maud Says Chinese Food in the Winter Olympic Bubble is "Hands Down" the Best She's Ever Had [EB/OL]. (2022−02−11)[2022−12−03]. https://www.insider.com/olympic-snowboarder−tessa−maud−says−food−is−the−best−2022−2.
　　双语君.美国运动员被志愿者的"Welcome to China"感动哭，暖心后续来了…… [EB/OL]. (2022−02−07)[2022−12−03]. https://mp.weixin.qq.com/s?__biz=MzU1NTcxODQ0OQ==&mid=2247695403&idx=1&sn=2ba6f9500271c1e7e9b97771184d2e94&chksm=fbddbe75ccaa3763a31a1216220a57beccd1079e5bb2ff3fead791226b0ca9d965136e9749c4&mpshare=1&scene=1&srcid=0207DFFH0GlDp58QNZXZ7aSu&sharer_sharetime=1644224312210&sharer_shareid=e2e45519a0e5c1f63a1ba5ae56ee0417&version=3.1.20.6008&platform=win#rd.

最后，随着Vlog的规模不断扩大，其实质上已经成为国家间一种颇具影响力的媒体力量，也有望撬动国际传播的格局。在相当长的一段时间里，国家之间时事要闻的传播主要依赖CNN、BBC等西方跨国新闻机构，来自发展中国家的机构的影响力微乎其微，甚至在进入网络时代后的多年里情况仍是如此。这些新闻机构在报道事件的同时也输出观点，而其观点不可避免地偏向西方的利益和价值观。对发展中国家来说，要改变这种国际格局，在资金、制度和人才方面都存在极大的困难。然而，Vlog这种深具现实性的网络视频内容形式的发展则有望挑战这种局面。如我们在本章第一节中所看到的，在华从事Vlog拍摄的外国人士越来越多，逐渐汇聚成一股即时向世界传播中国影像的活跃力量，其甚至比大型新闻机构驻华记者的报道内容更精良、影响更广泛。在中国的任何地区，关于中国的任何议题，都可能有Vlogger到场拍摄视频，这也让驻华记者们失去了不少任意诠释中国的话语权力。

加拿大人丹尼尔·邓布里尔（Daniel Dumbrill）就是近两年颇受关注的一位YouTube视频博主。他经常穿行在中国各地的城市与村庄，立体地呈现中国多样面貌。而在中外媒体因为"新疆棉花"事件针锋相对时，他身体力行地来到新疆拍摄，使海外观众直观地认识新疆，其Vlog还得到外交部发言人华春莹的转发。[1] 除了Vlog，他也在线对话各国媒体人、学者等，其中不少发言体现出对中国模式的深刻理解和赞同。高佑思也曾到新疆拍摄采棉场景，与棉农吃饭聊天，还原新疆棉花的真实采摘过程。这些Vlogger发布的内容经常能吸引到数万次观看和成百上千的转发、评论、互动，俨然成为对中国问题感兴趣的海外网友中的"顶流"，这也让内容形式传统的跨国记者媒体与媒体专家倍感压力。BBC的一篇文章就点名了这些外国Vlogger群体，并将他们全部描绘为中国国家媒体宣传的同路人，其中表现出的对"何为真实中国"这一问题阐释权的焦虑溢于言表。相比之下，处于行

1　创新南山. 华春莹转发！人民日报转发！这位蛇口耿直boy的一段视频充满正义 [EB/OL].(2021-03-28)[2021-11-20].http://www.sznews.com/content/mb/2021-03/28/content_24082629.htm.

中国日报. 华春莹转发！关于涉疆谎言，外国博主这段视频讲透了 [EB/OL]. (2021-03-27)[2021-11-20]https://cn.chinadaily.com.cn/a/202103/27/WS605f0777a3101e7ce974625e.html.

业风口的Vlogger们反倒显得气定神闲。经常讨论中国议题的Cyrus Janssen还专门发布了一期苦口婆心的回应视频，与BBC文章的作者辩论新闻机构过度炒作中国问题对于外国公众造成的负面影响。在跨国媒体人懊恼地将在华Vlogger们的内容生产指责为政治宣传时，或许恰恰忽略了其自身正处于媒体产业的变革中的现状。Vlogger们成为国家之间讲述新鲜事的"新星"，这远非任何一个国家的官方力量所能推动，而是全球新媒体市场蓬勃发展的结果。这些Vlogger也成为国际不受传统媒体格局束缚的去中心化力量，为人们带来更丰富多样的另类事实与观点。

在发展变动的国际形势下，一些跨文化交流类的Vlog作品也带给我们对国内外社会经济发展态势的重新评估。在改革开放以后的相当长一段时间里，国内与西方发达国家发展差距较大，人们出国打工可以获得国内数倍的工资，在国内从事外资、外贸相关的行业也收益不菲，乃至国内的报纸杂志的字里行间对发达国家的生活条件也常常流露出欣羡之情。作为一种诞生较晚的媒介形式，Vlog流行开来的这几年中，国内外的发展差距已经极大地缩小，特别是国内部分发展较好的省市已经在某些方面有所超越。在一些外国人士来华的Vlog作品中，对这些发展变化的观察尤为敏锐。"路卡和瑞丽"是一对跨国婚姻的夫妻，也是抖音粉丝高达百万以上的Vlog博主。妻子瑞丽来自意大利，毕业于中国名校西北工业大学，讲流利的中文自然也不在话下。2023年初，趁着国际旅行的便利化，夫妻俩到意大利看望了瑞丽的家人，并从意大利本地人的视角展示了当地的生活。在当地的美景与风土人情之外，作品中昂贵的生活成本细节也引起了中国网友的热议：家庭医生的一次诊费折合人民币700多元，月度的电费、暖气费也折合千元以上；地铁票2.2欧元起（约合人民币16元），且需要自备硬币……[1] 稍具经济常识的网友们经过一番计算，发现这样的生活成本不仅对中国人来说很贵，即便以意大利的平均收入也堪称重负，以至于有网友感叹刷新了对发达国家的认知。返程之时，夫妻俩还将意大利岳父"老富"带到中国旅行，并开启了题为《老富中国行》的系

1　路卡和瑞丽.的确有点高 [EB/OL]. (2023-02-22)[2023-06-10]. https://v.douyin.com/iRLV1FmM/.
　　路卡和瑞丽.意大利的地铁 [EB/OL]. (2023-02-28)[2023-06-10]. https://v.douyin.com/iRLXnpoD/.

列作品创作。在浙江杭州，老富感受到了西湖风景区惊人的客流量；出于在意大利的生存经验，他小心地把腰包抱在身上，然而在华已久的女儿女婿告诉他无须担忧。[1] 这个有趣的场面也引起了网友们的热议：一些有旅欧经验的人回忆起在欧洲部分区域见闻的盗抢事件；而另一些人则从国内生活的经验出发，感慨起国内盗贼的"生存艰难"。诚然，由于电子支付的普及与社会治安的完善，国人身上现在已经很少携带大量现金，盗抢在人们日常生活中的能见度大为降低；反观一些发达国家，生活中现金的使用频率依然很高，一些区域盗抢的频密程度也远超想象。此外，来自汽车工业传统强国的老富也发现，杭州热门商圈停放的各国汽车品牌、车型琳琅满目，甚至比在意大利能见到的还要丰富。他山之石，可以攻玉。从这些生动有趣的细节之中，我们可以真切地感受到中国社会发展和对外开放带来的变化，也能够见微知著地认识到中国在世界发展格局中的新定位。

透过跨文化的视角我们可以看到，Vlog本身就是跨文化交流的产物，而它也在不同文化之间持续扮演着使者的角色。尽管当今世界不乏反全球化的逆流，但是实质上的跨文化交流仍然通过Vlog等各种形式开展。立足于积极参与全球化进程的中国，我们可以看到越来越多的国际Vlogger来到中国实现他们的艺术理想与商业追求，也有越来越多的中国Vlogger踏上异域，呈现世界的千姿百态。这样的交流给了不同地区的人们打破迷思、理解不同文化的契机，也在深刻地改变着全球文化传播的格局。

1　路卡和瑞丽. 老富中国行·第 6 集 [EB/OL]. (2023-05-02)[2023-06-10].https://v.douyin.com/iRLXC431/.

第八章　Vlog 的两性之别

　　在近几年的网络文化中，性别是一个极为重要的讨论维度，有时甚至极富争议性。2020 年，脱口秀演员杨笠在表演中的一句"男生为什么明明看起来这么普通，但他却可以那么自信"，在网民间引起了对立的情绪。时至今日，杨笠的支持者仍然在频繁地使用她吐槽男性的语录，而她的反对者们也依旧情绪激动地对她进行批判，怒火甚至波及与她合作的商家和节目。[1] 性别问题之所以能引起如此轩然大波，正是因为它关系着每个人的就业、教育和家庭生活等方方面面。徐艳蕊在《媒介与性别》一书中曾一针见血地指出："性别问题是现代社会的一个基本问题。"[2] 当今社会已经打破了封建时代对女性的诸多禁锢，并在原则上确认男女是平等的个体，然而男女的经济、政治、文化差异与平等仍是网络中热议的话题。

　　在 Vlog 的影像世界中，男女也有着形形色色的差异。行业报告显示，尽管不同数据分析中 Vlog 用户的男女比例有所出入，但研究者普遍认为女性用户的数量高于男性。在内容精准投放的技术背景下，性别也成为一个细分内容生产与消费的重要维度。在一些平台上，用户在填写自己的性别时就意味着会被算法推送更"相关"的内容，如女性用户就会更容易被推荐女士护肤的 Vlog，而男性用户可能

1　杜虎. 杨笠代言卫生巾都遭抵制，男女阵营"厮杀"正在极端化 [EB/OL]. (2021-03-25)[2022-12-01]. https://www.sohu.com/a/457285569_665455.

2　徐艳蕊. 媒介与性别：女性魅力、男子气概及媒介性别表达 [M]. 杭州：浙江大学出版社, 2014: 16.

会被推送男士穿搭的Vlog内容。因此，不同性别如何生产、消费Vlog，如何在影像中呈现自己的性别也就成了一个值得探究的问题。

一、打破边界：Vlogger的性别与内容生产

在上一章中，我们曾讨论到"刻板印象"的问题。刻板印象不只存在于民族与国家之间，也存在于性别之间。封建社会所讲的"女子无才便是德"，就是根据性别简单粗暴地将女性和旧道德联系在一起，却否定了女性充分接受文化教育、发挥个人才华的可能性。现代社会中，刻板印象在兴趣爱好、职业领域等方面也仍有体现。例如，尽管已经有众多女性在科学与工程领域取得成就，依然有不少人在散布"女生不适合读理科"的刻板印象。然而，在Vlog中，我们惊喜地看到一些男性和女性突破性别的刻板印象，进入传统观念中不适合自己的领域，彰显着新新人类锐意进取的精神。

汽车在传统意义上是一个长期被男性主导的领域。在一些区域的社会文化中，女性至今仍然被禁止驾驶汽车，或者只在特定的条件下被允许驾驶汽车。即便在女性可以自由、自主地驾驶汽车的国家和地区，关于"女司机"的种种刻板印象也屡见不鲜：虽然统计数据中男性造成的汽车事故比例远远高于女性，但女司机却仍被一些人视为不擅长驾驶、容易造成事故。汽车类的媒体及其受众也往往呈现出男性化的特征，不少人早期印象中的车评人就是男性试驾着汽车侃侃而谈，而在不少汽车爱好者交流的论坛中也流行以"兄弟"相称。但是在Vlog的时代，女性也越来越多地加入了汽车评测行业，有些已经形成了一定的知名度与特色。

胡永平是在汽车领域长期耕耘的"元老级"女性媒体人代表之一。她是行业网站"汽车之家"的联合创始人之一，也长期与韩路等车评人一道担任该网站的编辑与高管。2016年之后，"汽车之家"的高层大变动，胡永平与多位同侪相继离职，并在其后开始了向新的媒体平台转型的尝试。2019年前后，一档"丈母娘唠车"的短视频系列节目在微博等平台走红。该系列早期的内容介乎搞笑短视频与Vlog之间，由胡永平扮演"丈母娘"，与自己的女儿韩舒淇聊车、试驾。视频中胡永平往

往从专业的视角对汽车进行解说与评价，而韩舒淇则扮演美貌的懵懂少女，提出各种令人发笑的搞怪问题。实际上，丈母娘只是一个虚构的故事设定，在该系列推出时，韩舒淇甚至还未到婚嫁之龄，只在个别视频中出现过同为虚构的"假女婿"。[1] 这样的故事设定有意无意地迎合了男性观众的视角，使得不少男性观众代入"女婿"的身份，亲切地称呼胡永平为"丈母娘"，观众中还形成了胡永平的"丈母娘党"与韩舒淇的"女儿党"两个粉丝群体。然而，这样的设定带来的问题也很明显，偶尔会有男性观众发言过火，到了近乎骚扰的程度。或许是意识到了这样的问题，后续的视频尽管保留了"丈母娘唠车"的品牌，却淡化了相应的虚构故事情节，更专注于母女讨论汽车的内容，更偏向了纯粹Vlog的形式。在已经推出的数十部视频中，胡永平展现了自己在汽车行业积淀的功力，对车型的点评简洁到位，也收获了不俗的关注量，其微博粉丝数已经突破300万。

初晓敏则是走"女神"路线的车评Vlogger。尽管有着丰富的行业经验，但无可讳言的是，精心维护的良好形象也是她在车评领域的一大亮点。初晓敏自2009年起在行业网站易车网担任视频主持人，当时便因出众的外貌获得一些网民的关注，有"易车女神"之称。[2] 在担任网络视频栏目《车若初见》的主持与制片人后，初晓敏的知名度与形象有了进一步提升。她的一头长发颇有亲切知性的气质，而在评测不同的车辆时，她也会选择与车型设计美学匹配的服装。如在评测一辆红黑配色的运动轿车时，她会身着一套哥特风的黑色皮革质感连衣裙，营造出车辆的质感。[3] 当然，对车辆知识的熟稔依旧是好的车评人的基本功，初晓敏也不例外。一些观众在评论中表示被她对汽车的了解之深入所折服，这无疑扭转了传统观念中将美女仅仅视为汽车陪衬的刻板印象。因此，初晓敏与行业中几位类似的"女神"Vlogger的影片内容并非简单以外貌讨好男性观众的自我物化的表现，而是代

---

1 微博账号"胡永平"：https://weibo.com/huyongping?tabtype=newVideo&first_cursor=4346945361423439，2021−12−05.

2 肉肉. 车评圈的女神们 [EB/OL]. (2018−04−10)[2021−12−05]. https://zhuanlan.zhihu.com/p/35429628.

3 初晓敏. 初晓敏试驾马自达CX-4：有无GVC，究竟有什么区别？ [EB/OL]. (2017−12−19)[2021−12−05]. http://miaopai.com/show/l47ZcIIyyw4V8qyy7noidQ7kqaaVKzZMDZUVwg__.htm.

表了当代职业女性在专业能力提升与个人形象设计上的双重追求。

还有更彰显大胆与个性化的女性Vlogger走入了"玩车"的领域。与普通的家用汽车相比，汽车改装、玩漂移、跑山路在以前通常被视为年轻男士的爱好，但张凯特（微博ID：凯特张Kat）就是一个勇闯该领域，追求速度与激情的女孩。她的Vlog可以说是关于汽车的一切，有对家用新车的体验测评，更有大量的二手、改装玩车视频，一以贯之的是她的"玩咖"视角。在体验一款因安全设计周全广受赞誉的车型时，她坦率地表示不喜欢这些无法关闭的安全功能，因为会影响汽车的速度表现。而她自己更喜欢的则是那些标新立异的跑车，她曾在一期Vlog中花费15万余元购买了一辆内饰外观都已显破旧的后轮驱动跑车。她也会时常发布自己在赛道场地驾车漂移、与车友交流车辆改装、在山路驾驶的画面。[1] 在本就因为观点分歧充满火药味的汽车领域中，这样旗帜鲜明的发言风格也极易招致攻击。一些男性车迷毫不留情地贬低她的视频，甚至攻击她没有从事车评的资格。而这位个性女孩也丝毫不让，用呛辣的语言回击男性的贬低，并强调自己的行业经验。虽然张凯特的行业影响力远不及前两位"顶流"女性，一些言论也颇值得商榷，但她无疑是女性开始在汽车类Vlog的特殊细分领域中初露锋芒的缩影。

在以上三位女性车评人所代表的类型中，对汽车本身的选择与评价并不十分强调女性视角，而是采用了相对中立的角度，男性仍然是其潜在的主要受众。如前文所述，胡永平"丈母娘"这个头衔之所以走红，是暗合了男性观众对韩舒淇形象的喜爱，而韩舒淇扮演的恰恰是男性刻板印象中美丽却不懂车的女性。初晓敏被封"女神"，也是来自男性观众的肯定。而闯入张凯特评论区"指点江山"的男性网民，也形象地昭示着女性跻身男性主导的领域时会遭遇的阻力。在众多女性开始拥有可观的收入与消费能力的时代，难道没有面向女性观众的车评人吗？答案是有的。生活在新加坡的"Stella史呆拉不呆拉"就是一个汽车、穿搭与美妆多栖的Vlogger。她的30多期说车Vlog的标题中，许多都开门见山地注明是面向女生的推荐。顾及女生们对汽车"颜值"的高要求，她会侧重解说汽车的外观内饰，

---

1 微博账号"凯特张Kat"：https://weibo.com/xiaogenger，2021-06-30.

还会推荐适合女性用户的车载香薰。在综艺节目《乘风破浪的姐姐》走红之后，她也不失时机地推出一期Vlog，解说节目中备受女粉丝崇拜的强势"姐姐"张雨绮拥有过的汽车。[1] 从社会阶层的角度来说，Stella的选车趣味更倾向于中高收入者，她解说推荐过的几乎都是豪华品牌车型；但从性别视角而言，她的说车Vlog至少为该领域带来了一些女性向的创意，也形成了一些女性车评人与女性观众之间的互动。

与此同时，一些男性Vlogger也开始出现在传统意义上的女性领域中。美妆护肤被长期认为是一个面向女性的门类，如今也迎来了众多男性参与者。首先，一些男性也开始成为美妆护肤产品的重度用户，并通过Vlog分享他们的使用心得。在娱乐圈沉寂已久的演员、模特胡兵，近年来已经悄然成为小红书平台的一位热门美妆Vlogger。已届知天命之年的胡兵仍保持着颇为年轻的形象，这也成为他讲解护肤产品与使用技巧最具说服力的资本。在Vlog中推荐相关产品时，他都会将产品涂抹在自己的脸上，亲自演示其使用效果，甚至他也不避讳拍摄自己接受局部微整形的过程。[2] 他的美妆视频一部分针对男性，如示范如何画出一个服帖的男式妆容，而另一些则是男女都适用的护肤与美妆内容。胡兵的跨界成功有其市场基础：在生活中，已有越来越多的男性选择"做自己"，他们毫不避讳地表达自己对美的追求，这也成为一个新兴的化妆品消费市场。《人民日报》海外版在2021年的报道中援引行业数据指出，近年来年轻男性对彩妆产品的消费量倍增，增幅甚至已经超过女性消费者。[3] 因此，男士美妆护肤Vlog的兴起也折射出新时代男性的新风尚。

针对女性消费者群体的男性Vlogger也为数不少。绰号"口红一哥"的李佳琦，

1　Stella史呆拉不呆拉. STELLA说车Vlog.03 | 🚗乘风破浪的姐姐张雨绮座驾 [EB/OL]. (2020-06-27) [2021-12-05]. https://weibo.com/1674896002/J8yGerm7W.

2　小红书账号"胡兵"：https://www.xiaohongshu.com/user/profile/5ad7429511be1074b1b27f59，2021-12-05.

3　徐佩玉. 男士护肤品消费涨势明显，年轻男性消费者也爱美：男士化妆品市场成新兴蓝海 [EB/OL]. (2021-05-18)[2021-12-05]. http://paper.people.com.cn/rmrbhwb/html/2021-05/18/content_3049019. htm.

无论是在直播中还是Vlog中都是以推荐女性用的产品为主，堪称专家型的女妆种草达人。在YouTube平台，也有一位英国版"李佳琦"Wayne Goss，订阅数量接近400万人。和李佳琦一样，这个留着络腮胡子、视觉形象颇为男性化的Vlogger的目标群体却有着鲜明的女性特征。他的个人主页封面就是不同族裔女性的妆容与化妆用品。在讲解化妆用品的过程中，他所使用的产品和画出的效果是女性的妆容，而非贴合自身形象的男性妆容；换言之，描画的脸上部位只是他用来演示的"教具"，教授的对象则是以女性为主。在一些视频中，他也会在女性模特的脸上进行化妆品的使用演示。李佳琦与Wayne Goss这类男性Vlogger广受女性追捧的原因可能是多方面的。第一，男性涂抹一些女性产品，打造女性妆容时本就会产生一些违和感，这让他们的知识讲授过程带有更强的喜剧效果。上述两位男博主都曾在Vlog或直播中有过因涂抹过于艳丽的口红、腮红等令人喷饭的精彩画面流传。第二，对相关产品扎实的研究揣摩是他们获得认可的基础。在这个兼具消费与知识教学的内容类型里，能够指导消费者购买到适合的产品，并教会消费者正确使用仍然是最基本的一关。只要Vlogger能建立起自己的专业形象与信誉，那么性别也不是不可跨越的障碍。

还有男性Vlogger把美妆演绎成了颠倒性别的戏剧化表演。"发财张twiggy-"就是一个女妆类的男性Vlogger，但他演绎美妆的方式与众不同。如果仅仅用视觉观看他的微博页面，很多人也许会以为这是一个化妆技术炉火纯青的女性博主，可以模仿各类女性人物的妆容，从清纯的女学生妆容到欧美辣妹无所不能。然而一旦打开音响，恐怕大多数人会被那雄浑的嗓音所震撼。在竞争激烈的美妆领域中，"发财张"在视觉上的女性气质与听觉上的男性气质的戏剧性反差也构成了他独树一帜的风格。在一期仿妆Vlog中，"发财张"应粉丝要求模仿了草原歌手乌兰图雅的妆容，甚至还穿上了专门购置的蒙古族风格服装演唱乌兰图雅的成名曲目。夸张的肢体扭动、低哑而跑调的歌声无不昭示着视频的恶搞意图，使得观众已经无心关注化妆本身，在评论区哈哈大笑。[1] "发财张"的粉丝也在长期互动中习惯了这种反差，颇为默契地与他姐妹相称。回顾现代流行文化的历史，这样带有喜剧性的性别扮演也已行之有年。最具知名度的"变装皇后"（drag queen）文化起源于19世纪80年代的美国，并在20世纪初自加州等地的夜店中盛行开来，至今仍在美国影视与网络文化中盛行不衰。其精髓便是由男性穿着造型、颜色夸张大胆的女式服装，并涂抹艳丽的女性妆容，以达到戏仿（parody）的喜剧效果。[2] 比较之下，"发财张"在仿妆Vlog中进行的表演颇有共通之处，堪称中文网络上的"变装皇后"。

二、男色当道与女性新形象

在今天的学术著作与媒体文章中，"男性凝视"（male gaze）已经是一个屡见不鲜的概念。它最早由英国评论家约翰·伯格（John Berger）在他的经典著作《观看之道》中发源，并由电影学者劳拉·穆尔维（Laura Mulvey）进一步阐发。男性凝视以西方绘画、电影等为讨论基础，揭示了艺术中习惯以女性的身体作为美的化身，而背后却暗含着取悦男性观看者审美趣味的倾向。换言之，女性的身体在漫长的历史里充当着男性视觉消费的对象，被男性观看、评判、想象，显示着二者之间的权力关系。[3] 近几十年，也有女性主义学者开始使用"女性凝视"（female gaze）的概念，以描述女性观看和审视男性身体的新现象，但也有人质疑其是否可以与有史以来的男性凝视等量齐观。[4] 不论如何，近年来的影视、广告与新媒体行业中

1 发财张twiggy-. 躲汉子仿妆 [EB/OL]. (2021-07-07)[2021-12-05]. https://weibo.com/5984891494/KnFdg6lgg.

2 Underwood L. The Drag Queen Anthology: the Absolutely Fabulous but Flawlessly Customary World of Female Impersonators[M]. London: Routledge, 2013: XVI.

3 Berger J. Ways of Seeing [M]. London: Penguin Books, 1972: 48-51.
Mulvey L. Visual Pleasure and Narrative Cinema [A].// Visual and Other Pleasures. London: Palgrave Macmillan, 1989: 14-26.

4 李文波. 女性凝视的批判性反思[J]. 青年与社会, 2013(5): 177-178.
Goddard K. Looks Maketh the Man: The Female Gaze and the Construction of Masculinity[J]. The Journal of Men's Studies, 2000, 9(1): 23-39.

确实呈现出越来越多对男性身体的视觉消费；与此同时，对女性身体之美的多元化理解在Vlog中也有所体现。

在Vlog中，男色消费主要表现为以女性为主体的观众对男性外貌、身材、形象设计等的观看与追捧，其影响遍及Vlog的各个门类，连美食题材也不例外。在不少早期观众的传统印象中，食物本身才是美食类Vlog的焦点，Vlogger只需要讲好故事和食物，个人形象不必在意。然而，一些"小鲜肉"型的美食Vlogger正在异军突起，大有将"食色"二字重新整合在一起的意味。被粉丝昵称为"肉肉"的微博博主"肉肉大搜索"就是一个专注于美食领域的高产Vlogger。"肉肉"之所以得名，首先与他分享的内容和风格分不开：他拍摄的Vlog搜罗全国各地的美食，尤其以肉食见长。在他的特写镜头下，满锅的成都肥肠血旺、大大小小的厦门海鲜拥挤在画面里，视觉上的饱足仿佛能令人感受到食物本身浓郁的味道。而更令"肉肉"的粉丝热捧的是，这位年轻的男士也不吝惜亲自"露肉"，特别是在2021年瘦身成功后，屡屡在个人主页秀出身材照片。"肉肉"本人在微博也不讳言好身材的来之不易：身为美食博主，他在工作时间不可避免地需要摄入大量的食物，其中不少还是高热量食品，而健身的方法只有非工作时间努力节食和大量运动。最终，他的努力也见到了成效，当他在2021年的一条微博中晒出自己赤裸上身肌肉的照片时，引起了粉丝们的一片欢呼，有女粉丝甚至大胆建议"下次吃饭请不要穿衣服了"。[1]该条微博的评论数量多达三千余条，甚至超过了他平时的美食视频所能收获的评论数。粉丝们热情的回应也反映出当代女性在文化消费中主体地位的上升，她们开始勇敢地表达自己对男性之美的欣赏，提出自己的审美标准。

2021年在日本东京举办的夏季奥运会也意外地成为一场Vlog的"男色盛宴"。由于疫情防控需要，所有自日本归国的奥运选手都需要在指定酒店进行为期两周的隔离，而选手们纷纷选择了用Vlog的形式与网民互动。来自浙江宁波的男子200米混合泳项目冠军汪顺是在这波Vlog热潮中较早受到关注的运动员之一。8月

---

1 肉肉大搜索. 好多人问我为什么吃这么多还不胖，来看看美食博主一年都经历了啥 哈哈哈 [EB/OL]. (2021-06-16)[2021-12-05]. https://weibo.com/5602073113/KkqGB7Fza.

7日，奥运会尚未闭幕之时，较早回国的汪顺就已抵达国内的隔离酒店，并向网友展示了隔离酒店的生活。汪顺的视频不仅拍摄了酒店房间内的环境，还大方记录了他赤裸上身进行室内锻炼的画面，令粉丝们惊呼："这是我免费可以看的内容吗？"[1] 随着越来越多的运动员回国隔离，同类型的Vlog进入井喷阶段，其中男子田径队的视频创意可圈可点。男子撑杆跳运动员黄博凯8月10日发布的Vlog巧妙地运用了剪辑技巧：视频的文字说明为"隔离第10天了，身上好像起霉了"，而镜头也呈现出黄博凯站在浴室镜子前露出上半身肌肉、戴着印有国旗标志与配色口罩的画面；他每擦一次镜子，就会"换装"一次，从普通的运动T恤换到国家队的长袖外套再到比赛服装。[2] 文字说明中的"发霉"铺陈了视频中擦镜子的动作，而擦镜子的动作又与不同着装之间的转场巧妙结合，还不失时机地秀出了自己的身材。黄博凯还与方耀庆、谢震业等田径队队员发起了"腹肌开瓶盖"挑战Vlog，挑战内容为将矿泉水瓶的上缘划向自己的腰腹部，利用瓶盖与腹肌之间的摩擦打开瓶盖。[3] 这样的挑战视频不仅展现了运动员的身材和力量，更能够带动网民的模仿与传播，收获了大量转发，《中国日报》《环球时报》等媒体的官方微博也进行了转发分享。[4]

网友们在垂涎这些运动员Vlog中的身材的同时，也没有忘记向尚未发布Vlog的团队"催更"（即催促发布或更新内容的流行简称）。在东京奥运延续佳绩、被亲切地称为"胖球队"的乒乓球队就成了网友们积极催更的对象，不论是在其他运

1　微博账号"汪顺Steve"：https://weibo.com/2114385034/KskiTl6PH，2021-08-30.

2　黄博凯Pole vault. 隔离日子第10天，身上好像起霉了！[EB/OL].(2021-08-10)[2021-12-05]. https://v.douyin.com/d1yDj4L/.

3　黄博凯Pole vault. 收到,over over!@方耀庆 危险动作,非专业人士请勿模仿！[EB/OL].(2021-08-12)[2021-12-05]. https://v.douyin.com/d17qTDd/.
　　方耀庆nice. 回应广大网友的呼应. 📱#运动员的隔离日记 #腹肌开瓶盖 #夺冠2021 [EB/OL].(2021-08-12)[2021-12-05]. https://v.douyin.com/d174X1b/.
　　谢震业. 大家要的腹肌开瓶盖来啦~ [EB/OL].(2021-08-19)[2021-12-05]. https://m.weibo.cn/2823738074/4671937593476126.

4　中国日报. 中国田径队教你如何正确使用腹肌 [EB/OL].(2021-08-14)[2021-12-05]. https://m.weibo.cn/1663072851/4670145892841877.

动员的Vlog评论区，还是在东京奥运的相关话题下，都有众多网友发言关心乒乓球队何时能发布隔离Vlog，甚至出现了"#为什么乒乓球队还不发隔离日记#"的话题。直至8月11日左右，乒乓球队的Vlog才千呼万唤始出来，许昕、樊振东等球员先后发布自己的隔离健身Vlog，但许多网友仍不满足，纷纷吐槽乒乓球队穿得太多，没有像其他团队的运动员一样大胆秀身材。不论就运动员集中发布Vlog的数量，还是就观众对"男色"热情而大胆的反响而言，东京奥运会中国代表团都在Vlog的发展历程上留下了值得注意的一笔。

当然，奥运女选手们的Vlog受到的关注并不亚于男选手，只是受到关注的原因不尽相同。年仅14岁的女子10米台跳水金牌得主全红婵在东京一跳成名，成为网络热议的新闻人物。以466.2的成绩打破世界纪录后，网友们惊奇地发现她并不仅仅是天赋异禀的天才少女，更有着清贫的家世背景，她是在艰苦的成长条件下通过刻苦训练才得以在奥运赛场大放异彩的。而一些网络主播到全红婵家围观、滋扰的后续事件，更引起了网友们对这位天才少女的同情与保护。因此，在全红婵发布自己的隔离Vlog时，收获最多的是"纯真""自律"与"努力"等带着关爱的赞赏。而女子铅球冠军巩立姣、女子举重87公斤以上级冠军李雯雯则引领了公众对于女性之美的多元化理解。这些力量项目的女运动员不可避免地是体格强壮的"大码女孩"，有时也会在社会中遭遇刻板印象。一家知名电视台的记者在赛后采访巩立姣时就反复形容她为"女汉子"，言语中颇有取笑她没有女性魅力的意味，这引起了中外媒体与网民的一片挞伐。[1]而巩立姣不卑不亢的回应也博得了众多网友的好感，她在一些采访和线上直播中坦言自己内心也是普通女孩子，也希望拥有自己的爱情，而美也有很多种不同的形态。

无独有偶，李雯雯在赛场向比自己瘦小很多的男教练撒娇，并在获胜后向观众"比心"的可爱举动也让人看到了一个"大码女孩"的少女心。这些新闻事件都促使网友反思我们以往的社会文化中对于女性气质的单一化审美，有留言表示欣赏她们代表的力量、健康与拼搏之美，也有留言肯定强壮的女孩也有拥有内心温

---

1 May T, Chen E. 央视记者称铅球金牌得主巩立姣"女汉子"引发众怒. 纽约时报中文网. 2021-08-05.

柔之美的权利。[1] 而两位女孩也都发布了自己的隔离Vlog。巩立姣的Vlog展示了自己如何在酒店房间中进行力量训练；而李雯雯的Vlog大走搞笑风格，不仅在镜头前表演卖力吃饭，甚至还扭起了东北大秧歌。网友对这些Vlog的回复也充满温情与正能量，纷纷肯定她们的可爱，还鼓励李雯雯多吃点，几乎看不到那些出自刻板印象的刻薄言论。总之，相较于男性运动员Vlog中所向披靡的"男色"风潮，女性运动员的Vlog反而走向了探讨女性成长与多样审美的路径。

东京奥运会掀起的这一波Vlog热潮清晰地展示了当前视觉文化消费在性别维度上的新动向。一方面，女性观众群体的兴盛使得男性也成为被观看的对象，也促使一些男性Vlogger在个人的形象管理上花费更多心思。另一方面，女性开始走出传统男性视角下的刻板审美，进而追求更多样化、更自主性的女性之美。

三、饮食男女：性别视角下的婚恋生活

在当代社会，恋爱、婚姻与家庭生活方式正经历无声的变革。一份2021年的数据显示，近10年来中国社会结婚率不断下滑，而离婚率持续攀升。[2] 更有目共睹的是，人口出生率也在下降，中国正逐渐步入老龄化社会。这种现象并非中国独有，而是发展程度较高的国家所面临的共同趋势，欧洲多国此前就已经进入人口零增长或负增长的状态。在这样的背景下，当代家庭结构和个人的生活方式正发生着显著变化，这从Vlog呈现出的男女生活里也可见一斑。

首先，单身独居生活正成为生活方式类Vlog中的热门题材。仔细观察一些同类作品，不难发现它们之间颇有共通之处。第一，就拍摄的主体而言，不论男女，故事的主人公往往是生活在城市的中产阶层，大多接受过良好的教育。第二，就内容和风格而言，视频常常呈现居室内的环境，且擅长使用明显的滤镜强化家居视觉效果；不少作品还倾向于使用音乐、字幕来替代人声。第三，就居住条件而

1　沈妍圻. 女孩还是女汉子，女性之美不该被简单定义 [EB/OL]. (2021-08-02)[2021-12-05]. https://hlj.rednet.cn/content/2021/08/02/9733993.html.

2　任泽平. 2021中国婚姻报告，结婚率下滑是选择还是无奈？ [R/OL]. (2021-02-23)[2021-12-05]. https://www.thepaper.cn/newsDetail_forward_11425958.

言，一部分拍摄者租住在较小的房间或公寓，也有一部分人购买到了宽敞漂亮的住宅，分化较为明显。

在这些共性的基础上，男女Vlogger之间仍存在一些细微的差别。一些男性拍摄的独居Vlog延续了我们在前文讨论过的"男色"路线。"梁梁饿了"的Vlog作品就很能体现这一路线下的叙事特征。这部作品以男主人公身着外套回到家中的场景为开端，简单洗手和照看宠物猫之后，男主人公就除去外套开始进行烹饪的食材准备。在将食材放到锅中烹煮后，男主人公开始了视频的另一场重头戏，利用烹煮的间隙进行赤膊健身。宠物猫可爱的举动也不时在视频中穿插出现。[1]在各个平台，都有同题材的视频集齐这些叙事元素：饮食、宠物和一个打着赤膊的男人。当然，也有男性Vlogger走上其他的路线。男士时尚Vlogger"小智Tommy"的独居Vlog中带观众参观了他的家居陈设，画面中端着一杯咖啡的小智悠然而坐，向观众介绍自己选购的家居好物和装修设计心思。[2]"Pocari的生活"则将叙事背景设置在了幽静的晚间睡前。伴随着轻盈的音乐，他完成了第二天早餐的准备安然入睡，还不失时机地植入了与睡眠主题高度关联的枕头广告。[3]不论采用何种叙事策略，这些视频都将男性与家居日常和家务劳动联系起来，展现出整洁、顾家、勤劳、亲和的新好男人形象，也引起了很多女性观众的欣赏。

在女性Vlogger所拍摄的作品中，则不乏当代独立女性的精神写照。"00后"女孩"一点点梵"在一期Vlog中分享了从广州到深圳实习、租房并入住的过程，片头字幕开宗明义地写道："我是一个很沉浸在个人状态的人。"视频内容按照时间顺序展开，在一段简单的背景铺陈后，女主人公开始了驾车前往深圳的路程。在家人协助下完成入住后，女主人公的独居生活也就正式开始。面对自己的镜头，这

1 梁梁饿了. 健身美食日常!29岁成都男生一人两猫Vlog [EB/OL]. (2021-10-14)[2021-12-06]. https://www.bilibili.com/video/BV1a3411C7DT.
2 小智Tommy. 参观我的家｜上海独居男生的 room tour [EB/OL]. (2021-08-19)[2021-12-06]. https://www.bilibili.com/video/BV1LQ4y1m797.
3 Pocari的生活. VLOG｜独居男生的家睡前要做的五件事 [EB/OL]. (2021-08-15)[2021-12-06]. http://xhslink.com/hLQ2dw.

位归国留学生介绍了自己如何通过理性沟通的方式说服父母接受自己的选择，并剖析了自己选择离开父母独居的原因。其后，她也介绍了自己这个一室的小房间的格局布置和推荐购买的家居用品。[1]这无疑向观众展示了一个生活自理能力和自主选择能力良好的知识女性形象。另一位身在美国的中国女生"小lulu蛋"的Vlog标题中的文字则更具宣示意味："一个人的理想生活状态丨治愈自己，让别人说去吧！"相比于标题，视频的内容反倒平静中带着愉悦，女主人公在其中一言未发，所有的讲述都由伴着音乐的字幕完成。视频画面也采用了色调明亮的滤镜，展示了房间窗户外开阔的城市建筑和水面景观，也记录了女主人公烹饪、照顾宠物、家居清洁、皮肤护理的一日生活。[2]Vlog标题和画面之间的张力也吐露着今天社会仍存在的无奈现实：当女性选择独立生活时，仍然可能遭遇来自传统观念的非议。但是，像女主人公这样内心强大的独立女性也不屑于隐藏自己的立场。通过展现自己日常生活的美好，她们强有力地证明了自己的人生状态与选择值得尊重。

独居类Vlog向人们展现了越来越多的城市单身人口的生活。对其中一些Vlogger来说，独居或许只是一种暂时的状态，而对另一些Vlogger来说则是长期的生活选择。不论如何，这些影像中的独居生活独立却不孤苦，平静却不悲伤，反而充满精致感和隐秘的快乐。在另一些类型的新媒体内容（如催婚题材的短视频）动辄贩卖单身焦虑、贬低单身状态的同时，独居类Vlogger们现身说法地证明了单身独居也可以是一种自主、自足、自在的生活方式。这些作品下也聚集了一大批处于独居生活或对此理解支持的网民，为社会接纳独身人士提供了理性交流的空间。

其次，反映离婚与离婚后生活的Vlog作品也不乏其数，其中由女性创作的作品明显偏多。"大沛沛沛吖"将自己办理离婚的过程记录在了视频之中。在前去办理手续之前，她强忍着控制自己的情绪，坦承自己仍有一丝不舍，但她仍然坚持

1　一点点梵. 00后独居VLOG丨学会一个人生活丨深圳一居室Roomtour [EB/OL]. (2021-03-27)[2022-12-06]. https://www.bilibili.com/video/BV15v41187md.

2　小lulu蛋. 独居Vlog丨一个人的理想生活状态丨治愈自己，让别人说去吧！[EB/OL]. (2021-06-29)[2022-12-06]. Bilibili. https://www.bilibili.com/video/BV1G44y1q72r.

了自己的决定。离婚当天，身为形象设计师的她给自己画了个漂亮的妆容，从容地走完流程拿到离婚证，尽管声音哽咽，脸上却露出了微笑。面对自己的镜头，她也鼓励那些处在不理想的婚姻关系里的女性勇敢地做出对自己更好的选择。美妆时尚博主"WENGMIMI_"在Vlog中宣布离婚的消息则在粉丝间引起了更多的诧异和讨论。在此之前，她是一个热衷于在视频里"秀恩爱"的Vlogger，不时与男友共同进行评测体验，分享二人世界的甜蜜生活；在结婚生子之后，也曾经发布共同育儿的日常。然而孩子出生后不久，就有细心的观众发现孩子的爸爸渐渐在画面中缺席；又过了一些时日，她在视频中正式确认，二人已经在孩子出生百日左右离婚。在这期视频里，她平静地讲述了二人因为生涯规划各异而分手的过程，以及自己在离婚后的心路历程。其中颇具代表性的是，她的主要担心在于孩子在成长中父爱的缺失，这一点道出了很多单身母亲的心声。[1]

尽管遭遇了一些困难，Vlog中的离婚女性仍展现出面对生活的能力与勇气。在离婚后，"WENGMIMI"也并未从此消沉，在后续的作品里，她反而开始打造自己"单身辣妈"的人设。出身富裕的她，自己的事业也经营得风生水起，勤劳地发布种草视频的同时，也创立了自己的服装品牌和网店。生活中，她维持着良好的个人形象，不时和闺蜜友人聚会，也和孩子愉快互动。这样光鲜靓丽的生活状态也引起了很多女性的羡慕之情。正如一些粉丝喜欢对离婚女星说"美女就应该搞事业"，今天的公众已经在很大程度上摆脱了歧视离异女性的旧思维，反而对独立打拼的她们表达了颇多鼓励与支持。Vlogger"小秦要变美"更是豪爽地晒出自己独特的家庭结构，这个家庭中她的姥姥和大姨都出于各自的原因选择了离婚。秉承她一贯的搞笑风格，小秦在视频里对话了姥姥和大姨的离婚经历：相对于姥姥的年代离婚还面临较大的社会偏见阻力，大姨则表现出了毫不在乎的超脱心态，并坦率地透露自己当下并不缺乏追求者。小秦也访谈了自己的母亲是否因为外公

---

1 WENGMIMI_. 为什么结婚&离婚 | 和父母的沟通 | 给女孩子们的一些建议 | wengmimi [EB/OL]. (2020-10-13)[2021-12-06]. https://www.bilibili.com/video/BV1Ef4y1B7wh.

外婆离婚而遭遇到成长中的困境，却被母亲幽默回应称也想跟她的父亲离婚。[1] 就在二三十年前，影视节目还热衷于将离婚描绘为鸡飞狗跳、鬼哭狼嚎的肥皂剧情节；今天，很多中国女性已经能阳光自信地面对镜头，把离婚变成可以从容应对的一段人生经历。

当然，还是会有很多人自主地选择爱情，用Vlog见证自己走入婚姻殿堂的时刻。时任观察者网媒体人的"王骁Albert"和"自然卷王卷卷"的求婚视频就曾突破200万次的播放量。两位漂在上海的年轻人的求婚仪式规模不大，却充满设计的巧思与温馨的气氛。在充满欧式情调的场地里，王骁的"西装客"好友们穿着各种风格、颜色的西装、衬衫和Polo衫到场助阵，把现场点缀得仿佛时尚派对。现场也播放了二人的好友们对他们的祝福。很多发言情真意切，令女主人公几度感动拭泪。[2] 更引人思考的则是二人选择步入婚姻的原因。在一期婚后的视频中，他们回顾了从同事发展到恋人的过程。原来的王骁是一个不婚主义者，他对现代婚姻制度有着学理上的批判态度，但是在二人相互吸引的过程中，他说出了"我反对婚姻制度，但是跟你在一起我觉得可以"这句话，也打动了原本对这段恋情有所顾虑的王卷卷。[3] 一方面，他们的结合代表了新时代的知识青年对婚姻的新潮态度，他们不再将婚姻视为人生的必经之路，并对婚姻有了自己的理性考量。另一方面，爱情仍旧是可以超越既定立场的事物，当代青年对婚姻戒慎警备的态度并不意味着他们彻底拒绝婚姻，而是对婚姻的质量和内涵有了更高的追求。

最后，在传播较为广泛的Vlog中，婚恋生活总体上以城市中产阶级的青年男女为主角，但也有其他年龄与阶层的主人公意外"出圈"。2020年，一位年过五旬的河南阿姨苏敏的自驾Vlog登上了新闻与社交媒体的显眼位置。在这位抖音ID为

1　小秦要变美.【中国离婚的女人们】70岁单身也精彩！家里居然都是女人？ [EB/OL]. (2021-02-14.) [2021-12-06]. https://www.bilibili.com/video/BV1kU4y1W76w.

2　王骁Albert. 求婚成功了！！！今天说是全站最甜不过分吧哈哈哈 [EB/OL]. (2019-08-06)[2021-12-06]. https://www.bilibili.com/video/BV1Pt411T7ms.

3　王骁Albert. 当年不婚主义，现在怎么就结婚了？真香！ [EB/OL]. (2020-08-21)[2021-12-07]. https://www.bilibili.com/video/BV1a5411h7af.

"原味生活"（后更名为"50岁阿姨自驾游"）的阿姨的视频作品中，她开着一辆小巧的白色两厢轿车，游历国内的山川江河，到了一些方便的地方就停车休息。让她广受关注的并非风景本身，而是她面对镜头自述的旅行动机。已婚已育、连孙辈都有了的她已经完成了常人眼中大多数的"人生任务"，但这漫长的婚姻生活并不尽如人意：丈夫与她缺乏深度交流，甚至存在矛盾，而重复枯燥的家务劳动与家庭生活也让她身心俱疲。因此，在即将步入老年的阶段，她顶着家人的怀疑与劝阻，毅然开着自己打工赚来的小汽车踏上了这段旅程：没有其他乘员；紧凑的小车里堆满了生活必需品，连顶部的行李架也派上了用场。由于财力所限，她不可能像一些高端自驾游人士一样住酒店吃大餐，反而要精打细算，备好食材自己烹饪。尽管不无艰辛，她却乐在其中，仿佛找回了真正的自己。

苏敏在视频中分享的旅行见闻与人生感悟也吸引了大量网友的讨论互动，有些人被她独立自主的酷炫行动所折服，也有人对她在家庭生活中遭遇的压抑表达共鸣。无可讳言，沟通不畅是当代人婚姻关系中的常见问题，在中年危机爆发后就更为普遍，其中对女性所造成的困扰尤为引人关注。苏敏的解决方式也许未必适合大多数人的处境，但她对生活的反思精神和改变现状的勇气无疑激励了很多有类似经历的女性。中外媒体普遍以欣赏的态度报道了她的故事，其中《纽约时报》更是在报道标题中称赞她已成为一个"女性主义的标志"（a feminist icon）。这篇广为转发的报道还特别注意到，苏敏的受教育程度不高，甚至经济条件也不算富裕。从这个意义上来说，她的行动代表着中国劳工阶层的妇女自主进行的人生选择，而非来自文化精英的理念指导。而在与媒体的访谈中，苏敏也的确透露出很多从亲身经历得来的独到思考。譬如，她并不简单地认为离婚是自己最终的解决之道，反而在对婚姻本身释然后选择继续与丈夫相互照料，这让她在有相似婚姻问题的人中也显得特立独行。而她的丈夫在斗争之下也终于有所改观，开始承担煮饭、洒扫等家务劳动。[1]

1　郭春雨，李岩松．"57岁苏敏离家自驾游"一年之后：开始直播带货，丈夫学会做饭 [EB/OL]．(2021-11-06)[2022-02-10]．https://www.yangtse.com/zncontent/1677669.html.

苏敏逃离家庭、踏上旅途的举动也让人想起挪威著名剧作家易卜生的杰作《玩偶之家》。在这部剧中，娜拉发现自己被妻子与母亲的身份所绑架，被丈夫视若玩偶，终于愤而离开家庭，出走的娜拉也因此成为女性反抗父权制家庭的经典形象。来到中国，鲁迅先生以更具现实主义的精神提出了追问："娜拉走后怎样？"换言之，就是在当时的社会环境下一旦女性离开家庭，如何能够得到制度性的经济支持。[1] 在今天这个新媒体时代，Vlog似乎给出了自己的答案。据报道，苏敏用于旅行的部分经费就是通过拍摄烹饪Vlog筹措的，而随着在旅程中大受关注，她通过Vlog获得的收入也可以想见地水涨船高。如今，她的两厢小车早已换成了宽敞整洁的房车，成为推广房车出游的一员潮流人士，甚至还开始搞起了直播带货。习惯于她早期作品中形象的粉丝或许会找不到当年的感觉，但从她的现实处境考量，这何尝不是值得祝福的呢？实际上，像苏敏这样在经济上受益于Vlog等短视频内容发展的女性为数甚多。中国人民大学家庭与性别研究中心、《中国妇女报》等单位联合发布的抖音研究报告显示，粉丝数量在1万到100万区间的女性创作者数量已经超越男性，并且女性用户仍在持续增长中。[2] 因此，从女性赋权的意义上说，Vlog的兴起也增加了女性的灵活就业机会，有利于女性的经济自主。

通过本章的分析可以看出，性别是我们审视Vlog的文化与Vlogger群体的一个有力的理论视角。在多个层面、不同维度上，性别都是Vlog领域的重要分野。在平台与算法的层面，性别是区分内容生产者与观看者的重要指标，根据性别区分的兴趣爱好也塑造了网络上Vlog爱好者群体的形态。在内容生产层面上，一些Vlogger选择顺势而为，深耕传统意义上的男性或女性市场，但也有一些Vlogger选择"逆势操作"，跨越传统的性别分野，并取得了不错的成果。在性别表达与审美方面，Vlog体现出了新时代人们审美的多样化和对不同性别审美标准的重塑：女性

1　鲁迅. 娜拉走后怎样 [M]// 鲁迅全集：第一卷. 北京：人民文学出版社，2005: 165-171.
2　中国人民大学家庭与性别研究中心, 中国人民大学新技术与社会治理平台, 中国妇女报·中国妇女网. 抖音激发女性经济潜能 助力女性多维发展 [R/OL]. (2022-04-30)[2022-04-30]. http://pdsc.ruc.edu.cn/docs//2022-03/0f8ae3f3890746caadb1ee0bfdaafe13.pdf.

不再受限于温婉含蓄的刻板印象，力量之美也开始受到欢迎；男性也成为审美的对象，受到以女性为主的观众的热捧。作为一种社会话语，Vlog也是讨论以婚恋为代表的性别关系问题的重要场域。通过上述代表性的案例可以看出，当代人对婚恋的认识日渐深化和丰富，婚姻不再是唯一和必然的选择。不论选择独身、离异还是步入婚姻，人们都更注重遵从自己内心的想法，做出自主的选择，也对他人各种各样的人生选择有了更理解和宽容的态度。正如性别在我们社会的方方面面扮演的不可忽视的角色一样，Vlog的影像世界中还有很多有意思的性别议题，等待我们在未来持续探索。

第九章　Vlog中的社会争议

在前面几个章节中我们可以看到，Vlog所串联起来的影像世界是一个颇为新潮、时尚的虚拟空间，对不同性别、国家、种族、阶层的人群都颇为包容和友善。但无可讳言的是，社会文化中的任何一个空间都不是完美的乌托邦，Vlog的世界里也有低俗、分裂与伤害，这些问题甚至可能影响到现实社会中的人们。在本章中，我们将透过几类争议性的事件探讨Vlog领域存在的典型问题，进而辩证地思考如何建设一个更加和谐有序的Vlog世界。

一、挑战公序良俗

在微观的个体行为层面，Vlogger与任何社会人群一样，总有道德素质上的良莠不齐。不管是为了博人眼球、吸引流量的出格举动，还是未经思考表现出的不文明行为，一些Vlogger在视频中违反伦理道德的做法引起了观众极大的不满。例如，随着美食探店类视频的火爆，个别探店博主开始自我膨胀，凭借自己的职业身份直接到餐厅用餐并要求店家免单；如果店家不从，就动辄威胁发表作品给予店家差评。在抖音平台搜索"探店博主""免单"等关键词，可以发现此类事件已经在各地发生多次，甚至还有虚构作品讽刺这种索要免单的行为。与此同时，另一些收取了店铺推广费用的探店博主唯利是图，盲目地夸大其菜品口味，使得消费者慕名前往时感到大失所望。针对这些乱象，近年来呼吁规范探店视频的媒体声音越来越多，其中一些要求博主真实描述、标注商业推广的建议颇具参考价值。[1] 此外，未经允许闯入特定区域拍摄、未经同意拍摄他人肖像、公共场合制造混乱等不文明行为在国内外的相关案例中也时有发生，造成社会公众对一些Vlogger的观感不佳。

也有Vlogger因为持续生产低俗内容而受到公众的批判。在一些国家和地区，个别Vlogger为了博人眼球进行的疯狂举动甚至到了耸人听闻的程度。YouTube的顶流网红Logan Paul就是此方面臭名昭著的代表。他最初以拍摄在街头突然劈叉的搞笑短视频出名，在涉足Vlog领域后，他开始日渐出格地在视频中采取疯狂举动：他的多部Vlog视频封面或标题大打色情、偷情的擦边球，还曾因为在日本街头当街脱裤的不文明举动引起众怒，有网民甚至在请愿网站发起禁止他入境日本的联署行动。最终引爆舆论的是他于2017年底日本一处号称"自杀森林"的地点拍摄的内容。该片开头即以寻访森林中是否真的有自杀者为噱头，而在发现逝者的遗体时，他不仅没有停止拍摄，还刻意将镜头拉近以显示更多细节，并上传发布到YouTube。这样的内容是对死者遗体的亵渎，也有给观众带来心理困扰的风险，受到各大媒体和知名人士的一致挞伐。[2] 更令人感到荒诞的是，尽管Logan Paul做出道歉姿态，但他还试图为自己的行为狡辩，声称他的举动是为了"引起对心理问题的关注"。而且他的低俗内容并未从此绝迹，2018年4月，他又因为在优胜美地国家公园的拍摄行程中行为不检，被园方驱逐出界。[3] 然而，就是这样一个被认为"与体面绝缘"的低俗内容生产者，在YouTube上依旧混得风生水起。看似不入流的题材，实则是毒品般上瘾的视觉刺激，不断诱惑着追求新鲜感的人们的

1　廖睿灵. 探店火了，还要"探"得规范 [EB/OL].(2023-07-18)[2023-08-01]. https://mp.weixin.qq.com/s? src=11&timestamp=1698898902&ver=4871&signature=q8pmKojowXngxyshA1T-zxRHL1QF5qUSzKB6bM Na2dpWm75E8pVF1v0C5UumXyHuGFopcxyoHY3fv-fuT81DteEApG-lOVrdh50ZPziQ4qF4KTkgsD6PfI M2Y*3qa8Xe&new=1.

2　Seymour R. The Twittering Machine [M]. New York: Verso Books, 2020: 90-92.

3　Strege D. YouTube sensation Logan Paul kicked out of Yosemite National Park [EB/OL].(2018-04-04) [2022-04-12]. https://ftw.usatoday.com/2018/04/youtube-sensation-logan-paul-kicked-out-of-yosemite-national-park.

注意力。时至今日，他在该平台拥有2000多万订阅者，资产过千万美元。由于他的粉丝主体为美国青少年，令美国媒体和公众开始忧虑其对下一代产生的不良影响。在国内，网红为了拍摄短视频当街下跪、学狗爬之类的事件也时常见诸报端。这些行为单独看来可能情节轻微，却在整体上给社会价值观带来不良影响，是值得审慎应对的问题。

更有甚者，为了博人眼球已经突破了法律的底线。据多家媒体报道，2023年5月，美国加利福尼亚州一位YouTube网名为"TrevorJacob"的Vlogger因为"刻意制造飞机事故"的罪名被捕。该事件源起于这位博主2021年12月24日发布的一期题为《我的飞机坠毁了》（注：英文标题为"I Crashed My Airplane"，细究其语法结构，该标题甚至可以翻译为"我坠毁了我的飞机"）的Vlog。视频开头，该博主若无其事地驾驶着小型飞机，并面对着安放在驾驶位前方的摄像设备进行拍摄，向观看者报告着自己的飞行数据与状态。然而仅仅一分多钟后，该博主就表示自己遭遇了紧急故障，并且还有来自飞机外部的镜头视角展示着机舱外的状况，飞机前部的螺旋桨也停止了转动。该博主随即选择了跳伞逃生，打开机舱门一跃而下。飞机外部的摄像头继续记录着飞机撞向山壁的画面，而另一台随身携带的设备则拍摄着博主跳伞落地的过程。在落地之后，该男子仅受到了轻微伤，并迅速开启了"荒野求生"剧情。他找到并拍摄了已经摔瘪的飞机，还进行了一些轻度的野外生存：走夜路、饮溪水……

从后续发布的视频来看，显然博主毫无悬念地找到了从"事故"现场回家的路。这些画面如此全面、连贯，甚至缺乏惊险，以至于很难不让人怀疑它们是精心设计过的。视频一经发布，就有其他视频博主和网民表示了质疑。一位网名为"Trent Palmer"的Vlogger就发布了题为《飞行员观看Trevor Jacob坠机视频的反应》的视频作品，从观看者的角度指出了原作中的诸多疑点。例如，主人公在视频中逃生时使用的伞并非常规的飞机救生所用，而是在极限跳伞运动（skydiving）中用的伞。与此同时，作为曾有过处理飞机故障经验的人士，Trent Palmer发现主人公在应对所谓的引擎故障时所采取的操作也颇多反常之处。另一位航空主题的视频博主"Mentour Now!"也发表了类似的观看反应视频。他向观众普及了视频中坠毁的飞机是具有历史意义的经典机型，并理性地分析了主人公在"事故"中采取的不专业动作。尽管他表示不愿评判主人公的是与非，但看过分析的观众显然会有自己的判断。在这些对原视频进行分析的视频下，众多网友也表达了相似的疑虑，认为主人公是故意损毁了这架有数十年历史的飞机，以用作拍摄素材。

终于，时隔一年多以后，司法部门的权威调查为这场闹剧画上了休止符。据技术艺术（Arts Technica）报道，Trevor Jacob在调查中同意签署认罪协议，承认其故意制造了视频中的飞机事故。而《财富》杂志网站的报道则更直白地披露，当事人之所以甘冒违法风险行事，是为了获取浏览量和商业赞助收入。依照当地法律，这样的犯罪行为刑期可达20年，还可能面临数十万美元的罚款；在签署认罪协议后，有可能适度减轻刑罚。真相大白之后，原视频的评论区再次热闹了起来，网友们对当事人的违法行为进行了毫不留情的嘲讽与批评。多个评论说："20年后再试一次""20年后出续集"，显然是在挖苦其将受到法律的惩罚。也有人严肃地表示，这样轻浮地制造空难是对那些真正遭受空难之人及其家属的不尊重。事后深思，这位Vlogger的行为可谓害人害己。尽管情节为精心设计，其自身也难保在高空操作过程中遭遇不测。其放任坠毁的飞机虽然体积不大，却也足以给地面的人和环境带来安全风险。近年来，短视频的行业风口成就了大量的造富神话，也让很多人面临潜在的巨大利益诱惑，其中就有少数充满赌徒精神的从业者抱持"搏一把"的心态，即便明知违法也要生产夺人眼球的内容。然而，天网恢恢，疏而不漏，等待他们的只有法律的严惩。

一些挑战社会伦理观念的Vlog还可能引发更复杂的社会争议。YouTube上的一位日本用户曾进行过一场颇有行为艺术风格的Vlog实践。她以"100天后吃的猪（100日目に食われるブタ）"为名注册了一个账户，在100天内每日更新关于一只可爱小猪的Vlog。前99天的Vlog采用了日系可爱风的镜头语言，配合轻快温馨的音乐，记录小猪与人共同生活的画面。饲主会与小猪一起散步，还会通过食物进行有趣的互动。然而，如这位Vlogger的用户名所暗示的，当视频更新到第

100天时，片头添加了一个从100到0倒数的动画，而随后的视频伴随着伤感的音乐呈现着小猪被装进宠物箱的过程。其后画面切换，赫然映入观众眼帘的是小猪被屠宰后躺在食物盒里的场景，Vlogger进而将小猪撒上调料烹制成了烤乳猪。即便这个结局早已有许多草蛇灰线，但许多观众的情绪仍然大为崩溃，尤其在被传播到日本以外的地区后，引起了众多观众的不适，纷纷用各种语言到当期视频下表达不满，致使该视频的点阅数超过200万。但也有一些观众认为Vlogger对小猪的结局早有提示，而且猪肉本就是食物，甚至有人讥讽表达不满的观众"太矫情""圣母"。

这部自带争议性的作品引发的激辩至今仍然在多个国家和地区延烧。一方面，从各国观众的反应来说，不同地区的文化对于人与动物的伦理关系有着不同的认知。如一些熟悉日本文化的网民指出，这种将动物养大再当众宰杀的视频在日本并不是首创，而是有过一些先例。网络媒体"今日快讯-加拿大"则推断视频可能属于日本的"食农教育"，即令公众了解食物是如何从农业养殖、种植到成为餐桌菜肴的全过程的社会教育；从这个意义上来说，将猪养大再宰杀烹饪是对农业生产过程的再现。但在中国的传统伦理道德中，即使食用肉类也不必展现其残酷的一面。《孟子》中就记载了齐宣王见到将被宰杀献祭的牛，因不忍想象它害怕发抖的样子（"吾不忍其觳觫"），就以较小的羊取而代之的故事。文中孟子对齐宣王的肯定性回应至今也代表着许多中国人的心态："见其生，不忍见其死。"将已经投入长期感情的动物杀死烹食，还要发到网络展示，在这种伦理的视角下未免过于残忍。而在西方现代的动物保护伦理中，"伴侣动物"与"农场动物"是两个不同的类别，也有着不同的对待方式，前者不可食用而后者可以食用。虽然大多数猪属于在养殖场饲育的农场动物，但像Vlog中的这头猪在寓所中养大，并陪伴人类生活，已与人类建立了一定的情感联系，应该被归类为伴侣动物。视频中将伴侣动物杀死食用的情节，在西方的许多地区不仅有悖伦理，甚至还有触犯法律的风险。另外，创作者也颇有刻意挑动这些敏感的伦理问题的嫌疑。有眼尖的网民已经注意到，该Vlogger在烹饪小猪的第100期视频结尾处标注了一个转瞬即逝的

"本故事纯属虚构"，留给一些观众小猪或许还在世的希望。但恰恰是这种虚构性令Vlogger的创作意图更值得质疑：用一个虚构的故事展现不必要的残酷，伤害人对伴侣动物的感情，并且只敷衍地对虚构性进行标示，难道仅仅是为了赚取较高的点击量与关注数字？而进一步从真实性与虚构性的视角反思，这种创作也达不到一些人猜想的"食农教育"的效果，因为这种伴侣动物的环境远远不能反映农场养殖环境下猪与人的关系，何谈教育意义？从这样的事件中也可以看出，影像是现实社会的延伸，如何符合伦理地进行视觉再现，考验着Vlogger的职业道德。

二、侵犯知识产权

抄袭和侵犯知识产权也是Vlog领域常见的争议性事件。我们在前文中曾提及，对创意的模仿是短视频领域的常态，但这并不意味着Vlogger们可以随意地逾越到抄袭、侵权的程度。在Vlog中，抄袭常表现为对他人拍摄剪辑内容的直接盗用，或在情节与人物设定上比例过高地照搬照抄。抄袭普遍未经过原创者授权，也几乎不可能标注或提及原创者。与适当的模仿不同，抄袭是思维懒惰的结果，抄袭泛滥也会影响原创者的权益，扼杀原创者的积极性。

对抄袭者而言，被拆穿的代价也可能极为沉重。粉丝数一度高达上千万的抖音旅行类Vlogger "itsRae"就因为被发现大范围的抄袭而形象破产。相关报道显示，这位旅行博主是一名毕业于美国的中国留学生，自2018年回国后开始Vlog创作，并逐渐转为全职。她的旅行视频遍布国内外各地，且以画面的"高级感"而为关注者所追捧。从摩卡色调的都市街头到碧波荡漾的壮阔海景，她的作品给观众留下了深刻的印象，不仅作品能冲上热门榜单前列，个人在抖音平台也积累了上千万粉丝。就在2021年上半年，她还先后被央视《新闻周刊》栏目、新华网等媒体作为正面典型报道，在采访中介绍自己孤身一人进行繁重的Vlog创作并获得成功的经验。然而，时隔不久，就有细心的网民指出其视频的内容不像是独立完成的，一些内容疑为从国外视频中"移花接木"而来。随着越来越多人加入视频内容的比对，这些复制或雷同内容也像滚雪球一样被发现得越来越多，"#itsRae抄袭#"甚至一度成为微博上一个颇为热议的话题，不少粉丝纷纷表示对她的喜爱破灭。截至 2021 年 9 月，itsRae 的抖音页面仍停留在了 2021 年 6 月发布的一部作品，而成千上万的用户在其视频下留言质疑其抄袭行为。经此一役，其影响力即使不灰飞烟灭，也将大打折扣。

类似的抄袭事件在其他国家也层出不穷。在中国的田园风 Vlogger 李子柒走红全球之后，一位越南版的山寨李子柒也惊现 YouTube 平台。据中国环球电视网（CGTN）报道，这位越南李子柒的用户名为 "Bep Tren Dinh Doi"，在当地语言中意为 "山上小厨"（kitchen on the hill），在意象上与李子柒山中砍柴烹饪的经典场景极为相似。[1] 而更加高仿的是这位 Vlogger 的镜头语言，不仅发型着装上与李子柒的清新风格雷同，连在地里采摘、灶台前烹饪的姿势与画面比例都亦步亦趋。如果说二者之间仍有差别，那么大概就是这位越南版的 "李子柒" 服化道上欠缺些精致，以至于更显得有效颦之感。在其抄袭行为未被曝光之前，这位 "山上小厨" 也已经积累了十几万关注者；但在个中是非得到关注后，众多网民涌入其评论区揭露其抄袭行为，有些留言还颇具幽默感地对其进行了嘲讽。该博主一度试图以关闭部分视频评论自保，但最后仍放弃了更新，最后一部作品定格在了 2021 年 1 月 1 日。

在世界各国都在加强数字媒体内容领域版权保护与立法的背景下，Vlogger 们也亟须加强自身的版权意识。一些视频平台也加强了版权保护的技术与管理手段。YouTube 就推出了名为 "内容身份"（Content ID）的功能，可以识别 Vlog 等视频内容中包含的音轨，当一部视频使用了受版权保护的音轨时，就会对这段音轨进行静音处理。一些国内 Vlogger 发布在 YouTube 平台上的内容之所以会被部分消音，正是因为其所使用的背景音乐触发了内容身份的版权保护机制。而在国内，微博等平台也推出了内容抄袭的投诉与举证机制，对存在侵权嫌疑的内容进行标示。

1　CGTN. Vietnamese vlogger suspected of copying Chinese influencer Li Ziqi [EB/OL].(2020-07-01)[2022-04-12]. https://news.cgtn.com/news/2020-07-01/Vietnamese-vlogger-suspected-of-copying-Chinese-influencer-Li-Ziqi-RM9DiAvDxu/index.html.

一篇英文的Vlog经营教程中专门将"没有人喜欢抄袭者"（nobody likes a copycat）作为对新手的重要提醒，并建议Vlogger在发布内容前对文案等内容进行版权方面的自查。[1] 这些趋势提醒着从业者们，侵权的成本越来越高，原创才是在业内谋生存的正途。

三、加剧社会撕裂

在一些短视频创意的教程中，"制造戏剧冲突"堪称情节创作的密码。贫富差距、性别差异、代际矛盾等反差都是当下短视频热衷表现的题材。在恰当的表现方式下，这些反差可以带来更强烈的戏剧效果，甚至引发人们对社会现象的深入思考。然而，当反差被不恰当地使用时，它也可能加剧社会群体之间的撕裂，特别是给弱势群体造成伤害。

2020年11月发生的"富二代打工人"Vlog事件就引发了网民广泛的关注与批判。事件的起因是一位名为"曹译文Iris"的Vlogger于2020年10月24日在视频网站Bilibili发布的Vlog，标题为《在自家建筑项目的一日体验VLOG》。"曹译文Iris"平时发布的内容即以展示自己的富人生活为主，例如豪华餐饮、奢侈品消费、马术运动等，而引起争议的这部Vlog内容却选择了到据称为其自家所有的建筑工地体验建筑工人的生活。视频中，她隐藏"大小姐"的身份，生疏地进行着平整混凝土、敲钉子等工作，劳动场面用时下流行的词汇形容，可谓"一眼假"。更引发观众不满的则是她体验过程中的言行，不仅多次吹嘘自己的高贵生活、秀出过千万的存款记录，还在对白与配文中大放厥词"累就对了，舒服是留给有钱人的""搬砖的手不允许用来擦眼泪"。[2]

围绕"曹译文Iris"这部Vlog的争议与愤怒从两个层面上展开。一方面，出于

1　Minton G. 7 Killer Tips to Become a Professional Vlogger [EB/OL].(2021−12−05)[2022−04−13]. https://www.shiftcomm.com/insights/7−killer−tips−to−become−a−professional−Vlogger/.

2　红星资本局. 集团大小姐体验搬砖，翻车了 [EB/OL].(2020−11−20)[2022−04−13]. https://mp.weixin.qq.com/s?__biz=MjM5ODI5OTE0MA==&mid=2651686324&idx=4&sn=5aed690554ff4e85652596e57864c3fb&chksm=bd35f6df8a427fc949eb76717be15cfa92376380933f3673b5d9cee3e5fd64134b5be358061a#rd.

对视频过于刻意与戏剧化的情节的质疑，不少媒体与网民试图核实视频背后的真相。例如，一位ID为"机智猫"的微博博主发现，视频中曹译文家工地的"工头"疑为一位在网络视频领域小有名气的演员，并提供了截图作为比对，多位网友也声称曾在其他节目中看到过该演员。[1] 而更受公众关注的自然是曹译文本人的身份之谜。2020年11月23日，企业信息查询平台"天眼查"即在其官方微博发布了一条消息，证实曹译文的父亲确为一家建筑行业公司的法人代表，而曹译文本人也曾担任该公司股东。尤其值得关注的是，这家注册资本1.2亿元的公司曾卷入诸多法律纠纷，先后在2020年10月、11月被地方法院列为被执行人。[2] 这些商业信息的披露意味着曹译文的家庭背景虽然富裕，但似乎并不如她在镜头前宣称的那样显赫，而其家庭所拥有的企业在经营管理与商业诚信方面也颇有可疑之处。此外，还有网友声称曹译文本身隶属于一家文化传媒领域的公司，暗示其哗众取宠的视频内容背后或许隐藏着谋求商业利益的动机。

而另一方面，视频在真实性上的诸多疑点显示出其创作动机更具刻意挑衅性，引发了舆论对其代表的阶级分化、贬低劳动者等现象更尖锐的批判与反思。知乎博主"罐头辰"撰文将曹译文这个"富家千金"拿工人取乐的行为与27年前同一时段致丽工厂大火受害女工的苦难进行了对比，辛辣地指出"曹译文用脚踩在每个劳动者的脸上"，践踏劳动者尊严。[3] 也有网民结合上述披露的曹译文家世信息批评道：曹译文在视频中炫耀其账户有上千万余额，而其父的公司却屡屡因欠款被执行，体现了一些人攫取和享受财富的方式有悖公义。由此可见，这部Vlog深深地刺痛了全社会对贫富差距的敏感神经，引发了对其反映的阶级问题的强烈批判。

1　微博账号"机智猫"：https://weibo.com/1863275165/JuBgzygsq，2020-11-19.

2　微博账号"天眼查"：https://weibo.com/5690608944/JutB8bxwM，2020-11-18.

3　罐头辰. 如何评价曹译文iris新一期生活体验视频："累吗？累就对了，舒服是留给有钱人的。早安，打工人！"？[EB/OL].(2020-12-01)[2022-04-13]. https://www.zhihu.com/question/427208603/answer/1605920396.

　　知名社会学学者潘毅在其代表作《中国女工》中对致丽大火事件有过深入分析。参见Ngai P. Made in China: Women Factory Workers in a Global Workplace [M]. Durham and London: Duke University Press, 2005: 1-2.

曹译文事件的收场也值得深思。在相关舆情发生后，曹译文删除了其在Bilibili网站上的涉事视频，但网友的愤怒并未因此平息。随着越来越多内幕信息的披露，不少网友自发组织对其账号的取关（即取消关注）与投诉。其后，曹译文Bilibili个人主页的全部视频内容被清空，实质上表示其退出了该平台（但据部分网友反映，其视频在境外网站YouTube平台仍然保留，未完全删除）。当然，仅凭这些尚不足以证明曹译文在商业上失败了，毕竟在"黑红也是红"的炒作逻辑下，以备受社会批判的方式成名也是一部分人屡试不爽的获利途径。但是，从社会效益的角度而言，这样的文化产品无疑给普通劳动者造成了伤害，也破坏了社会和谐。"流量为王"带来的低俗化炒作问题并非只有曹译文一例。

除了"炫富"，"扮穷"也是一个屡试不爽的矛盾催化剂。2021年的"青岛饺子"事件也造成了社会的纷扰，甚至引发了线下的冲突。从舆情的角度而言，由于更早的"青岛大虾"事件，青岛与餐饮宰客问题有特殊的敏感性。"青岛大虾"是2015年10月的一次网络舆情事件：两名外地游客在青岛的海鲜餐馆就餐，却收到价格畸高的天价账单，其中最有代表性的情节就是原本38元每份的大虾在账单上变成了38元每只。这次事件被网民和中外媒体广泛关注，在此后的很长一段时间成为网络流行语中"宰客"的代名词，进而重创了青岛市的旅游形象。巧合的是，一份同样标价38元的水饺又在2021年引爆了青岛餐饮业的舆情。一位名为"姜涛"的网络红人发布了一段在青岛某餐馆拍摄的美食探店Vlog，画面中他面露苦相地声称店内的韭菜鸡蛋水饺要价38元，平均2元一个，事后更传出因为拍摄该内容在青岛被殴打，一时之间关于青岛的热议再起。然而，事后逐步呈现的细节却与这个故事版本颇有出入。根据青岛市警方披露，姜涛实际上并未被打，只是与其他反应激动的网民在线下对峙时发生了口角。[1]而也有网友和媒体探访后声称，涉事餐馆的水饺馅料实则是比较贵的韭菜虾仁，而且该店的地址靠近火车站，地租较贵。还有网民回顾了姜涛以往的作品发现，他的很多作品都选在机场、车

1　岳怀让，张家然. 网红"吐槽"青岛饺子贵后传闻"被打"，警方：只是言语争论 [EB/OL].(2021-08-22) [2022-04-13]. https://m.thepaper.cn/newsDetail_forward_14159063.

站等租金较贵的场所进行拍摄，而他的招牌式评语就是"太贵了"。

这桩事件无疑提醒了我们，在"后真相"（post-truth）的网络环境下，一个小小的Vlog也可能引发蝴蝶效应。"后真相"一词近年来逐渐受到中外媒体与学界的关注，它是指在关于客观真相的社会共识消失后，人们只凭感性、喜好、信仰选择自己相信的"事实"的社会状况。[1] 在关于"青岛水饺"的争议中，诸多微妙的细节影响着人们对于事件的整体理解与观感，而对于大多数在屏幕前观看Vlog的网民来说，水饺究竟是什么馅料、这家店究竟是何种定位等细节既不容易现场查证，也不值得查证。尤其是对那些长期观看姜涛视频的网民而言，不仅已经被他喊贵的视频反复强化了对物价的反应，也已经积累了对于该博主的信任与好感。而当Vlog内容经过转发扩散到相信该内容的"同温层"以外，特别是到达身在青岛或对青岛有好感的观众群体中时，就会引起关于细节真实性的不同认知。在两种不同认知的对立与冲突下，这些微观的讨论很容易激化为对青岛市旅游形象的好恶分歧，这也是青岛网民与媒体大为光火的原因所在。青岛市本地自媒体发表的一篇文章《"审丑文化"代表姜涛碰瓷青岛，网友：不能无下限地低俗炒作》中更是指出了Vlog背后的一个悖谬：在商业化的网红们喊贵卖惨的背后，他们又通过观众的点赞支持赚取着不菲的收入。[2] 生产这类内容的Vlogger是否应该认真严肃地思考：自己的收入是否应该以社会的信任与祥和为代价？

对于有社会责任感的Vlogger而言，有一些可行的措施能够减少制造不必要的社会矛盾，比如避免与某一地域、某一类人群相联系的否定性言论，对内容进行平衡处理，不要削足适履地迎合片面观点，对虚构或创意情节予以标注等。与此同时，观众也应该从一次次"反转"的网络事件中总结经验，带着怀疑精神看待Vlog内容，对争议内容背后的真相进行合理的推理，保持足够的耐心与开放态度；当然，对一些不喜欢的内容，也不宜采取过激的应对方式，而是要用理性的方式

1　Lee M. Post-truth[M]. Boston: MIT Press, 2018: 5.
2　遇见琴岛. "审丑文化"代表姜涛碰瓷青岛，网友：不能无下限的低俗炒作 [EB/OL].(2021-08-19)
　　[2022-04-15]. https://weibo.com/ttarticle/p/show?id=2309404671971903275481.

辩论、投诉。

四、制造网络暴力

Vlog世界中的争议也不全是由Vlogger引起的。在一些情况下，处在观众位置的网民也可能引发不良事件，其中突出的表现形式就是网络暴力。由于网民人数众多，一旦事态演变为网络暴力，往往干扰到受害者的网络使用甚至日常生活，给受害者造成巨大的心理压力。

乔任梁父母遭遇的网络暴力就给我们上了沉重的一课。2016年9月16日，曾因获得《加油好男儿》亚军一举成名的演员、歌手乔任梁在上海家中猝然长逝，留给家人与社会公众无尽的惋惜。时隔4年多以后，原本已随着时间渐渐归于沉寂的乔任梁的名字却又意外地成为社交网站讨论的焦点，而这次事件的起源则是少数网民对乔任梁父母发布的Vlog与直播内容进行言语暴力。原来，在乔任梁去世后，他的父母开设了抖音ID"高彩萍和乔老爷"，这也成为乔任梁生前粉丝聚集的网络空间。除了缅怀乔任梁的内容，他的父母也会发布一些烹饪等方面的个人生活Vlog，还会推广销售乔任梁创立的化妆品品牌的相关产品。或许是乔任梁父母在一些个人生活视频中展露的笑容不符合少数观众对丧子家庭的心理预期，抑或是他们发布的商业内容引起这些人对其经营抖音动机的质疑，几个抖音用户开始在其评论区进行具有攻击性的留言，有的对乔任梁的母亲进行外貌羞辱，有的则重揭他们的丧子伤疤，指责他们消费去世的儿子。2020年12月，乔任梁的母亲专门录制了一期视频回应质疑，表示视频中所推广的产品均来自乔任梁生前创办的公司，自己只是希望将儿子的公司延续下去。[1] 尽管乔任梁父母已经做了善意解释，并获得了一些网友的声援，但相关的网络暴力并未就此休止。2021年8月，拥有过千万粉丝的抖音博主刘媛媛（ID:liuyuanyuan1991）发布视频声援乔任梁父母，揭露批判了少数人士对他们持续的言语暴力，乔任梁的父母也再度发声回应了一些

1　高彩萍和乔老爷. 一周没有更新视频，我辗转反侧，觉得还是有必要出来说些话！ [EB/OL].(2020-12-19)[2022-04-15]. https://www.douyin.com/video/6907936895402052875.

评论。[1] 这期视频迅速引爆了舆论，在各大平台被大量转发，得到了更多网络意见领袖与网民的关注。一些热心网民自发到乔任梁父母的抖音页面查找网络暴力者的留言与信息，对其进行反驳批判，净化网络空间，他们还给自己起了一个颇为形象的名称——"巡逻队"。也有网民向抖音平台表达关切，希望其关注相关事件。在此之后，多数攻击性言论和账号已经几乎从乔任梁父母的评论区消失了。

　　乔任梁父母遭遇的网络暴力显示了一小部分网民边界感的缺失、道德素养的不足与是非观念的模糊。首先，乔任梁父母发布的Vlog是对他们个人生活的记录，在没有违反法律与妨害他人正当权利的前提下，表达他们生活中快乐的部分也属于他们的个人自由。少数网民在不了解当事人生活状态与心路历程的情况下，对当事人妄加评判，是对当事人表达自由的伤害，也造成了后续的不良影响。其次，人的外貌天生使然，也是人格尊严中备受重视的一个方面。在少数网民的不理性发言中，对乔任梁父母的外貌品头论足，甚至将之与他们的不幸遭遇强行联系起来，是极度不道德的。最后，老年人丧子之后的悲痛是难以言喻的，乔任梁的父母通过拍摄Vlog的方式重建自己的生活，是一种积极的心理重建。而少数网民凭借先入为主的印象对当事人进行道德绑架，强行预设其应该沉浸在悲伤与缅怀的情绪里，是极度缺乏同理心的表现。总之，这一小部分网民的做法已经突破了道德伦理底线，甚至有人格侵权的法律风险。更需要看到的是，这样的行为虽然占据的比例不高，但类似事件也已经反复出现。2020年，有用户在著名舞蹈家杨丽萍的抖音页面留言，攻击她未婚、没有生育。尽管杨丽萍的支持者进行了有理有节的回应，但这样的言论也代表着一些腐朽观念的沉渣泛起，破坏了网络空间的和谐。[2]

　　由此可见，构成Vlog世界群众基础的网民们也对维护网络空间的清朗负有责任和使命。在观看和评论Vlog的时候，我们应该谨言慎行，充分考虑到自己的网

1　刘媛媛. 这是一条4分半的视频，我为一位陌生女性发声，因为她是一个妈妈。最后那句话...我希望有些人背会了再上网. [EB/OL].(2021-08-22)[2022-04-15]. https://v.douyin.com/dRoyAu9/.
2　天涯社区. 女网友回应评论杨丽萍引争议：我就是不善言谈 [EB/OL].(2020-06-09)[2022-04-15]. https://m.weibo.cn/2140585607/4513943839769687.

络言论可能会给他人造成的影响。同时，在观看任何内容时都应该"谨慎吃瓜"，不要以讹传讹，而是要对事件的来龙去脉进行冷静的判断，这样才能避免被谣言情绪动员，进而成为网络暴力的一分子。

五、结语：共创有益社会的影像空间

通过上述几个类型的问题不难看出，Vlog的世界中依然存在着种种不尽如人意的现象，亟待多方的共同努力来改善。然而，如我们反复强调的，不完美本就是社会生活的常态。总体而言，相比于其他一些网络表达形式（如部分恶搞视频、论坛等），Vlog中的不良风气占比并不高，甚至可以算作不良风气相对较少的表达形式。与此同时，我们也应该看到Vlog并非只是社会问题的被动反映，它也可以是一种积极介入社会问题的方式，在网络社会的构建中发挥自身的价值。

Vlog可以呈现现实问题，并引发人们对现实问题的反思。前文中我们曾提到的以拍摄各种奇葩景点著称的史里芬，通过他拍摄的上百处"争奇斗艳"的景点，观众在欢笑之余也会产生对公共空间审美的严肃反思。其中最典型的案例之一就是他2019年8月拍摄的位于湖北荆州的巨型关公像。这座关公像立在公园的优质地段，高达50多米，脚踩着被史里芬戏称为"航母""滑板"的底座，周遭的文字图饰也硕大无朋。而当镜头转入雕像底座内部的展览馆，金光闪闪的装潢也颇为刺眼，壁画与功能性设施之间毫不协调。从观众多达3000余条评论的热情调侃内容中可以看到，这样盲目追求体积巨大、色彩华丽、要素堆砌的景点多不胜数。这些调侃也无形中构成了一种对当下公共空间美学的温和批判与质疑：这样奇葩的公共建筑从何而来？如何通过审批？是否能代表中国传统与现代优秀文化中的美学水平？

实际上，很多成为网红的奇葩景点在近年来也受到了有关部门的关注。2020年7月，有媒体曝光巨型关公像并不受市民欢迎，而且正在发生沉降等安全问题。2020年10月8日，住建部在其官网通报了这尊巨型关公像的问题，将其认定为

"破坏古城风貌和历史文脉"的违法建筑。[1]同期被通报的还有观察者网编辑"马前卒"的视频节目中曝光的、位于贵州贫困地区独山县的"水司楼",这栋高耸的仿古大楼耗资两亿多元,且最终成为烂尾建筑,严重破坏了周边的自然生态景观。[2]最终,巨型关公像于2021年9月被动工拆除,迁往异地,从建造到拆除共耗费3亿余元。对此,《中纪委机关报》发文痛批其"盲目追求'大''最''全'""教训深刻",可谓对一段时间以来地方简单粗暴的景观建设之风的拨乱反正。[3]连史里芬本人都在2020年感叹"这两年拍过的一半景点都完蛋了",而他的粉丝也开玩笑说,有关部门是看着史里芬的Vlog寻找违章建筑的。[4]巧合与玩笑背后,也可以看到Vlog参与了新的社会审美与公共空间的塑造过程。

　　Vlog也可以呈现各式各样的社会群体,让原本不被关注的群体变得可见。"曹导"是微博上一位专注于职业体验的Vlogger,她的视频内容是走访和体验各式各样的社会职业。她在一期视频中深入了宠物殡葬师这个新兴的职业群体,揭示了其中大量的情感劳动。例如,从业者往往是首次接触火化工作,这意味着他们需要适应和克服面对尸骨的恐惧;而每天目睹饲主与宠物之间的生离死别,同样给这些殡葬师带来很大的情绪负担。[5]她的另一期内容则是到大凉山地区体验电网公司检修工的高空作业。攀上近乎垂直的天梯俯拍下去,峭壁深不见底,而这正是工人们日常的工作环境,他们冒着生命危险保障着我们每天稳定的电力供应。[6]像

1　中央广电总台中国之声. 投资数亿竟是违建? 住建部通报湖北巨型关公像 [EB/OL].(2020-10-09) [2022-04-18]. https://mp.weixin.qq.com/s/N21EXJVBI_KW06eGTaEpjg.

2　观视频工作室.【睡前消息140】马前卒暴走,亲眼看看独山县怎么烧掉400亿! 周年特辑(上)[EB/OL]. (2020-07-13)[2022-04-18].https://finance.sina.com.cn/money/bond/market/2020-07-13/doc-iivhvpwx5078586.shtml?hasPlayedTime=5.974636.

3　杨艳. 今日锐评 | 巨型关公像教训深刻 [EB/OL]. (2021-09-06)[2022-04-18]. https://www.ccdi.gov.cn/pl/202109/t20210906_249560.html.

4　史里芬Schlieffen. Vlog.50| 地球卫士在湖北一刀一个飞碟 [EB/OL]. (2019-08-19)[2020-07-10].https://weibo.com/6525927484/JaBK2fYE9.

5　曹导. 职业体验VLOG.10 宠物殡葬师 [EB/OL]. (2021-11-21)[2022-04-18]. https://m.weibo.cn/1596861115/4705986432207919.

6　曹导. 职业体验VLOG.06 差点死掉! 我去体验大凉山电路检修,悬崖边高空作业,危险到破口大骂 [EB/OL]. (2021-05-01)[2022-04-18]. https://m.weibo.cn/1596861115/4632119717621607.

她一样挖掘不同行业劳动者故事的Vlogger还有很多。他们让观众看到了那些在便捷丰富的当代生活"幕后"默默维持着社会运转的劳动者，也加深了人们对劳动者的了解，传达了尊重劳动者的理念。

Vlog也可以用寓教于乐的方式传播先进的社会理念。近几年来，社会舆论中一个常被争议的热点问题就是流浪动物的管理。相比于发达国家，我国在流浪动物管理方面的立法与制度建设起步较晚，无人照管的流浪猫狗等动物在社会上还随处可见，给狂犬病防治、野生动物保护和社会秩序带来一定的隐患。一方面，随着人文关怀的理念深入人心，动辄采用扑杀的方式治理流浪动物已经不再符合时代要求；另一方面，一些爱心人士简单地对流浪动物进行投喂，引起一些社会纠纷的同时，也未能消除流浪动物可能造成的社会隐患。在这样的背景下，"领养代替购买"、将流浪动物变为家中宠物成为普通人参与流浪动物管理的新风尚，并通过Vlog得到了有效的传播。在这个方面，百万粉丝博主"本喵叫兔兔"是最具影响力的典范。这位人称"兔兔"、操着山东口音普通话的男子在Vlog作品中很少出镜，而镜头聚焦的都是去各种居民小区和写字楼捕捉流浪猫的画面，这一举动也被他戏称为"绑架"。一旦绑架成功，猫咪就会被送到指定场所进行收容，征募领养人的同时，也会培养猫咪与人共同生活的习惯。

当然，绑架行动也不会总是一帆风顺的。在"兔兔"的视频中，自己或友人被抓伤几乎是家常便饭。而即便抓捕成功，有些猫也无法适应与人共同在室内的生活，需要观察判断后再决定去处。因此，"兔兔"将自己的工作空间形容为"猫德学院"，只有具备良好"猫德"、能够和人友好相处的猫咪才能被顺利送出，而另一些野性难驯的也只能放归。其中热爱自由的"三号楼"成为让猫德学院远近闻名的失败案例。由于猫德学院根据情境临时为猫取名的搞笑习惯，这只在一栋序号为3的楼宇抓获的猫咪就被命名为"三号楼"。然而，不论"兔兔"如何耐心观察、努力感化，"三号楼"就是这样一只无法成为宠物的猫，动辄对人哈气警告，无奈之下，"兔兔"只能将它放归户外。[1] 从此，"三号楼"也成为"兔兔"与网友间不能释怀的执念，不论是在他的新视频内容中，还是在其他关于人猫关系的讨论中，总有人要提及桀骜不驯的网红"三号楼"。除了少数几只与"三号楼"一样的个案，多数猫咪都通过"兔兔"的手到达了领养人手中，或者成为"兔兔"自己的宠物。这也带动起了网友自发收养流浪猫的热情，纷纷向"兔兔"请教"绑架"猫咪的经验，以至于"兔兔"专门拍摄了教学视频传授心得。

潜移默化中，"绑架/领养代替购买"成为网民群体中一件新潮且实惠的事情：实践者不仅可以免费获得一只健壮的宠物猫，还能为社区环境改善做出自己的贡献。除此之外，疫苗接种、手术绝育等健康养宠观念也在"兔兔"的作品中多有体现。一些专业工作者试图传播的新观念，就以这样轻松愉快的方式为百万观众所吸收。而在其他一些人创作的科普类Vlog作品中，很多新的医疗、历史、技术知识和理念也得到了快速传播。由于Vlog的创作者与受众相对年轻化、受教育程度也更高，它可以成为一个新观念孕育与传播的虚拟空间，并对现实社会生活的改善产生积极的作用。

此外，Vlog的纪实特征也使得它在维护个人合法权益方面具有实用价值。新劳动法出台以来，我国对劳动权益的保障更加细化，劳动者维护自身权益的意识也日渐增强。2023年初，一位ID为"过期便当"的博主在抖音平台发布Vlog，记录了自己在试用期第三天因为"顶撞上司"被某公司开除后与该公司人事部门人员的对话实况。根据视频中透露出的内容，该博主稍早前与上级主管因为下班时间问题的沟通产生过不同意见，并在随后由于拒绝帮领导领取快递而遭到开除。事后，博主认为自己应依法获得双倍赔偿，于是才有了上述视频中的对话。在对话过程中，该公司人员数次试图将双方矛盾归咎于博主的态度不佳，而博主也态度坚定地予以了辩驳和澄清。这段视频迅速在各大平台流传，也得到了新闻媒体的关注，激起了网友的热烈讨论。除了少量认为博主意气用事、自毁前途的意见，

1　本喵叫兔兔. 三号楼要被正式逐出师门了 [EB/OL]. (2021−12−01)[2021−12−01]. https://v.douyin.com/FmtJyxf/.

更多的网民从"打工人"的立场对博主的遭遇表示了同情、愤慨，也有不少有影响力的网民为博主发声。博主本人也坚定地选择了继续维权。她向上海市长宁区劳动人事争议仲裁委员会提交了仲裁申请，并持续发布了几期视频记录维权进展，回应网友们关心的问题。最终，她在2023年3月底收到了仲裁结果，仲裁书判定公司需要支付她主张的双倍赔偿金。由于博主善于存证的维权技巧和依法维权的执着态度，这次事件也被网友们赞誉为"教科书式维权"，不少人表示要在工作生活中学习依法维权的精神和技能。而涉事公司的损失则远远超出了赔偿金本身。一些网友查找出了该公司的公开信息，还有人表示要终止与该公司的业务合作，对该公司的商誉可谓是重创。围绕这一事件，博主发布的系列Vlog作品无疑起到了很好的普法宣传效果，既让劳动者看到了劳动法规在实践中的效力，也传授了如何在法律法规框架下有效地进行维权的方法。与此同时，这一事件也提醒雇佣方应守法合规、善待劳动者，避免因小失大。

因此，我们需要再次强调，尽管Vlog领域存在一些值得反思的乱象，但它在总体上仍是一个风气良好的空间，积极效应远远高于负面效应。同其他事物一样，Vlog文化也存在两面性，我们需要理性地看待、批判性地检验、务实地改善。对管理者而言，需要通过加强立法与执法遏制版权、隐私权等领域的侵权行为，保护相关人士的合法权益。对平台方、MCN机构等商业力量来说，需要提高自身的风险管控意识与社会责任感，切实履行内容把关的责任义务，避免因追求短期利益损害长期利益、社会利益的行为。对普通的Vlogger与观众而言，也需要发扬主人翁精神，共同爱护和营造有序参与的网络空间。只有多方参与、自律与他律相结合，才能真正减少Vlog世界的不良现象，使Vlog更好地发挥对社会的积极效用。

后记

　　行文至此，我们探索 Vlog 世界的旅程也将要告一段落。搁笔沉思，既为记录了一个时代的新媒介艺术、介绍了一批 Vlog 创作者感到欣慰，也不免为写作中的缺憾之处感到怅然。由于结构与篇幅所限，仍有一些有趣的 Vlog 作品与现象未能尽录，只能留待读者自己探索发现。在浩瀚的数字宇宙中，我们所能关注到的语言、文化、题材范畴也极为有限，必定还有诸多异彩纷呈的 Vlog 现象足以挑战或刷新本书中的论断。我们也期待世界各地涌现出更多关于 Vlog 的研究与讨论，以丰富和提高我们对于 Vlog 的总体认识。此外，本书涉及的网络案例复杂多样，一些案例在撰写与出版过程中也在随时发生变化，不及备载。对于可能因此产生的部分出入，希望读者可以体谅包涵、批评指正。

　　在本书撰写完善过程中，以下同学担任了编写组成员：浙大宁波理工学院网络与新媒体专业 201 班陈颖、沈佳宁、傅嘉莉、丁金杰、陈佳宇，网络与新媒体专业 192 班王浩俣，美国加利福尼亚大学（University of California）商业分析专业黄文婧。他们搜集整理的大量材料拓展了书中所能涵盖的 Vlog 世界，书中的很多观点也是在我们一次次的组会的交流中产生和完善的。特别是黄文婧同学远隔重洋、克服时差，通过线上的方式为我们的写作过程贡献出宝贵的经验心得。

　　本书的完成也离不开学界同仁的支持。浙江大学传媒与国际文化学院教授、浙大宁波理工学院传媒与法学院院长吴飞教授引领了我们的研究过程，为我们提供了参考资料与写作建议。浙江工业大学人文学院副院长邵鹏教授两年间一直在辛勤地管理和协调我们的写作群组，耐心地回应我们在写作中遇到的问题。浙江大学出版社的编辑老师们积极耐心地与我们保持沟通，帮助我们修正了诸多疏漏之处。此外，还有多位学界师友在成书过程中提供了资料、建议，给予了鼓励，在此对他们表示诚挚的感谢。

参考文献

图书专著

[1]   Edgar A, Sedgwick P. Cultural Theory: The Key Concepts [M]. London: Routledge, 2008.

[2]   Baker R, Burton P. Smith R. Drag: A History of Female Impersonation in the Performing Arts [M]. NYU Press, 1994.

[3]   Berger J. Ways of Seeing [M]. London: Penguin Books, 1972.

[4]   Gurak L J, Kays T M: Blog and Wiki Discourse [A]// Tracy K, Ilie C, Sandel T, et al. The International Encyclopedia of Language and Social Interaction (Online Version), London: John Wiley & Sons, 2015.

[5]   Marx K. Capital, Volume 1 [M]. London: Penguin Books, 1990.

[6]   Lee M. Post−truth[M]. Boston: MIT Press, 2018.

[7]   Ngai P. Made in China: Women Factory Workers in a Global Workplace [M]. Durham and London: Duke University Press, 2005.

[8]   Maxwell R, et al. The Routledge Companion to Labor and Media [C]. New York: Routledge, 2016.

[9]   Seymour R. The Twittering Machine [M]. New York: Verso Books, 2020.

[10]   Sontag S. On Photography [M]. New York: Rosetta Books, 2005.

[11]   Eco U. The Infinity of Lists [M]. London: Maclehose Press, 2009.

[12]   Underwood L. The Drag Queen Anthology: the Absolutely Fabulous but Flawlessly Customary World of Female Impersonators [M]. London: Routledge, 2013.

[13]   艾里克·克里南伯格. 单身社会 [M]. 上海：上海文艺出版社，2012.

[14]   构图君，李宝运. 手机短视频：拍摄与剪辑从入门到精通 [M]. 北京：化学工业出版社, 2019.

[15]   鲁迅. 鲁迅全集：第一卷[M]. 北京：人民文学出版社，2005.

[16]   佩弦. 运营公式：短视频·社群·文案的底层逻辑 [M]. 北京：电子工业出版社，2021.

[17]   头号玩家. 零基础玩转短视频 [M]. 天津：天津科技出版社，2019.

[18]   Vivi的理想生活. Vlog视频拍摄、剪辑与运营：从小白到高手[M]. 北京：化学工业出版社, 2020.

[19]   徐艳蕊. 媒介与性别：女性魅力、男子气概及媒介性别表达[M]. 杭州：浙江大学出版社, 2014.

[20]   喻彬. 新媒体写作教程[M]. 北京：中国传媒大学出版社, 2018.

[21]   赵君. Vlog短视频拍摄与剪辑：从入门到精通 [M]. 北京：电子工业出版社，2020.

期刊文章

[1]   Barratt E L, Davis N J. Autonomous Sensory Meridian Response (ASMR): a Flow-Like Mental State[J]. PeerJ, 2015(3): e851. 26.

[2]   Fuchs C, Sevignani S. What Is Digital Labour? What Is Digital Work? What's their Difference? And Why Do These Questions Matter for Understanding Social Media? [J]. Triple C, 2013(2):237.

[3]   Goddard K. Looks Maketh the Man: The Female Gaze and the Construction of

Masculinity[J]. The Journal of Men's Studies, 2000, 9(1): 23–39.

[4] Hesmondhalgh D. User-generated Content, Free Labour and the Cultural Industries[J]. Ephemera, 2010, 10(3/4): 267–284.

[5] Liu H L. Vlog: A New Communication Practice in Post Pandemic[J]. Jurnal Audiens, 2021, (2): 204–211.

[6] Mulvey L. Visual Pleasure and Narrative Cinema[A]: //Visual and Other Pleasures. London: Palgrave Macmillan, 1989: 14–26.

[7] Ozimek A M. Outsourcing Digital Game Production: The Case of Polish Testers[J]. Television & New Media, 2019, 20(8): 824–835.

[8] Wang X, Chang B. The Impact of the Audience's Continuance Intention Towards the Vlog: Focusing on Intimacy, Media Synchronicity and Authenticity[J]. International Journal of Contents, 2020, 16(2): 65–77.

[9] 韩晓莹, 王悦, 张启明, 等. 类目构建视角下的中外 Vlog 内容研究——以 B 站与 YouTube 为例[J]. 新闻研究导刊, 2019, 10(13): 35–36.

[10] 季蓉. 试论网络冲击下的明星隐私权问题——"艳照门"事件引发的思考[J]. 中共郑州市委党校学报, 2008 (5): 120–121.

[11] 李庆豪, 杜浩. 乡村振兴战略下"三农"短视频的传播价值[J]. 青年记者, 2020 (17): 4–5.

[12] 李文波. 女性凝视的批判性反思[J]. 青年与社会, 2013 (5): 177–178.

[13] 陆晔, 潘忠党. 成名的想象: 中国社会转型过程中新闻从业者的专业主义话语建构[J]. 新闻学研究, 2002(71): 17–59.

[14] 邱林川. 告别 i 奴: 富士康、数字资本主义与网络劳工抵抗[J]. 社会, 2014, 34(4): 119–137.

[15] 隋岩, 刘梦琪. 视频博客 (Vlog) 的内容特点及其治理[J]. 学习与实践, 2018(11): 61.

[16] 王添帅. 探究短视频发展下一个风口——vlog 发展现状及趋势[J]. 东南传播,

2019 (4): 19–21.

[17]   吴春岐. "艳照门"后的网络之殇——网络隐私权侵权[J]. 信息网络安全, 2008 (4): 59–60.

[18]   夏冰青. 数字劳工的概念. 学派与主体性问题——西方数字劳工理论发展述评[J]. 新闻记者, 2020 (8): 87–96.

[19]   谢淑玉. 对隐私娱乐化现象的分析——由"艳照门"事件想到的[J]. 时代人物, 2008 (5): 115–116.

[20]   张琴. 短视频用户对 Vlog 的接受研究[J]. 新闻论坛, 2019 (5): 10–14.

[21]   赵云泽, 滕沐颖, 杨启鹏, 等. 记者职业地位的陨落："自我认同"的贬斥与"社会认同"的错位[J]. 国际新闻界, 2014,36(12):84–97.

行业报告

[1]   艾媒网. 2019 我国 Vlog 行业发展规模、现状与趋势分析[R/OL]. https://www.iimedia.cn/c1020/65175.html, 2019.

[2]   艾媒网. 短视频行业数据分析：2021 年中国 Vlog 用户规模预测达 4.88 亿人 [R/OL]. https://www.iimedia.cn/c1061/77161.html, 2021.

[3]   艾媒咨询. 2021–2022 年中国 MCN 行业发展研究报告 [R/OL]. https://www.sohu.com/a/512635875_533924, 2021.

[4]   任泽平. 2021 中国婚姻报告，结婚率下滑是选择还是无奈？ [R/OL]. https://www.thepaper.cn/newsDetail_forward_11425958, 2021.

[5]   中国人民大学家庭与性别研究中心, 中国人民大学新技术与社会治理平台, 中国妇女报·中国妇女网. 抖音激发女性经济潜能 助力女性多维发展 [R/OL]. http://pdsc.ruc.edu.cn/docs//2022–03/0f8ae3f3890746caadb1ee0bfdaafe13.pdf, 2022.